공부가 즐거워지는
독서토론

'한 학기 한 권 읽기'를 질문이 있는 서울형토론으로!

권정희 지음

미래지식

목차

교사는 가르치기 쉽고,
학생들은 재미있게 배우는 토론 수업

"저기, 빠알간 감 보이지?"

"감이 무엇처럼 생겼니, 어떤 감이 제일 맛이 있을까, 색깔은 어때?"

아이들은 머리를 치켜들고 온통 감에 빠진다.

"얘들아, 내일 먹고 싶은 감 가져와서 그림으로 그리고 먹을까?"

아이들은 저마다 대봉, 단감, 홍시 등을 가져와 모둠별로 쟁반에 보기 좋게 담아서 그림을 그리기 시작한다. 어제 나무에 달린 감을 따기라도 한듯, 더욱 실감 나게 그리고 맛있게 먹는다. 그제야 칠판에 '감'이라고 쓰고 '시화'라고 적는다. 아이들은 떨어지는 감을 줍듯, 달콤한 감을 삼키듯, 생생한 시를 써내려 간다. 자신의 마음 속 감을 표현하듯 갖가지 모양의 감이 탄생하고 있다. 시화가 완성되면 시 낭송을 한다. 모둠 친구들이 시를 듣고 질문을 한다.

"'홍시는 내 동생 볼 같다.'라고 썼는데 그렇게 표현한 이유는 무엇인가요?"

"제 동생 볼은 빨갛고 보들보들하기 때문입니다."

아이들은 친구들의 질문에 실감나는 표현과 감각을 얘기한다. 전혀 느껴보지도 체험하지도 않은 많은 이야기를 마음에 품은 것이다. 그러면서 '시'라는 것이 슬그머니 다가와서 다정하게 손을 내민다. 누가 뭐라고 지시하지 않아도, 그렇게 자신만의 시를 만들어가고 있다.

일 년이라는 시간 동안, 아이들과 함께 봄에는 냉이를 캐고 여름에는 시원한 얼음과자를 먹었다. 가을에는 뒷산에 올라 낙엽을 밟고, 겨울에는 눈싸움을 하며 글짓기와 함께 뒹굴었다. 아이들의 삶이 공부였고 시였고 글쓰기였다. 이야기를 만들고 싶을 때 동화를 쓰고, 고민을 말하고 싶을 때 일기를 쓰고, 재미있는 책을 읽었을 때 독후감을 썼다. 쓴 글을 친구들과 돌려 읽고 추천한 글은 나와서 발표한다. 발표를 들으며 궁금한 것은 질문하고 답변했다. 이것이 독서이고 글쓰기이고 토론이다. 교과서가 재미있는 책이 되고, 도서관 책이나 신문도 모두 독서의 재료가 된다. 이렇게 독서, 토론, 글쓰기는 서로 뗄 수 없는 단짝이다.

"선생님, 지금 강의하신 '독서토론논술 수업'에 대해 보충해줄 책이 있으면 소개해주세요."

교사 대상으로 연수를 하거나 학부모 대상 강의를 하고 나면 항상 이런 요청을 받는다. 그런 질문에 나는 "서점에 가면 토론에 관한 책이 많이 있어요. 적당한 것으로 선택해 보면 도움이 될 것입니다." 하고 대답하곤 했다. 하지만 선생님들에게는 수업에 바로 적용할 수 있는 실용적인 교수법을 다룬 책이 필요하다. '독서토론논술 교육이 중요하다'는 이론이 필요한 것이 아니라 교실 현장에서 실제로 적용하기 쉬운, 현장에서 활용할 수 있는 책이 필요한 것이다. 그래서 보충 교재에 대한 문의가 있을 때마나 이렇게 덧붙이곤 했다.

"저도 막상 토의토론수업에 적용할 수 있는 책을 찾다 보면, 대부분 실제 수업에 적용하기 어렵다는 것을 발견해요. 제가 하고 있는 수업 그대로를 쉽게 적용할 수 있도록 안내하는 책을 언젠가는 쓸 거예요!"

'어떻게 하면 살아 있는 수업, 재미있고 효과적인 수업을 할 수 있을까'를 연구하고 수업에 적용하다 보니 벌써 정년이 코앞에 와 있다. '치열한 교실 현장에서 고군분투하는 후배 선생님들에게 무엇을 남길 수 있을까? 또 사랑하는 우리 아이들에게 무엇을 남기고 가야 하나?'를 수없이 고민하다가 수십 년을 연구하며 수업해온 '독서토론논술에 관한 책'을 쓰기로 했다. 그리고 교실 현장에서 아이들과 씨름하며 고생하시는 선생님과 자녀를 잘 키우려고 애쓰시는 학부모들에게 조금이나마 도움이 되는 책을 만들고 싶었다.

요즘 학생들은 여유를 가지고 수업에만 집중하기에는 너무도 분주한 삶을 살고 있다. 서로를 존중하고 협동하며 배려하는 끈끈한 우정도 많이 사라지고 있다. 하지만 교사들은 여전히 교실이라는 한정된 장소 안에서 주어진 시간 안에, 효과적인 수업을 해야 한다. 이렇게 어려운 과제를 해결하기 위해서는 '질문이 있는 교실, 함께 배우는 교실'이 무엇보다 필요하다. 교사의 발문이 호기심을 일으키고, 학생들이 서로 질문하며 배워나가는 교실 말이다.

'질문이 있는 토론수업'의 학습 효과에 대해서는 대부분 교사들이 아주 잘 알고 있다. 문제는 토론수업을 어떻게 교실 현장에 잘 접목하느냐이다. 토론수업에 관심을 가지고 수업에 적용하려고 해도 여러 과정과 형식이 정형화되어 있고, 사전에 준비할 것도 많으며, 학생들이 잘 훈련되어 있지 않아서 쉽게 진행하기가 힘들었다. 하지만 토론을 실제 수업에 활용하기 위해서는 수업에 적용하기 쉽고, 준비할 것이 많지 않으며, 형식이 복잡하지 않아야 했다. 즉, 교사는 가르치기 쉽고 학생들에게는 재미와 호기심을 줄 수 있는 수업이어야 했다. 그래서 좋은 수업 방법이 새롭게 소개되면 직접 수업에 도입해보고, 이것이 학생들의 마음에 어떻게 파고드는지 살피며 연구해보았다. 만약, 토의토론수업이 학생들에게 잘 스며들어 모두가 재미있게 집중할 수만 있다면, 교사에게도 학생들에게도 더 없이 큰 선물이 될 것이다.

문제의식을 가지고 해결하는 과정인 토론을 통해 얻어낸 지식은 학생들이 스스로 깨우치고 알아가는 기쁨을 맛보게 한다. 그러면 한 단계 높은 호기심이 생겨 창의적인 생각을 하게 된다. 이런 점들을 고려해 교실 수업에 적용하기 쉽고, 아이들도 쉽게 배울 수 있는 독서토론 형식이 만들어졌다. 이것이 바로 서울형토론 모형이다.

2018년부터 3, 4학년 국어과 교육과정에 '한 학기 한 권 읽기'가 도입되었다. 이제 정규 수업 시간에 한 권의 책을 선택해 학급 전체가 함께 읽고 의견과 생각을 나누는 수업을 할 수 있게 되었다. 서울형토론 모형의 목적이 '독서부터 토론까지의 과정을 통하여 사고가 깊어지고 넓어져서 창의적인 생각을 나누는 것'이다. 이것은 '한 학기 한 권 읽기'의 과정과 맥락을 같이 하고 있다. 그래서 한 권의 책이나 교과서의 텍스트를 읽고 내용 파악하기에서 토론 주제 만들기, 의견 쓰고 토론하기까지의 일반적인 수업 과정을 6단계로 하여 '한 권의 책을 깊이 읽고 토론하여 생각이 깊어지는 과정'을 자세히 알아보았다. 이 책에서는 언제든지 특별한 준비 없이 교과서나 교육할 내용이 있는 텍스트만 있으면 토론수업이 가능한 서울형토론을 중심으로 다루었다. 또한, 실제 수업에 자주 적용하여 학생들과 효과적으로 수업한 내용을 중심으로 책 내용을 구성하였다. 그리고 토론의 기본이 되고 논리를 키울 수 있는 경쟁적 토론인 대립토론, 비즈니스나 시민활동에 자주 사용하는 열린 공간의 월드카페 토론 과정도 다루었다. 특별히 저학년의 토론수업에 대해서는 세세한 지도 지침과 토론을 활성화시키는 방법, 토론 지도의 실제와 수업 적용 사례를 예시로 보여주었다. 그동안 꾸준히 연구해온 학급경영과 글쓰기 지도, 독서 지도를 다루었으며, '학급경영과 함께하는 독서토론논술 교육 지도 지침'도 소개했다.

이 책이 나오기까지 많은 분의 격려와 도움이 있었다. 독서토론논술 수업으로 교실 현장에서 열심히 가르치고 연구하며 글을 쓰도록 도와주신 반포초 최영주 교장선생님, 손혜숙 교감선생님의 배려와 격려, 여러 동료 선생님들의 응원에 감사드린다. 함께 고민하며 지도해주신 김성현 선생님, 글을 다듬어주고 조언해주신 김세곤 선생님과 김형원 선생님께도 감사드린다. 또, 토론 수업을 공개하고 수업지도안을 제공하며 협조해주신 서울시 교육청 <서울형토론모형 수업지원단> 선생님들께도 깊은 감사를 전한다.

필자와 함께 독서토론논술 수업에 참여하여 많은 자료를 제공해준 반포초의 여러 제자들과 학부모님들, 방과후 수업의 '독서토론논술반' 제자들의 열정 어린 지원에 감사드린다. 부족한 필자를 교사로 부르시고, 어여쁜 아이들을 가르치게 하시며, 그동안의 소박한 가르침을 책으로 엮게 해주신 하나님의 인도하심에 감사드린다.

수업에는 왕도가 없다고 한다. 이 책에서 얻는 정보와 자료에 선생님과 학부모들의 상황에 맞는 적절한 아이디어를 보탠다면, 더욱 재미있고 효과적인 수업이 될 것이다. 《공부가 즐거워지는 독서토론》으로 함께 토론하며 배우고 즐기면서 공부하는 미래 인재가 되기를 기대해본다.

지은이 권정희

토론수업을 즐기다 보면 공부는 저절로 된다

《공부가 즐거워지는 독서토론》은 저자인 권정희 선생님의 교육 철학이 담겨 있는 책 제목이다. 제목에서 두드러진 단어는 '공부'와 '즐겁다'로 '토론수업을 즐겁게 하다 보면 저절로 공부가 잘된다'라는 뜻이다. 즉, 교사가 수업에 적용하기 쉬워서 자주 하게 되고, 학생들이 좋아하니 많이 하여 공부가 점차 좋아진다는 것이다. 이 책에서는 토론이라고 하여 너무 틀을 고집할 필요는 없고, 그저 학생들이 서로 대화하고, 질문하고 답변할 수 있는 장을 마련해주면 된다고 반복하여 강조하고 있다. 그것도 늘 하는 수업시간에 적절히 그때그때 쉽게 적용한다는 것이다.

저자는 교직 생활을 하는 40여 년 동안 오직 아이들과 함께하는 담임교사의 길만 걸어왔다. 늘 아이들과 함께하며 보다 효과적인 수업이 무엇인지 항상 고민하였다. 지금도 토론을 수업에 적용하며 '공부가 즐거워지는 독서토론' 방법을 연구하고 있다. 수업에 적용하기 쉬운 '독서에서 토론까지'의 과정을 '서울형토론 모형'으로 개발한 저자는 전국의 교사 연수를 통해 컨설팅과 강의를 하며 그 노하우를 후배 교사들에게 전하고 있다. 또한, 토요일 방과후 수업인 '독서토론논술반'을 꾸준히 지도하면서 교실을 개방하여 많은 후배 교사가 수업을 상시 참관할 수 있게 하는 등 효과적인 토론수업을 널리 알리기 위해 노력하고 있다.

미래 인재를 길러내기 위해서는 자기 주도적이고 창의적이며 협력하는 통섭의 교육이 필요하다. 그러기 위해서는 함께 배우고 소통하는 토의토론 교육, 독서하고 의견을 쓰고 알게 된 것을 나누는 독서토론이 지름길이다. 이 책에 소개된 내용을 들여다보자.

먼저, 1장에서는 인공지능 시대에 필요한 인재를 키우기 위해서 독서토론이 어떤 역할을 하는지를 보여준다. 독서토론은 도덕성과 의사소통 능력, 창의적인 생각을 할 수 있는 역량을 키워준다. 인공지능 시대에 인간의 유일한 가치인 생각을 효과적으로 키울 수 있는 교육 방법이 바로 독서토론이라는 저자의 교육 철학에 깊이 공감한다.

2장에서는 독서토론이 즐거워지는 6단계에 대해 설명했다. 이는 '독서'로 시작해서, 생각 나누기인 '토론'으로 공유하고, 생각 만들기인 '논술'로 마무리하는 3단계 과정으로도 표현할 수 있다. 이 3단계를 다시 하나로 융합하면 바로 '공부가 즐거워지는 독서토론'이 되는 것이다.

3장에서는 서울형토론 모형을 적용한 함께 배우는 토론을 다루었다. 한 학기 한 책 읽기, 교과 수업과 토론이라는 사례들은 학교 현장에서도 쉽게 구할 수 없는 자료들이다. 서울형토론은 저자가 주도적으로 참여하여 개발한 비경쟁식 토론으로 토론에 참여한 학생들이 함께 성장하는 상생토론이기도 하다. 서울형토론은 어느 교과에나 쉽게 적용하고 활용할 수 있다. 또한, 텍스트를 읽고 질문을 만들어 내용을 파악하고, 스스로 논제를 만들어 자유롭게 토론하고 정리하여 의견을 모아 발표해보는 무척 효율적인 토론수업 방법이다.

4장에서 소개된 대립토론을 적용한 수업 사례는 대립토론의 실제 상황을 생생하게 시나리오 예시까지 넣어서 설명했다. 그래서 현장 교사들이 바로 적용해 활용하기 편리하다. 여기서 우리는 대립토론도 다른 유형의 토론처럼 상대방을 이해하고 갈등을 해결하는 것이라는 주된 목적을 간과해서는 안 된다. 설득은 승패의 대상이 아니라 공유의 대상이기 하다. 그래서 대립토론을 지도할 때에도 상대를 이겨야 한다는 생각으로 억지 논리를 펼치는 것이 아니라, 이 책에서 말하는 저자의 철학처럼 균형 잡힌 생각을 함께 키우는 데 궁극적인 목적을 두어야 한다.

5장에서 소개된 저학년 토론은 아이들을 더 쉽고 재미있게 가르칠 수 있는 독서토론 지도 사례라고 할 수 있다. 흔히 저학년 토론은 지도하기 어렵다는 이야기를 한다. 이에 저자는 저학년 학생들의 눈높이에 맞게 낭독하기, 질문 만들기, 세 장면을 그려서 토론하기, 의견을 쓰지 않고 발표하고 질문 답변으로만 토론하기 등으로 다양한 방법을 제시한다.

6장의 한 학기 한 권을 읽고 토론까지 하는 독서토론 지도 사례는 이 책의 백미라고 부를 정도로 현장 교사들에게 매우 유익하게 활용될 것으로 기대된다. '한 학기 한 권 읽기'는 최근 개정된 국어과 교육 과정에서 요구하는 통합적인 독서 활동을 말한다. 이에 저자는 그동안 지도했던 8권의 책을 토대로 각 책마다 줄거리를 소개하고, 자료 읽기, 내용 알기, 핵심 단어로 글쓰기, 책 내용 간추리기, 토론 논제 만들고 토론하기, 독후감 쓰고 돌려 읽기 등의 지도 사례들을 가감 없이 그대로 보여주고 있다.

7장 '토론과 함께하는 교과 수업', 8장 '학급 경영과 함께하는 글쓰기와 독서', 9장 '독서토론의 지도 코칭'에서도 저자의 노하우는 끝이 보이지 않는다. 특히, 7장에서는 국어, 수학, 과학, 저학년 통합 교과 수업 전략으로 토론 자체가 목적인 수업이 아니라, 교과 차시 목표를 도달하기 위한 수단으로 토론을 활용한 지도 사례를 소개했다.

이 책을 통해서 저자는 단순히 쉽고 재미있게 독서토론을 지도할 수 있는 방법만 전하려는 것이 아니다. 이러한 토론 과정을 통해 독서토론을 가르쳐야 하는 이유, 독서토론을 통해서 키워줘야 할 미래 핵심 역량, 토론 과정에서 키워줘야 할 생각 요소, 인성 요소가 무엇인지 전달하고자 했다. '토론수업을 즐기다 보면 공부는 저절로 된다'는 저자의 지혜에 다시 한 번 탄사와 경의를 보낸다. 모쪼록 이 책이 독서토론을 넘어 우리나라 교실 수업의 혁신으로 이어져서 학교 혁신으로 완성되는 촉매제가 되길 기원한다.

교육학박사 김세곤

1장

독서토론이 그리는
미래 인재

인성은 쉽고 조용하게 계발될 수 없다.
시련과 고통의 경험을 통해서만 영혼은 강해지고,
야망이 고무되어 성공이 이뤄질 수 있다.

- 헬렌 켈러

1. 미래 인재를 키우는 독서토론논술

현재 초등학교 학생의 절반 정도는 훗날 사회에 나왔을 때 지금까지 존재하지 않았던 전혀 새로운 직업을 가지게 된다. 그러니 지금처럼 단순 반복하여 실수하지 않고 정답을 맞히는 훈련만으로는 미래에 다가올 예상치 못한 문제들을 해결하기 힘들 것이다.

주입식 교육의 대명사인 일본도 2020년부터 단계적으로 초중고 교육 과정을 바꾸는 교육 개혁을 단행한다고 한다. 이러한 일본의 교육 개혁은 저출산 고령화 현상으로 생산 인구가 줄고, 고용 구조가 급변하는 상황에서 지금의 교육 과정으로는 미래 인재 교육이 어렵다는 절박함에서 오는 것이다.

무엇보다도 토론논술형 교육 과정인 '인터내셔널 바칼로레아IB 프로그램'을 도입하는 것에 주목해보자. 이 프로그램은 스위스 비영리 교육재단이 주관하며 모든 과목을 논술형으로 대답해야 하는 대학 입시 교육 과정이다. 주어진 문제에 대한 정형화된 해답을 요구하는 것이 아니라 문제의식을 중심으로 창의적이고 논리적인 해답을 스스로 찾아나가는 과정을 평가하는 커리큘럼이다. 현재 일본은 그동안 해왔던 주입식 교육에서 벗어나 읽고, 생각하고, 쓰고, 발표하고, 토론하는 형식으로 수업이 바뀌고 있다. 이스라엘을 비롯한 서양에는 객관식 문제풀이가 없고, 모든 평가가 서술형이나 논술형으로 써야 한다. 또한, 체험하고 조사하여 발표하고 토론하는 것으로 이루어진다. 이러한 교육으로 생각하는 힘과 유연한 사고를 길러서 인공지능이 대체할 수 없는 '고급 사고력'을 기른다.

한편, 우리나라에서도 제주도 교육청이 공교육에 인터내셔널 바칼로레아 프로그램을 도입하려고 준비 중이다. 일본은 지난 2017년 5월 16일에 발표한 대학입학공통시험에서 국어와 수학에 논술형 문제를 일부 출제하여 제시문 독해력과 논리적 사고력, 지식 활용 능력을 평가했다. 앞으로는 우리나라도 미래 인재를 기르려면 창의력과 사고력을 향상시키는 독서토론논술 교육이 주가 되게 바뀔 것이다. 아마 대학수학능력평가도 서서히 서술형으로 바뀌지 않을까 예측해본다.

최근에는 입사 시험에서도 논술로 확인되지 않는 것은 토론으로 확인하는 심층 면접이 필수가 되고 있다. 창의적인 발상이나 깊이 있는 생각을 평가하려면, 객관식보다는 서술형과 토론이 더 적절하기 때문이다. 평가가 서술형으로 바뀌면 교육도 자기 주도적이고, 스스로 깨닫는 학습 방향으로 바뀌어야 한다. 즉, 문제의식을 가지고 질문하고 독서하고 조사하여 발표하고, 서로 토론하여 알게 하는 것이다. 이러한 수업은 학생들도 좋아하고 모두 집중하여 참여하게 한다. 이처럼 스스로 깨닫는 학습을 하기 위해서는 독서, 토론, 논술 교육을 어릴 때부터 생활화해야 한다.

하지만 토론 교육의 중요성을 인식하고 있음에도 막상 교실에서 많이 적용하지 못하는 이유는 무엇일까? 아마도 수업 과정보다는 시험 점수에 더 관심을 가져서이고, 탐구 과정보다는 지식 전달에 더 비중을 두어서이다. 또, 학교에서 치르는 시험 방법과 대학 입시 과정, 사회 진출의 관문인 입사 시험 때문이다. 이런 시험들의 평가 내용을 창의력, 의사소통 능력, 협업하는 능력을 인정해주는 방향으로 혁신해야 한다. 초등학교에서부터 교육 과정과 교수 학습 과정이 달라져야 하는데, 무엇보다 중요한 것은 교사와 학부모의 인식이다. 이제는 시대의 흐름에 따라 미래에 유용한 인재를 기르고, 그에 맞게 가르쳐야 한다.

그러나 아무리 좋은 수업 방법이라도 교사들이 활용하지 않고, 아이들이 수업에 집중할 수 없다면 아무 소용이 없다. 그러니 토론수업을 할 때는 토론이라는 전체 틀에 너무 얽매이지 말자. 토론 과정의 어느 한 부분이라도 수업 상황에 맞게 사용하면 된다. 아이들은 서로 대화하는 것을 좋아하고, 하나의 주제에 대해 여러 친구의 의견 듣기를 좋아한다. 꼭 주제를 정하지 않아도 되며, 그저 알게 된 사실이나 공부한 내용을 모둠별로 발표만 해도 된다. 친구의 생각을 듣는 것만으로도 공부가 되고, 알고 싶은 것을 묻고 답하는 것만으로도 창의성이 커지며, 생각하는 힘이 생긴다. 스스로 무엇인가를 찾고, 그것을 정리하여 쓰고, 누군가에게 발표하고, 질문을 하는 자체만으로도 아이들의 눈은 반짝인다.

2. 미래 인재 육성을 위해 교사가 해야 할 일

4차 산업혁명의 시대란 '인공지능, 로봇기술, 생명과학이 주도하는 차세대 산업혁명'을 말한다. 무서운 속도로 변하는 이 시대의 인재상은 무엇일까?

혁신적인 읽기, 쓰기 학습으로 영어 교육의 혁신을 일으킨 <잉글리시 무무> 김성수 회장은 미래형 인재의 기본 조건은 '창조적인 생각을 하느냐'에 달려 있다고 한다. 즉, 창조적 생각을 가진 인재란, 미래의 변화 추세를 읽어 내고, 새로운 지식과 정보를 즉시 수용하여 방향을 제시할 수 있는 능력을 갖춘 리더를 말한다. 다시 말하면, 사물을 자기 관점에서 평가하고 정리하여 의미를 재구성하는 능력을 가진 사람을 말한다. 이런 능력을 가진 미래형 인재는 다른 사람들에게 인정받고 도움을 주고받아야 하기 때문에 결코 이기적이거나 독단적이어서는 안 된다. 김성수 회장은 창조적 생각을 가진 인재 교육의 저해 요소를 다음과 같이 말한다.

첫째, 기본 학습의 약화이다. 0~3세, 4~6세, 7~9세 등 두뇌 발달에서 가장 중요한 단계에 적절한 학습 시스템이 부족해 기초 사고력이 충분히 형성되지 못한다.

둘째, 인터넷이나 모바일 등 첨단 매체의 무분별한 사용이다. 자판을 두드리며 나타나는 대표적 현상이 언어 약화 현상으로 이어져 정상적인 대화가 단절되는 현상을 가져온다.

셋째, 독서 능력의 저하이다. 도서관 등 교육 기반 시설이 부족하고 사교육을 받느라 독서할 시간이 없는 환경이 되면서, 독서 능력이 심각하게 떨어진다. 이는 읽기, 쓰기, 발표 능력을 동시에 떨어뜨리게 된다.

미국 <타임스> 뉴밀레니엄 특집 기사에서 지난 1천여 년 동안 인류에게 가장 큰 영향을 준 사람으로 셰익스피어가 선정되었다. 셰익스피어는 문학 작가로 글을 쓰는 사람이다. 글을 쓰는 행위는 가장 창조적인 일이다. 결국은 창조적인 일을 하는 사람이 이 세상에 가장 큰 영향을 준다. 지금 세계적인 교육 트렌드는 인문학 교육이다. 결국은 '인문학이 밥 먹여주는 시대'가 오고 있다. 《왜 인문학적 감각인가》라는 책에서 저자인 조지 앤더스George Anders는 '인생을 긴 안목으로 바라볼 때 교육은 가장 큰 투자이고, 그 정점에 인문학이 있다'라고 했다.

독일이나 유럽 선진국에서는 창조적인 사고와 능력을 키우는 교육으로 학생들에게 독서 후 에세이를 많이 쓰게 한다. 교육 과정 안에도 많으며 과제로도 에세이 쓰기가 많이 활용된다. 하물며 음악이나 미술 감상 등에서도 글쓰기를 체계적으로 배우고 평가한다. 선진국에서는 부모와 자녀가 친구처럼 각자의 생각을 내놓고 서스럼없이 대화한다. 학교 수업에서도 거의 대부분 수업이 질문과 답변으로 이루어진다. 또, 조사하여 발표하고 모둠별로 토의와 토론을 한다.

하지만 창조적 인재를 양성하는 측면에서 보면 우리의 교육 시스템은 부족한 점이 많다. 자율 학습 능력과 문제 해결력을 갖춘 혁신적이고 창의적인 인재 교육을 위해서는 무엇보다도 교육 과정의 혁신이 선행되어야 한다. 사회는 새로운 역량을 갖춘 인재를 찾고 있는데, 학교 교육이 이것을 충족시키지 못하고 있다. 아이들은 주어진 공부와 짜여진 학원 스케줄에 얽매이다 보니, 미처 생각할 겨를도 없이 다람쥐 쳇바퀴 돌듯 하루를 보낸다. 그러나 이러한 상태로는 미래를 준비하는 인재 교육이 이루어지기 힘들다. 무엇보다 아이들이 교육의 주체가 되어 살아 움직여야 한다. 학생들 스스로 문제를 찾아내고 함께 연구하며 토론하여 해답을 찾아야 한다.

그렇다면 교사는 학생들을 어떻게 지도해야 할까? 4차 산업혁명 시대에서 가장 중요한 것이 교육이라면, 그 교육을 주도할 사람은 교사이다. 교사는 지식을 전달하는 역할만으로는 부족하다. 교사가 아니더라도 지식을 알 수 있는 매체는 많기 때문이다. 교사는 학생들 개개인이 가지고 있는 능력을 효율적으로 활용할 수 있게 깨우치는 방법으로 수업을 해야 한다. 어떤 경우에도 아이들 스스로 생각할 수 있는 수업의 장을 마련한다. 그래서 생각할 시간과 여유를 제공하고 서로의 생각을 나눌 수 있는 시스템을 만든다. 늘 재미있게 공부할 수 있는 환경을 만들어주고, 알게 된 내용을 서로 나누게 하자. 또 호기심을 가지고 논제에 대해 조사하여 쓰게 하고 발표도 하게 한다. 이러한 활동을 하면서 아이들은 스스로 문제점을 발견하고 해결점을 생각하며 무엇을 준비해야 하는지도 알게 된다. 생각을 깊게 하면 스스로 공부하는 능력도 생기고 공감하여 행복하게 살아가는 방법도 터득하게 된다.

3. 독서토론으로 얻어지는 놀라운 효과

이지성의 《리딩으로 리드하라》에서는 '인성이나 지성이 부족한 사람, 평범한 사람, 미래가 안 보이는 사람도 인문학 독서를 심도 있게 하면 미래 사회가 요구하는 인재가 된다. 그러니 독서를 할 때는 통독, 정독, 필사, 독후감, 인문학자들과의 토론을 병행하는 것이 좋다.'라고 했다. 즉, 사람이 생각을 키우기 위해서 많은 책을 읽는 것도 좋지만, 좋은 책 한 권을 깊이 읽는 것이 무엇보다 중요하다는 말이다. 읽고 생각한 내용으로 토론을 하면 책의 내용을 더욱 깊이 이해하고, 그것이 지식과 지혜가 되어 미래 사회를 이끌고 갈 인재의 양분이 된다.

교사는 우리 아이들이 커서 이 사회가 요구하는 유능한 인재가 될 수 있게 교육해야 한다. 그러기 위한 가장 효과적인 공부가 바로 독서토론이다. 독서토론으로 얻어지는 효과를 알아보자.

1) 독서를 좋아하게 된다

요즘도 독서를 좋아하는 아이들은 많다. 그러나 독서를 생활화하는 아이들은 많지가 않다. 아마 자유 시간이 많고, 독서 환경이 잘 조성되면 더 많은 아이가 책을 좋아하게 될 것이다. 하지만 아이들은 각자 배워야 할 것, 체험할 것도 많으며 학원도 많이 다니기 때문에 무척 바쁘다. 또, 스마트폰이나 인터넷 때문에 재미와 호기심, 시간을 다 빼앗겨서 독서할 여력이 없는 것 같다. 이러한 처지에 있는 아이들이 그나마 독서를 좋아하게 만드는 길이 바로 독서토론이다.

독서토론을 한다고 하면 책을 열심히 읽고 내용을 파악하려고 질문도 만들면서 관심을 가진다. 아이들은 같은 주제를 가지고 말하는 토론을 좋아한다. 특히, 같은 책을 읽고 서로의 생각을 알아보는 '생각 나누기'를 좋아한다. 토론을 하기 위해 책을 깊이 읽고 그 재미에 푹 빠진다.

아이들은 자신이 읽은 책에 대하여 발표하고, 책에 대해 질문 답변하는 모든 것에 관심이 많다. 그래서 책을 읽고 그 내용에 대한 여러 가지 게임도 하고, 다양한 형식의 토론도 즐긴다. 다른 친구들과 토론하기 위해 책을 더 재미있게 읽는 것은 물론, 독서를 게임처럼 여겨서 더욱 호기심을 가지고 읽는다.

2) 생각하는 힘을 기른다

4차 산업혁명 시대가 요구하는 가장 큰 힘은 생각하는 힘이다. 토론을 하다 보면 각각의 텍스트에 따라 다양한 질문과 적절한 답변을 하고, 창의적인 대안을 제시하는 학생들을 본다. 이 모두가 토론 과정에서 일어나는 다양한 생각들이다. 자료를 사용하더라도 다양한 생각과 논제에 적절하게 대응하는 모든 과정이 생각으로 연결된다. 처음에는 어떻게 대응해야 할지 몰라서 어설프다가도 토론을 하며 상대방의 말을 듣고 깨닫는 학생들을 본다. 독서를 하고, 단순한 논제를 정하고, 대화를 주고받는 과정 속에서 생각이 점점 깊어지고 나중에는 아주 설득력 있는 토론으로 발전해간다.

3) 협동심을 기른다

미래 사회는 협업이 아주 중요한 능력이 될 것이다. 협업은 서로 다른 조직의 사람들이 공동의 과업을 달성하기 위해 같은 일을 하거나 서로 상당한 수준의 도움을 주고받는 행위를 말한다. 협업이 잘 이루어지려면 소통을 해야 하고, 소통이 되려면 서로를 긍정적으로 받아드려야 한다.

다른 사람의 의견을 존중하며 관심을 가지고 들어주고, 질문하거나 성실히 답변하는 것이다. 독서토론을 하다 보면 서로의 생각에 대해 알지 못해서 다투고 오해했던 친구 관계가 토론을 통해 소통이 되는 것을 본다. 그렇게 독서토론으로 생각을 모으고 협동하여 문제를 해결해나간다.

4) 말하는 능력을 기른다

토론하는 능력은 말하는 능력이다. 4차 산업혁명 시대에 떠오르는 핵심 단어는 인간관계이다. 대화에 실패하면 좋은 인간관계를 맺기 힘들다. 최근에는 생각을 말로 잘 표현하는 것이 아주 중요하다. 말로 다른 사람을 설득하거나 공감을 얻는 훈련을 토론으로 배운다.

말을 효과적으로 할 줄 알면 질문 답변하는 능력이 좋아진다. 처음 토론을 하면 단순한 질문을 할 때가 많다. 하지만 토론하는 횟수가 늘수록 아이들의 질문은 점차 다양해진다. 또한, 깊이 생각하는 습관이 들고, 여러 관점에서 사건을 바라보는 태도도 좋아진다. 답변도 책의 내용과 다양한 경험, 깊은 생각에서 찾게 된다.

5) 학습 능력이 좋아진다

학습 능력은 문제를 인식하고 문제를 해결하는 능력이다. 문제를 인식해야 해결하는 방법을 찾을 수 있다. 또한, 내용을 파악하려면 질문과 답변을 찾게 되고, 논제를 정하고 논제에 대한 자신의 주장을 생각한다. 그리고 주장에 대한 근거와 이유를 독서와 경험, 다양한 정보를 이용하여 찾는다. 이렇게 완성된 자신의 주장을 설득력 있게 쓰고 함께 토론한다. 이러한 토론 과정을 거치면서 학생들은 텍스트를 깊이 이해하고 내면화하게 된다.

6) 글쓰기 실력이 좋아진다

학생들이 공부할 때 글쓰기를 가장 힘들어 한다. 말은 생각없이 하기도 하고, 간단하게 표현하기도 한다. 하지만 글쓰기는 의도적으로 준비해서 생각을 정돈하고 체계를 잡아서 써야 한다. 그래서 학생들은 글쓰기를 무척 힘들어 하고, 교사나 학부모가 가르치기가 쉽지가 않다. 그런데 독서토론을 위해 글쓰기를 할 때면, 무엇인가 틀을 잡고 자료를 찾아서 상대방을 설득하기 위해 노력하는 모습을 보인다. 그렇게 저절로 논리적인 글이 만들어지는 것이다. 그래서 토론을 위한 입론 쓰기는 크게 힘들이지 않고 써내는 것을 많이 본다.

4. 협동 학습이 필요한 독서토론

케이건Kagan이 주장한 협동 학습의 네 가지 기본 원리를 독서토론에 적용하면 다음과 같다.

첫째, 동시다발적인 상호작용Simultaneous Interaction

협동 학습은 많은 학생이 서로의 의견을 주고받으며 동시에 가르치고 배우는 학습이다. 하나의 주제에 대해 여러 의견을 듣고 함께 느낀 후, 각자가 필요한 것을 취하게 된다. 교사는 한 학급 학생 전체를 동시에 수업해야 함을 염두에 두어야 한다. 그래서 각 모둠의 수업 시간을 잘 조절해야 하며, 모둠원은 서로 도움을 주고받을 수 있게 구성한다. 또한, 주어진 시간 안에서 학습 문제를 토의 토론하게 하며, 서로 가르침을 주고받는 속에서 깨우치며 배워가도록 한다.

둘째, 긍정적인 상호작용Positive Interdependence

긍정적인 상호작용이란 다른 사람의 성과가 나에게 도움이 되고, 나의 성과가 다른 사람에게도 도움이 되게 하여 서로에게 도움을 주는 것이다. 과제를 완성하기 위해 모둠 구성원 모두가 각자의 역할 과제, 자료 조사 등을 맡아서 충실하게 한다. 모둠에서 서로 협동하여 연구물을 내고 모둠 대표가 발표함으로 자부심과 책임감이 생겨 적극 참여하게 된다. 그러므로 함께하는 토론은 학생 수준과 상관없이 서로에게 도움을 준다.

셋째, 개인적인 책임Individual Accountability

협동 학습에서 개인의 책임은 아주 중요하다. 독서토론에 참여하려면 책을 읽어 와서 내용을 알고 있어야 한다. 질문과 대답을 할 수 있어야 하고, 내용 파악을 하는 퀴즈 놀이에도 참여해야 하기 때문이다. 모둠별 독서토론에서는 논제에 대한 자신의 의견을 조금이라도 표현하여 토론에 참여하게 한다. 대립토론을 할 때도 개개인이 할 수 있는 역할을 줘서 학생 모두가 기쁨과 보람을 느끼게 지도한다.

넷째, 동등한 참여Equal Participation

독서토론에서는 동등한 참여가 아주 중요하다. 보통 네 명씩 하는 모둠 토론은 1번 토론자, 2번, 3번, 4번 토론자가 순서대로 돌아가며 독서 퀴즈를 내고, 독후감도 발표하며, 차례대로 질문과 답변을 한다. 교과서나 책의 내용을 잘 모르면 책을 보고서라도 질문을 해야 동등한 참여가 된다. 처음에는 어려워 해도 아주 쉬운 것부터 하다 보면 결국은 모두 잘하게 된다. 계속 독서토론을 하다 보면 책임감도 생기고, 성취감도 맛보게 된다. 아이들이 서로 협동하여 수업할 때 재미있는 독서토론이 된다.

2장

독서토론이 즐거워지는 6단계

토론할 때 귀담아 듣고 주의하고 말을 많이 하지 않으며,
질문을 받더라도 짧게 대답하라.
혹시 질문 받은 것을 모른다 하더라도 부끄럽게 여기지 말며,
논쟁을 위한 논쟁에 끼어들지도 말며 자랑도 하지 말라.

- 수피의 격언

1. '한 학기 한 권 읽기'를 위한 독서에서 토론까지

'수업시간에 아이들에게 온전히 독서만 할 수 있는 시간이 주어진다면 얼마나 좋을까?' 책의 재미를 느껴서 스스로 독서를 즐길 수만 있다면, 공부의 바탕은 저절로 길러질 것이다. '아침독서 20분' 활동을 수십 년 지도하면서도 학교에서 독서만을 위한 시간이 충분하지 못한 점에 대해 아쉬움이 많았다. 독서를 위한 아침시간 20분, 짧은 시간이었지만 10분이 지나면 아이들은 온전히 책 속으로 빠져 들어가 교실에는 적막이 흐른다. 그다음부터는 누구도 산만하게 행동하지 않고 책과 놀고 있는 모습을 보인다.

그러다가 '한 학기 한 권 읽기'가 시행되었다. 이제 정규 시간에 온전히 한 권을 처음부터 끝까지 다 읽고, 독서에서 토론까지 할 수 있는 시간이 주어졌다. 2018학년도부터 초등학교 3~4학년, 중학교 1학년, 고등학교 1학년 국어과 교육 과정에 '한 학기 한 권 읽기'가 도입되었다. 이제 초중고 전체 학년이 정규 수업에서 책을 읽고 독서 수업에 참여하게 된다. 늘 마음으로 그리던 '아침독서 한 시간'이 열리고 있는 기분이다. 이제 정규 교과 시간에 한 권의 책으로 아이들과 소통하고 교사와 함께 호흡하는 '한 권 깊이 읽기' 시간을 공유하게 되었다. '백 권을 한 번 읽는 것보다, 한 권을 백 번 읽는 것이 낫다'라는 말처럼 책을 깊이 읽고 생각을 나누는 교육부터 시작해보자.

'한 학기 한 권 읽기'의 교수학습 방향은 '학년 수준과 학습자 개인의 특성에 맞는 책을 긴 호흡으로 읽을 수 있도록 도서 준비와 독서 시간 확보 등의 물리적 여건을 조성하고 읽고, 생각을 나누고, 쓰는 통합적인 독서 활동을 학습자가 경험할 수 있도록 한다.'라고 되어 있다. 한마디로 한 권을 읽고, 의견을 쓰고, 토론하는 과정을 통해서 언어와 사고가 발달한다는 것이다.

3, 4학년에서는 '책을 읽고 생각 나누기'이고, 5, 6학년에서는 '책을 읽고 생각 넓히기'를 지향한다. '한 학기 한 권 읽기'는 여러 수준과 다양한 개성을 가진 학생들이 서로 존중하며 다른 사람의 말에 귀 기울일 수 있는 토론수업이 가능하다. 짝과 함께, 모둠끼리, 학급에서 같은 책 한 권을 함께 읽은 후 서로의 생각과 의견을 발표하고 질의응답 하는 모든 것이 '한 학기 한 권 읽기'의 과정이다. 또한, 이 책에서 소개하는 비경쟁적 토론인 '서울형토론'의 독서에서 토론까지

의 과정과도 비슷한 흐름을 가진다.

　그러면 지금부터 독서토론을 6단계로 나누어서 '한 권의 책을 깊이 읽고 토론까지' 하는 과정을 순서대로 알아보자. 여기서는 쟁점을 기준으로 양측이 나뉘는 토론을 '경쟁적 토론'이라고 표현하고, 그 대표적인 토론으로 '대립토론'을 예로 들었다. 다양한 의견을 통해 문제해결을 하는 토론을 '비경쟁적 토론'이라고 표현하고, 대표적인 토론으로 '서울형토론'을 예로 들었다.

　토론에는 수많은 형식이 있지만, 토론과 토의를 대표하는 두 가지 토론 형식을 보여주면, 이를 기준으로 여러 아이디어를 추가해 교실에서 응용하여 사용할 수 있다. 토론과 토의를 다시 생각해보면, 토론할 때도 토의가 필요하고, 토의할 때도 서로 다른 의견을 낼 수 있으니 토론이 필요하다. 이처럼 어떤 주제에 대해 논의하여 문제를 해결하는 과정을 '토의토론'이라고 한다. 그래서 이 책에서는 토의토론 과정을 모두 '토론'이라고 사용했다.

2. [1단계] 내용을 알아가는 자료 읽기

독서토론에서 읽기는 가장 중요한 행위이다. 일단 텍스트를 집중해서 잘 읽어야 내용을 파악하고 토론도 할 수 있다.

읽기는 크게 텍스트를 읽는 방법과 내용을 파악하는 과정으로 나눌 수 있다. 읽는 방법에는 여러 가지가 있지만 가장 효과적인 방법은 낭독과 통독이다. 최근에는 국어 단원 읽기에서 소리 내어 읽기보다는 내용 파악에만 치중하는 경향이 있다. 물론 낭독만으로 깊이 있는 내용을 파악하기에는 부족하다. 그러나 어떤 글이라도 그 내용이 마음에 닿아야 글의 내용에 대해 알고 싶고 질문도 하고 싶어진다. 또한, 한 권을 온전히 읽는 통독은 한 권의 책을 끝까지 읽게 하고, 독서의 재미를 느끼게 한다.

내용을 파악하는 방법도 글의 장르에 따라 여러 가지로 나눌 수 있다. 여기서는 가장 기본적인 문단을 나누어 중심 내용을 파악하는 방법을 알아본다.

1) 감각적으로 다가가는 낭독

소리를 내어 읽는 낭독은 교실에서 학생들을 쉽게 집중시키고 내용을 입체적으로 잘 스며들게 하는 방법이다. 낭독에도 여러 방법이 있는데 교사와 학생이 한 문장씩 교대로 말하듯이 실감 나게 읽는 것이 가장 효과적이다. 필자는 모든 교과의 텍스트를 우선 낭독으로 시작한다.

교사가 글을 실감 나게 읽으면, 학생들도 응수하여 실감 나게 읽는다. 문답식으로 교대로 읽다 보면 정확한 발음과 적절한 빠르기, 띄어 읽기와 자연스럽고 실감 나는 표현 등을 배우게 된다. 이렇게 토론할 때 필요한 기본적인 말하기 교육이 낭독으로 훈련된다. 사실 토론 지도를 할 때 발음이 잘 들리지 않거나 발표의 요점이 무엇인지 정확하지 않아서 답답할 때가 많다. 아무리 좋은 의견이라도 전달이 잘 되지 않으면 아무 소용이 없다. 그러므로 우선 말하는 태도를 바르게 지도해야 하는데 따로 시간을 내어 훈련하기도 어려우니, 수업 시간에 낭독을 통해 읽기 지도와 내용 파악을 동시에 지도해보자. 이러한 낭독이 효과를 가져오려면 교사가 먼저 실감 나게 정확한 발음과 적절한 빠르기로 쉴 곳은 쉬며 효과적으로 낭독해야 한다.

낭독을 국어 교과서뿐만 아니라 모든 교과에 활용해보자. 한 문장씩 교대로 읽으면 문답식이 되어 저절로 실감 나게 읽게 되고 내용에 집중하게 된다. 무엇보다도 빠른 시간 안에 학생들이 책 내용에 집중하고 마음이 내용에 동화되는 입체적인 감상 효과를 볼 수 있다.

그 외에도 텍스트의 특징을 살려 배역을 달리하여 대본처럼 낭독하거나 한 문단씩 서로 번갈아 낭독하기 등 여러 방법이 있다. 낭독을 하여 전체적인 감각을 깨친 후에 정독을 통해 내용을 파악해나가는 것이 좋다.

2) 내용이 재미있어지는 통독

통독은 텍스트를 끝까지 읽는 것이다. 독서를 싫어하는 학생들을 보면 책을 처음부터 끝까지 읽지 않고, 어느 정도 읽고 재미가 없으면 다음부터는 건성으로 읽는다. 책은 반 이상 읽어야 재미있어지는 경우가 많다. 그리고 마지막까지 읽으면 더 재미있어진다. 그래서 책의 교훈과 중심 생각도 알게 되어 내용 파악이 잘 된다.

아이들에게 통독을 시키는 데는 질문 만들기가 효과적이다. 예를 들어, 1장에서 다섯 문제, 2장에서 다섯 문제, 3장에서 다섯 문제 이렇게 질문을 만들고 퀴즈 놀이를 하면 질문을 만드느라 읽고, 또 답을 맞히려고 다시 확인한다. 그리고 한 모둠에 네 명이라면 다섯 개씩만 만들어도 20개의 질문과 답을 경험하게 된다. 그렇게 자신이 질문하지 못한 부분을 다른 친구가 질문하고 답변함으로써 전체적인 내용이 파악된다. 그래서 내용 파악이 조금 부족한 학생들도 대부분의 내용을 다 알게 되어 함께 대화하고 토론할 수 있게 된다.

3) 내용을 파악하는 문단으로 읽기

수능을 보고 온 수험생들은 한결같이 지문이 길어서 읽을 시간이 부족해 문제를 다 풀지 못했다고 한다. 그것은 낱말로 문장을 하나하나 읽어서 그렇다.

책을 읽을 때는 문장으로도 읽지만, 한 문단으로도 봐야 한다. 한 문단에는 중심 문장이 있고, 뒷받침하는 문장이 있다. 그렇게 하나의 소주제를 이루는 문단 내용을 확인하며 정독을 한다. 학생들은 중심 문장에 직선을 긋고 뒷받침 문장에는 번호를 붙이며 중심 문장을 어떻게 설명하는지를 파악한다. 그러면 하나의 글에 몇 개의 중심 문장을 의식하며 문단으로 읽게 된다. 그렇게 연습하다 보면 책의 중심 생각을 잘 찾을 수 있고, 요약하여 줄거리를 쓰기에도 수월해지며 내용 파악도 빨라진다.

3. [2단계] 깊이 이해하는 질문 나누기

질문 나누기는 내용 파악을 위해 꼭 필요한 과정이다. 질문을 만들고 답하는 독서퀴즈 놀이는 학생들이 아주 재미있게 참여하고 내용 파악에도 큰 도움을 주는 아주 효과적인 방법이다. 또 성적 수준과 관계없이 모두 참여하며 다양한 질문을 접해볼 수 있다. 무엇보다 공부에 관심이 없는 학생도 재미있게 참여하여 부족한 것을 채워간다는 것이다.

처음에 질문 만들기를 어려워할 때는 책 한 권을 정해서 함께 읽고, 각 종류별로 질문 만들기 연습을 해본다. 모둠별로 질문 답변하기를 하다 보면 질문 만들기가 익숙해진다. 어느 정도 질문을 만드는 훈련을 마치고 본격적으로 질문할 때는 하고 싶은 질문을 하면 된다. 처음부터 여러 종류의 질문을 하라고 하면 학생들이 많이 어려워한다. 직접 질문하고 답변할 때는 학생들이 하고 싶은 질문을 하게 하고, 그다음 학생은 앞에서 한 질문을 제외한 다른 질문을 하게 하면 다양한 질문이 나온다. 그런 과정을 통해서 학생들은 좀 더 창의적이고 깊이 생각할 수 있는 질문이 수준이 높은 질문이라는 것을 스스로 깨닫는다.

교사는 읽을 책과 수업의 방향을 설정하고 무엇을 위해 질문할 것인가만 정하면 된다. 학생들은 이 과정을 통해 어떤 질문과 답변이 적절한지 스스로 알게 된다. 좀 부족한 질문을 던졌던 학생들도 점차 질문의 수준이 높아지고, 창의적이고 심층적인 질문을 하게 된다.

① 사실적 질문 : 내용의 사실을 확인하는 질문

  · 심청이가 인당수에 빠졌다가 무슨 꽃으로 태어났나요?

② 분석적 질문 : 글에 나타난 여러 단서를 대상으로 내용을 보다 깊이 이해하기 위한 질문

  · 심청이는 어떻게 선원들에게 팔려가게 되었나요?

③ 이유나 까닭을 묻는 질문

  · 심청이가 인당수에 빠진 이유는 무엇인가요?

④ 과정적 질문 : 사건의 흐름이나 과정에 관한 질문

  · 심청이는 어떻게 왕비가 되었나요?

⑤ 표현적 질문 : 책 속의 문장이나 글의 표현에 관한 질문

  · 스님이 공양미 삼백 석을 요구한 이유는 무엇이며, 여기에 담긴 의미는 무엇인가요?

⑥ 경험적 질문 : 글에 나오는 사람처럼 경험한 일을 묻는 질문

  · 심청이처럼 효도를 한 경험이 있나요?

⑦ 감정적 질문 : 내용에 관련된 감정이나 분위기를 확인하는 질문

  · 심봉사가 눈을 떴을 때 어떤 기분이 들었나요?

⑨ 평가적 질문 : 등장인물의 행동이나 생각 혹은 내용에 대한 가치를 판단하고 문제점과 해결방안 등을 생각해보는 질문

  · 아버지를 두고 인당수에 몸을 던진 심청이의 행동은 과연 효도라고 볼 수 있나요?

⑩ 상상적 질문 : '만약에'라는 가정을 함으로써 상상력을 자극하는 질문

  · 만약, 심봉사가 눈을 뜨지 못했다면 어떻게 살았을까요?

⑪ 실천적 질문 : 글에 나오는 행동을 어떻게 실천할 것인지 묻는 질문

  · 당신이 심청이라면 아버지 심봉사의 눈을 뜨게 하기 위해 어떻게 할 것인가요?

4. [3단계] 토론을 위한 논제 만들기

논제는 토론하기 위해 적정한 질문을 만드는 것이다. 이 질문은 경쟁적, 비경쟁적 논제로 나뉜다. 경쟁적 논제는 말 그대로 쟁점이 있고 그 쟁점에 대해 찬성 측과 반대 측 의견이 맞서는 논제이다. 비경쟁적 논제는 어떤 문제를 해결하기 위해 적절한 의견을 모으는 과정으로 다양한 의견이 있을 수 있는 논제이다.

1) 경쟁적 토론 논제 정하기

경쟁적 토론의 논제는 쟁점이 있어야 한다. 다시 말하면, 어떤 토론 주제에 대해 찬성 측과 반대 측으로 나누어지고, 양측 모두 적절한 근거와 이유가 있어야 한다. 여기서는 경쟁적 토론인 '대립토론'을 예시로 알아보자.

① 먼저 3~4명씩 모둠을 만든다.

② 개인 논제를 만들어 모둠 협의를 거쳐 제일 쟁점이 있고, 양측이 적절한 근거를 댈 수 있는 논제를 한 개 뽑는다.

③ 칠판에 나가 모둠별로 선택된 논제를 한 개씩 쓴다.

④ 각각의 논제를 거수에 붙여 찬성인 사람과 반대인 사람의 숫자를 적는다.

● <대립토론 논제 정하기> 판서의 예(한 반에 30명 기준)

① 심청이가 아버지 눈을 뜨게 하기 위해 인당수에 빠진 것에 대해 어떻게 생각하나요? 찬성 (13) : 반대 (17)	③ 심청이가 인당수에 빠진다는 사실을 아버지께 하루 전날 저녁에 알린 것을 어떻게 생각하나요? 찬성 (15) : 반대 (15)	⑤ 심봉사가 새엄마인 뺑덕 어멈과 결혼한 것을 어떻게 생각하나요? 찬성 (6) : 반대 (24)
② 심봉사가 공양미 삼백 석 이야기를 심청이에게 말한 것을 어떻게 생각하나요? 찬성 (10) : 반대 (20)	④ 화주승이 심봉사에게 공양미 삼백 석을 요구한 것에 대해 어떻게 생각하나요? 찬성 (8) : 반대 (22)	⑥ 심봉사가 심청이를 만나기 위해 봉사 잔치에 간 것을 어떻게 생각하나요? 찬성 (16) : 반대 (14)

위의 모양으로 칠판 전체를 나누면 6명의 대표가 나와서 부딪치지 않고 칠판에 글씨를 쓸 수 있다.

위의 6모둠의 논제 정하기에서 거수한 숫자를 보면 가장 비등한 것이 ③번의 찬성 15명, 반대 15명이다. 그러나 ③번으로 논제를 바로 정하지 말고, 그다음 순으로 찬반이 비등한 논제를 포함해 ①, ③, ⑥ 중에서 가장 토론하고 싶은 논제를 거수하여 정한다. 이렇게 정한 논제로 토론을 하면 서로 균형을 이루며 재미있게 토론할 수 있다.

2) 비경쟁적 토론 논제 정하기

비경쟁적 토론은 경쟁적 토론처럼 쟁점이 있어도 되지만 없어도 된다. 함께 이야기를 나눌 수 있는 주제면 된다. 문제 해결이든, 생각해보아야 할 문제이든, 판단을 요구하든, 글을 읽고 알게 된 사실을 묻는 것이든, 무엇인가에 서로 질의응답 할 수 있는 것이면 된다. 여기서는 비경쟁적 토론인 '서울형토론'을 예시로 알아본다.

① 우선 함께 읽을 텍스트를 정한다.

교과서, 신문, 책, 수업한 내용, 잡지 등 무엇이든 함께 생각해볼 수 있는 내용이면 가능하다. 그러므로 수업 현장에서는 어떤 내용이든지 다 토론할 텍스트가 된다.

② 모둠을 만들어 책상 배열을 만들어 앉는다.

짝 혹은 3~4명이 모둠을 만들며 될 수 있으면 남녀를 고르게 배치하고, 논제가 달라질 때마다 모둠원 구성을 바꾸어준다. 그래야 다양한 의견을 경험할 수가 있다.

③ 개인이 토론하고 싶은 논제를 정하고 이유를 적어본다.

　모둠원끼리 개인 논제와 이유를 발표하여 가장 적절한 모둠 논제를 다양한 방법으로 정한다.

④ 모둠 논제가 정해지면 각 모둠 대표가 칠판에 나와 적는다.

　학생들은 다른 모둠에서 발표한 논제와 이유를 듣고 판단한다.

⑤ 토론하기에 가장 적절한 논제를 거수하여 학급 논제로 정한다.

● <서울형토론 논제 정하기> 판서의 예 (한 반에 30명 기준)

① 심청이처럼 효도를 한 경험은 무엇이 있나요? (8명)	③ 심청이가 떠나는 날 심봉사가 가지말라고 했을 때 어떻게 할 것인가요? (3명)	⑤ 당신이 심청이라면 어떤 꽃으로 태어나길 바라나요? (1명)
② 아버지를 두고 인당수에 몸을 던진 심청이의 행동은 과연 효도라고 볼 수 있나요? (7명)	④ 당신이 심청이라면 어떻게 아버지의 눈을 뜨게 할 것인가요? (9명)	⑥ 만약 심봉사가 눈을 뜨지 못했다면 어떻게 살았을까요? (2명)

서울형토론 논제는 쟁점이 없어도 되기 때문에 토론하고 싶은 것으로 정하면 된다. 그러나 학생들은 위의 ②번 논제처럼 찬반 토론 논제를 쓰는 경우가 많다. 그럴 때는 '아버지를 두고 인당수에 몸을 던진 심청이의 행동은 과연 효도라고 볼 수 있는지 자신의 판단을 적고 이유를 두 가지 이상 쓰시오.'라고 덧붙이면 다양한 이유가 나와서 토론할 수 있다. 그리고 가장 많이 거수한 ④ 모둠 논제를 바로 정하기보다는 2차로 ①, ②, ④모둠의 논제를 다시 한 번 거수하여 가장 많은 학생이 원하는 논제를 정한다.

● **적절한 논제의 조건** ●

① 다양한 의견이 나올 것

② 할 이야기가 많은 것(자료가 많고, 정보와 경험이 많은 것, 문화 수준과 관심이 비슷한 것)

③ 토론하고 싶은 것(호기심이 나는 것)

④ 토론할 가치가 있는 것

5. [4단계] 효과적인 주장을 위한 입론 쓰기

1) 경쟁적 토론의 입론 쓰기

대립토론에서 논제가 정해지면 쟁점에 따라 자신의 의견을 미리 써본다. 만약 《심청전》을 읽었다면 서로 상반된 의견이 있을 만한 쟁점을 파악하고, 양측 주장과 근거를 알아본다. 〈전략의 단계〉를 짜고 살을 붙여서 입론^{주장 펼치기}을 써본다.

● 대립토론 〈전략의 단계〉 예시

논제 진술	심청이가 아버지 눈을 뜨게 하기 위해 인당수에 빠진 것에 대해 어떻게 생각하나요?	
용어 정의	인당수 : 심청이가 공양미 삼백 석에 몸을 팔고 빠졌다는 곳	
쟁점	쟁점 1 : 공양미 삼백 석이 필요하다. ↔ 다른 방법으로 구하면 된다. 쟁점 2 : 화주승과의 약속이다. ↔ 약속을 못 지킨다고 가서 말한다. 쟁점 3 : 심청이는 심봉사가 눈을 뜨기를 바란다.↔ 심봉사는 눈보다 딸이 더 필요하다.	

		찬성 측의 주장	반대 측의 주장
쟁점 1	주장	공양미 삼백 석이 필요하다.	다른 방법으로 구하면 된다.
	근거	공양미 삼백 석을 시주하면 눈을 뜰 수 있다.	공양미 삼백 석이 필요하다고 장승상 부인에게 말해본다.
쟁점 2	주장	화주승과의 약속이다.	약속을 다른 것으로 바꿀 수 있다.
	근거	스님하고 약속이므로 안 지키면 큰 벌을 받을 수 있다.	화주승에게 가서 공양미 삼백 석 대신에 절에서 일을 한다고 한다.
쟁점 3	주장	심청이는 아버지가 눈을 뜨기를 바란다.	심봉사는 눈보다 심청이가 더 필요하다.
	근거	동냥젖을 먹여 키워 주신 아버지 눈을 뜨게 해드리고 싶다.	심봉사는 눈보다 딸과 함께 살기를 바란다.

대립토론에서 쟁점과 주장을 미리 예측해보는 표

저는 심청이가 아버지 눈을 뜨게 하기 위해 선원에게 몸을 판 것은 어쩔 수 없는 일이라고 생각합니다. 왜냐하면 첫째, 아버지인 심봉사가 엄마가 돌아가시고 이집 저집 동냥젖을 먹여 키우셨기 때문입니다. 그런 아버지가 지금까지 앞이 안 보여 고생하시는 것을 옆에서 보며 얼마나 마음이 아프고 눈을 뜨게 해드리고 싶었겠습니까?

둘째, 화주승과의 약속이기 때문입니다. 그 당시는 불교가 아주 중요하게 생각됐던 시절이기 때문에 부처님과의 약속이라고 생각해서 벌 받을 것 같아 어기는 것이 무서웠을 것입니다.

셋째, 공양미 삼백 석이면 눈을 뜨기 때문입니다. 아버지가 공양미 삼백 석이면 눈을 뜬다고 하시며 고민이 되어 앓아 누었습니다. 그때 선원이 자신의 몸을 팔면 공양미 삼백 석을 준다고 하니 귀가 번쩍 뜨였을 것 같습니다.

이와 같은 이유로 어린 심청은 그 당시 공양미 삼백 석을 구하기 힘든 상황에서 봉사인 아버지를 위해 선원의 말을 듣고 인당수에 빠지기로 결심하였을 것입니다.

경쟁적 토론 입론 예시 ● 반대 측 입론

저는 심청이가 아버지인 심봉사의 눈을 뜨기 위해 인당수에 빠진 것은 바람직한 선택이 아니라고 생각합니다. 왜냐하면 첫째, 심봉사는 눈보다 딸 심청이가 더 소중하기 때문입니다. 심봉사는 눈을 뜨고 싶어 약속은 했지만, 그것은 딸인 심청이와 함께 살며 눈뜨기를 바랐지, 심청이는 죽고 자신만 눈을 뜨기를 바라지 않기 때문입니다.

둘째, 화주승에게 가서 공양미 삼백 석은 구하지 못한다고 말합니다. 공양미 삼백 석은 구하기 힘드니까 다른 것으로 바꿔 달라고 간청해봅니다. 심청이가 할 수 있는 것으로 절에 가서 심부름을 한다거나 스님이 된다거나 등 힘들지만 가능한 것으로 해달라고 합니다.

셋째, 장승상 부인에게 가서 수양딸로 해주시고 공양미 삼백 석을 달라고 부탁을 드립니다. 장승장 부인이 심청이를 수양딸로 삼고 싶어 했으니까 그렇게 되면 함께 돌보아드릴 수 있기 때문입니다. 이처럼 심봉사에게는 무엇보다도 심청이가 제일 중요한 존재이기에 심청이가 인당수에 빠지면 눈을 떠도 아무 소용이 없기 때문에 다른 방법을 찾아보는 것이 더 중요합니다.

2) 비경쟁적 토론의 입론 쓰기

비경쟁적 토론인 서울형토론에서 입론은 정해진 논제에 대해 자유롭게 써 내려가면 된다. 쟁점이 있는 것도 가능하고 자유로운 생각과 의견도 가능하다. 또 수업시간에 배운 내용을 요약해서 써도 되고, 알게 된 사실과 생각을 써도 된다. 조사해서 쓴 글, 숙제한 내용도 된다. 방송이나 영화, 책을 본 감상문도 가능하다. 어떤 글이든 써서 짝끼리, 모둠에서, 학급에서 발표하고 질의응답 하면 그것이 바로 토론이다. 논제에 대한 것이나 논제 없이 자유롭게 쓴 글 모두 된다. 토론 전 글쓰기가 가능하기 때문에 수업 중에 별도의 준비 없이도 수시로 토론할 수 있다. 그러므로 학생들이 산출한 내용은 그대로 토론 전 입론에 해당한다고 볼 수 있다.

 **비경쟁적 토론 입론 예시**

논제 : 심청이처럼 효도를 한 경험은 무엇이 있나요?

저는 심청이처럼 목숨을 버리지는 못하지만 저의 엄마가 많이 아프실 때 병원에서 병간호를 한 적이 있습니다. 엄마께서 목이 마르다고 하셔서 물을 받아와서 먹여 드리고 수건을 물에 적셔서 머리에 얹어 드렸습니다. 그리고 심심하실까봐 동화책을 읽어드렸습니다. 엄마가 또 아프다고 하셔서 다리도 주물러 드렸습니다. 그때 엄마께서 '아이고, 우리 딸 다 컸구나. 우리 딸이 주물러주니까 다 나은 것 같네.'라고 하셨습니다. 나는 팔이 아팠지만 계속 주물렀습니다. 잠시 후에 엄마는 잠이 들었습니다. 엄마에게 효도를 했더니 엄마가 금방 나을 것 같아 기분이 좋았습니다.

6. [5단계] 생각을 나누는 토론하기

경쟁적 토론(대립토론) 수업 장면　　　　　비경쟁적 토론(서울형토론에서 모둠 토론) 수업 장면

1) 경쟁적 토론

경쟁적 토론을 위해서는 미리 논제를 정하고 두 팀으로 나뉘어 각 측 의견을 쓴다. 다양한 정보나 자료를 찾아 근거를 제시해야 하므로 수업 과정 중에 하기는 무리가 있다. 교실 수업에서 온전한 독서토론을 하려면 따로 시간을 만들어서 해야 한다. 독서할 텍스트를 정하고 함께 읽고 독서토론을 마무리하기까지 적어도 2주일은 걸린다. 많이 해야 한 달에 두 번 정도 할 수 있다.

경쟁적 토론인 대립토론은 팀끼리 협동하여 준비하고, 논제에 대한 다양한 정보와 자료 그리고 쟁점에 대한 주장과 근거가 필요하다. 그러므로 정보이용 능력과 협동심, 사고력과 탐구심을 기를 수 있다. 그리고 논리적인 근거와 자료를 이용해 상대방의 주장에 반론을 제기하는 능력, 설득하는 능력을 기르기에 아주 유용한 토론 방법이다.

대립토론의 토론 방법과 절차는 4장 '논리를 키우는 대립토론'에서 자세히 다루었다.

2) 비경쟁적 토론

수업 현장에서 별 준비 없이 활용하기 쉬운 것은 역시 비경쟁적 토론이다. 이 토론은 자유롭게 의견을 말하고 질문하고 답변하는 자유 토론이다. 짝끼리, 모둠별로 순서를 정해서 진행하거나 먼저 준비된 학생이 발표한다. 유대인의 하브루타 방식으로 자유롭게 토론하다가 어떤 부분에서 긍정과 부정으로 나누어서 토론하고, 또 서로 입장을 달리하여 토론하기도 한다. 비경쟁적 토론인 서울형토론으로 '독서 - 내용 파악 - 논제 정하기 - 의견 쓰기 - 토론하기 - 토론 정리'까지 하려면 수업 시간으로 2시간 정도(80분)가 걸린다. 그러므로 꼭 전체를 모두 진행하려 하지 말고 학습 내용에 맞는 부분만 수업에 적절하게 활용하면 효과적인 수업이 된다. 서울형토론의 토론 방법과 절차는 3장 '경쟁하지 않고 함께 나누는 서울형토론'에 자세히 나와 있다.

▶ 토론할 때 발표 요령

① 목소리 크기 조절하기

교실 전체 학생이 토론을 할 때 가장 어려운 것은 소리 조절이다. 목소리를 너무 작게 해서 안 들려도 안 되고, 너무 크게 해서 시끄럽게 해 다른 모둠에 피해를 주는 것도 안 된다.

- 모둠 토론할 때는 한 모둠에 4명씩을 기본으로 한다.
- 4명이 서로 의사소통할 수 있을 정도의 크기로 말하도록 주의를 준다.
- 모둠별 토론을 여러 번 하다 보면 스스로 알아서 조절한다.
- 대립토론을 할 때는 상대측을 설득해야 하기 때문에 들리는 정도에 따라 가점을 준다.
- 수업 시간에 늘 낭독하기를 즐긴다. 여기서 말하기의 기본을 배우고 경험한다.

② 발표 연습하기

토론할 때 가장 어려운 것이 상대방에게 정확하게 의사전달하는 것이다. 이것은 초등학생뿐만 아니라 상급 학년, 성인까지도 훈련 없이는 어렵다.

- 우선 교실 분위기를 자연스럽게 발표하는 분위기로 유도한다. 틀리게 말해도 놀리거나 당황하지 않는 분위기를 만드는 것이다. 우리 교실에서는 '틀리는 것도 정상이고, 맞는 것도 정상이다. 우리는 배우는 학생이니까, 다만 정상을 놀리는 사람이 비정상이다'라는 표어를 걸어놓고 늘 복창을 한다.
  혹시 잘못 발표한 학생을 놀리면 놀리는 사람이 비정상이라고 하며 주의를 준다. 지속적으로 지도하면 놀리거나 비아냥거리는 학생이 적어지고 발표에 대한 부담도 덜 느낀다.

- '매일 한 번 이상은 발표할 것'을 규칙으로 정하고, 발표한 만큼 표시를 하게 하여 학급 전체 학생이 한 번 이상은 다 발표하도록 한다. 만약 못하는 날에는 남아서 혹은 쉬는 시간이라도 대화하도록 한다.
- 발표를 하기 위해 손을 들 때 손가락으로 발표한 만큼 횟수 표시를 하게 하여 모든 학생이 골고루 발표하도록 유도한다.
- 발표를 한 횟수만큼 포인트를 준다. 때에 따라서는 적절한 질문이나 답변에 가점을 주기도 한다.
- 교사는 개인의 수준에 맞게 질문을 하고 아이들이 답변할 수 있도록 상황을 만들면, 자긍심을 가지고 발표에 열정을 보인다. 질문을 하기 전에 생각할 시간과 쓰는 시간을 잠시라도 주면 더 효과가 있다.

7. [6단계] 토론을 마치고 글쓰기

대개의 토론수업은 최종 변론과 판정을 하면서 마친다. 학생들이 독서부터 시작해서 토론까지 마치고 나면 내용도 깊게 이해하고 생각도 다양해지며 나름대로 판단도 내린다. 처음 가졌던 생각이 더 깊어지기도 하고, 아예 달라지기도 한다. 이처럼 독서한 내용이나 논제에 대한 생각들이 내면화된 것을 마무리하여 글로 쓰게 하는 것이다.

토론 후 쓴 글을 모둠별로 돌려 읽으며 모둠원의 생각과 사실들을 공유함으로 다시 한 번 친구들의 다양한 생각과 판단을 알게 되고 사고가 확장된다. 이와 같은 일을 되풀이하면, 학생들은 토론의 재미를 알아가고 글 쓰는 방법도 익힌다. 자신의 생각이 깊어지고 있다는 것도 느끼게 되어 더욱 토론을 즐기게 된다. 또 모둠별로 발표하고 질의응답 하면 더욱 생각이 깊어지고 다양해진다.

오늘 '심청이가 아버지 눈을 뜨게 하기 위해 선원에게 몸을 판 것에 대해 어떻게 생각합니까?'라는 논제에 대해 토론을 했습니다. 제가 찬성 측에서 토론한 가장 큰 이유는 심봉사가 동냥젖을 먹여 심청이를 어릴 때부터 계속 키워주셨기 때문입니다. 엄마도 일찍 돌아가시고 눈도 보이지 않는 아버지가 아기를 안고 이 집 저집 다녔다고 생각하니 눈물이 났습니다. 그렇지 않았으면 심청이는 죽었을 것입니다. 그렇게 해서 살게 된 심청이었다면 당연히 아버지 심봉사의 눈을 뜨게 하기 위해 선원들에게 팔려갔을 것입니다.

상대 편에서는 심청이가 선원들에게 팔려가지 않고도 다른 방법이 있을 거라고 하는데, 그 당시 심청이는 나이도 어리고 그 큰돈을 어떻게 마련할까 방법도 없었을 것 같습니다. 장승상 부인이 그 큰돈을 미리 줄 것 같지도 않고 말입니다. 아버지는 몸져누워서 아파하고 있으니까, 심청이는 저러다가 아버지가 돌아가시기라도 하면 어쩌나 걱정도 되었을 것 같습니다.

마침 선원이 공양미 삼백 석을 준다고 했고, 효녀인 심청은 자기만 죽으면 아버지가 소원하던 눈을 뜬다고 하니 다른 생각을 못했을 것 같습니다. 이런 생각을 하고 보니, 나는 엄마와 아빠가 건강하시고 눈도 멀지 않으셔서 다행입니다. 그리고 저를 무척 사랑해주십니다. 그런데도 저는 부모님 말씀도 잘 안 듣고, 말대꾸도 하고, 심부름도 잘 안 할 때가 많아서 부끄러웠습니다.

나의 독서 추억, 왕자파스

그동안 계속해서 몸담고 있는 문예부 교사라는 직함이 너무 익숙하고 아련하다. 문예부와의 인연은 봉화 읍 내성초등학교 4학년 때부터 시작되었던 것 같다. 특별활동 시간에 처음으로 동아리를 구성해서 일주일에 한 번씩 자신이 선택한 반에서 수업을 받는다. 당시 여자들에게 가장 보편적으로 성공하는 길은 은행원이었다. 그래서 아이들은 모두 주산부를 선호하였다. 나도 무슨 이유인지는 모르겠지만 주산부를 써서 선생님께 제출하고 결과를 초조하게 기다렸다. 마침 발표가 났는데 문예부로 배정이 되었다. 당시 나는 문예부가 무엇을 하는 곳인지조차 알지 못했다. 실망한 나머지 교실 밖에 나가 울었다. 선생님이 원망스럽고 야속했다. 담임선생님이 나를 다독여 주며 말했다.

"정희는 문예부로 가세요. 그곳에 가면 훌륭한 선생님이 잘 가르쳐 줄 거예요."

지금 생각하면 그때 담임선생님의 예견이 대단한 것 같다. 지금까지 '독서토론논술'을 가르치고 강의하고 있는 이 모든 것을 시작하게 해주신 고마운 선생님이시다.

문예부 선생님은 특별히 나를 기억하고 아주 잘 왔다고 환영하시며 관심을 가져 주셨다. 공책 한 권이 귀했던 시절이라 원고지 살 돈이 없었다. 아니 원고지가 무엇인지도 몰랐다.

그런 사정을 아시는 선생님께서 원고지를 쌓아 놓고 글짓기 훈련을 많이 시켰던 것 같다. 운동장 벤치에서, 교문 앞 느티나무 밑에서, 생활문도 쓰고 동화도 썼다. 학교 앞 동산에 올라가 유유히 흐르는 '내성천'을 보고 동시도 썼다. 예전에는 종이가 귀해서 초가집 방 안에 벽지가 없이 흙으로만 되어 있는 곳이 많았는데, 그렇게 내가 글을 쓴 원고지는 모두 귀한 벽지의 재료가 되었다. 나의 글로 가득찬 우리 집은 온통 글짓기 전시회장 같았다. 집에 오시는 손님들이 글을 잘 썼다고, 글씨가 예쁘다고 칭찬하셨다. 그럴수록 하나하나 정성들여 잘 쓰려고 노력했다.

문예부 선생님의 꾸준한 지도 아래 원고지 매수가 400매 정도까지 되었던 걸 생각하면 아주 열심히 썼던 것 같다. 무엇보다 교실에서만 쓴 것이 아니고 교정에서 들판에서 자연과 더불어 체험도 하며 쓰는 것이 무척 재미있었다. 어떨 때는 나무에 소변을 누고 자라는 것을 비교하여 쓰기도 했다. 그래서 쉬는 시간마다 나무 옆에서 치마를 가리고 소변을 누며 깔깔대었던 기억이 난다. 특히, 잘 쓴 글은 교문 앞 게시판에 걸어주셔서 많은 친구가 읽으며 칭찬해 주어서 뿌듯했다.

가을이 되어 '군 대항 글짓기 대회'에 학교 대표로 나가게 되었다. 그때 시를 썼는데 제목은 '소풍'이었다. 아마 내용이 '노란 조밥으로 싸간 김밥이 터져서 무안했던 생각'을 썼던 것 같다.

어느 월요일 아침 애국조회를 했는데, 1학년부터 6학년까지 모두 운동장에 서서 함께 하는 조회여서 아주 근엄하고 조용했다. 애국가가 끝난 후 '4학년 2반 권정희'라고 부르는 소리가 들려 소스라치게 놀랐다. 다리가 후들거리고 가슴이 뛰었다. 조회대에 올라가니 교장 선생님께서 글짓기 대회 최우수상을 수여해 주셨다. 상장 내용은 들리지도 않았고, 부상으로 받은 '왕자파스'가 온통 나를 사로잡았다. 머리에 왕관을 쓴 왕자가 그려져 있는 크레파스였다. 당시에는 대부분 6가지 색이 들어있는 크레파스를 썼고, 잘사는 아이들은 12색 크레파스를 가지고 다녔다. 그런데 내가 받은 크레파스는 24색이었다. 기다란 왕자파스를 들고 조회대를 내려와 제자리로 돌아오는데 친구들이 '24색 크레파스'를 일제히 쳐다보고 있었다. 그때 나의 걸음은 마치 레드카펫을 걷는 배우 같았을 것이다.

그날 이후, 나는 학급에서 유명 인사가 되었다. '24색 왕자파스' 소유자가 된 것이다. 드디어 미술시간이 되었는데 당시에는 보지도 못했던 쑥색, 보라색, 하늘색, 남색 등 여러 색깔이 있었다. 아이들은 순서를 정해 크레파스를 빌려갔다. 학교 게시판에 최우수상 시 <소풍>이 걸려 있었고, 아이들은 학교를 드나들면서 외우고 있었다. 글짓기 덕분에 마음만이라도 부자가 된 것이다.

그때부터 나는 글쓰기와 친해졌고, 글쓰기를 배우고 가르치며 마음을 살찌우고 있다. 사람이 성공을 하려면 '좋은 환경', '좋은 가르침을 주는 교사', '훌륭하게 살아간 롤 모델'이 필수라고 한다. 삶을 뒤돌아보면 나의 감수성을 깨워준 시골의 순수한 자연환경과 잘 가르쳐준 헌신적인 선생님이 계셨음에 감사한다. 부족하나마 사랑스런 아이들과 함께 느끼고 체험한 것을 글짓기와 독서, 토론으로 즐기고 있다.

지금도 그 시절 왕자파스의 왕관이 아른거린다. 마음이 풍성한 부자가 되어 글 속에서 사는 아이들에게 '왕관'을 씌어주고 싶다. 아름다운 대한민국, 따뜻한 나라를 만들어가는 왕관 말이다.

3장

경쟁하지 않고 함께 나누는
서울형토론

토론을 할 때는 부드럽게 하면서도 논지를 분명히 밝히도록 노력하라.
상대방을 흥분시키지 말라.
토론의 목적은 상대방을 설복시키는 데에 있다.

- 윌킨스

1. 서울형토론 모형의 개발

'질문이 있는 서울형토론 모형'이란 짝 토론과 모둠 토론의 결합을 통해 통합적 사고를 촉진하고 상호협력을 유도하는 비경쟁적 토론 모형으로 교과와 비교과 등 모든 영역에서 쉽게 적용할 수 있다. 이는 서울시 교육청에서 개발하였으며 토론 수업이 활성화되고, 교사들이 교실 수업에서 쉽게 활용할 수 있도록 만들었다.

'토론 교육의 중요성이 많이 강조되고 있으나 현실적으로 학교 수업시간에 토론수업이 잘 적용되지 않고 있다. 어떻게 하면 교실에서 교사와 학생들에게 쉽게 적용되는 토론 모형을 만들까?'

이러한 고민을 바탕으로 현직 교사들이 연구하여 만든 서울형토론 모형은 질문이 있는 교실을 추구한다. 창의적인 생각들이 살아있는 교실, 선생님과 학생, 학생과 학생끼리의 소통이 활발한 교실, 서로 토론하고 함께 생각하는 교실이다.

그동안 많은 수업지원단 교사들이 수업하고 난 후, 다음과 같은 평가가 두드러졌다. 첫째, 교사와 학생이 모두 쉽고 재미있게 수업할 수 있었다. 둘째, 한 학급 모두가 다 함께 참여하여 좋았다. 셋째, 다양한 교과 수업에 적용할 수가 있었다. 넷째, 모든 아이의 독서, 토론, 논술 분야의 실력이 향상되었다.

7, 8년 전까지는 대립토론을 많이 강의했다. 지금도 교실 수업에 적용하고 있고 교과서에도 많이 나온다. 대립토론은 상대측을 설득하기 위해 자료도 준비하고, 팀끼리 협력하여 대응하기 때문에 논리성과 정보이용 능력, 협동하는 태도를 키운다. 그러나 수업시간에 필요한 토론을 상황에 맞게 하려면 적절치 않을 때가 많다. '어느 답이 타당한가?'보다는 '이 문제를 어떻게 해결할까?'라는 수업이 더 많기 때문이다. 이러한 현상은 일상적인 삶에서도 마찬가지다. 그래서 서울형토론에서는 수업 현장에서 배운 내용이 논제가 되기도 하고, 알고 싶은 논제를 학생들이 직접 만들어 토론하기도 한다. 무엇이든 하고 싶은 말이나 의견을 발표하면 듣고 있던 친구들이 질문하고 답변하면서 토론이 시작되고 재미있어진다. 서로 대화하며 알아가는 과정을 통해 배우는 것이다. 이것이 비경쟁적 토론인 '서울형토론'이다.

기존의 토론은 주로 교사가 논제를 정하면 학생들은 논제에 대해 주장과 의견을 내어 토론하는 형식이었다. 토론 공개 수업을 할 때 가장 고민되는 것은 학생들이 흥미를 가지고 토론할 수 있고 수업 내용에 적절한 논제를 만드는 것이다. 그리고 어떤 텍스트를 선택하고, 팀은 어떻게 짜고, 내용 파악은 어떻게 하는지를 가장 고민해야 한다. 즉, 토론을 하기 위한 준비와 지침이 더 중요한 요소라는 것이다. 그래서 '서울형토론'에서는 토론의 과정 안에 독서부터 내용 파악하기, 학생 스스로 논제 만들어서 의견을 쓰고 토론하는 과정까지 모두 넣었다. 그러므로 텍스트를 읽고 질문을 통해 내용을 파악하면서 학생들은 단순히 정답을 찾기보다는 왜 그런지 이유를 생각하게 된다. 스스로 토론하고 싶은 논제를 정하고 서로의 의견을 나누는 과정을 겪으며 생각이 점점 깊어지는 것이다.

2. 서울형토론 모형의 특징

1) 짝 토론과 모둠 토론을 결합한 통합적 사고   서울독서교육지원본부, 서울교육포털

서울형토론은 짝 토론과 모둠 토론을 결합하여 재구성한 방식으로 확산적이고 통합적인 사고를 기른다. 짝 토론은 하브루타 방식이고, 유대인식 2인 토론 학습법이다. 정통 유대인 교육기관인 예시바에서는 1대 1 토론으로 학습하고 있다.

　하지만 초등학생들은 개인차가 크고 아직 경험이 많지 않아 수준차가 너무 나면 활발하게 자신의 의견을 내기가 어렵다. 짝끼리는 간단하게 의견을 주고받는 것이 좋고, 좀 더 다양한 의견을 주고받으려면 3~4명의 모둠 활동이 효과적이다. 짝 토론은 한 아이가 입을 열지 않으면 말문 트기가 어렵다. 그래서 초등학교에서는 모둠 토론이 훨씬 효과적이다. 다소 어려운 토론 주제도 2명보다는 3~4명이 좋은 안건을 더 많이 내놓아서 아직 서투른 아이들도 모둠을 통하여 토론 주제를 만들 수 있다. 서로 부족한 것은 채우고 좋은 아이디어는 받아들여서 서로의 의견을 통합할 수 있다.

2) 질문을 통한 탐구와 문제 해결

아이들은 수업에 집중하기가 어려운데 유독 퀴즈 놀이에는 관심이 많다. 교실이 산만하면 가장 집중이 잘 되는 수업이 질문 답변하는 수업이다. 아이들에게 질문을 하고 답변하는 토론은 하나의 재미있는 퀴즈놀이가 된다. 결국, 교사는 질문만 잘 연구해도 아이들의 의식을 깨울 수 있다. 수업 전이나 수업 과정, 수업 정리에서 하는 질문이 조금씩 다르다. 아이들은 교사보다도 친구들끼리 하는 질문과 답변에 더 영향을 받으며, 그를 통해 엄청난 호기심으로 수업에 집중한다. 그래서 모둠 토론은 서로 질문하고 답변하는 토론 과정을 통하여 부족한 아이들도 함께 배울 수 있는 아주 효과적인 토론 방법이다.

　질문은 생각을 많이 하게 한다. 무엇보다도 문제의식을 가지고, 해결 방안도 연구하게 한다. 궁금하면 인터넷을 조사하는 등 해답을 찾기 위해 애를 쓰다 보면 해결 방안도 보인다. 아이들에게 생각하는 힘이나 창의력을 키우게 하려면, 호기심 가득한 질문이 좋다. 또한, 정답이 다양한 질문은 지적 호기심과 창의력을 증진시킨다.

3) 상호 협력을 통한 공동체 의식 함양

개인 탐구에서 2인, 4인 토론으로 확장하는 모형은 비경쟁적으로 서로의 생각을 공유하며 함께 성장하는 데 초점을 둔다.

　미래 사회는 협업과 소통의 시대라고 한다. 서로 협력하고 소통하지 않으면 4차 산업의 시대, 인공지능 시대를 대비할 수 없다. 아니 지금도 모든 산업과 연구 분야에서 배려하고 협동하지 않으면 아무 것도 이룰 수가 없다. 그런데 이 협업과 소통을 하는 데는 기술이 필요하다. 가장 유효한 방법이 토론이다. 토론을 통하여 서로 알아가고 소통하며 좋은 해결 방법을 찾는 것은 산업 현장이나 소소한 삶의 현장 어디에서나 필요하다.

　특히, 여러 계층의 다양한 사람들과 소통하기 위해서는 비경쟁적 토론이 유용하다. 수업 현장에서도 수업 전이나 후의 자투리 시간에 효과적으로 활용할 수 있는 토론은 비경쟁적 토론이다. 때로는 토론 주제를 정해서 다양한 해결 방법을 알아볼 수도 있다. 또는, 일상의 토론, 가족 토론, 친구들의 소그룹 토론, 직장에서 팀별 토론 등 다양한 상황에서 쉽게 적용할 수 있다. 비경쟁적 토론의 장점은 한 사람의 생각보다는 훨씬 다양하고 효과적인 결과가 나오는 것이다. 이는 실용적인 해결 방안을 찾고, 서로의 생각을 깨우쳐주는 데 아주 효과적인 토론 방법이다.

4) 토론 모형의 구조화를 통해 쉽게 적용

서울형토론은 토론 모형을 단순화하여 누구나 쉽게 접근할 수 있고 다양한 교과와 영역에서 활용할 수 있다.

예전에는 교과서에도 대립토론 형식이 많았다. 대립토론은 논리성을 키우고 비판하는 능력과 협동하는 능력, 정보 활용 능력을 키워주는 아주 유용한 토론 방법이지만, 쟁점이 있는 논제여야 하고 팀을 균형 있게 짜야함으로 수업에 그때그때 적용하기가 쉽지 않았다. 그리고 아이들의 발표 훈련이나 논리적인 비판력, 설득력이 준비되어 있지 않으면, 학급 전체 토론을 하기가 어려웠다. 그러나 서울형토론은 학교 수업에 적용하기가 쉽고, 수준차에 관계없이 인위적인 팀 구성을 하지 않아도 되어 어떤 수업 형태에도 적용하기가 편리하다. 즉, 교사도 가르치기 쉽고 아이들도 재미있게 할 수 있는 토론이다.

처음부터 끝까지 한번에 진행하는 것은 시간이 걸리기 때문에 필요한 부분만 선택해 수업에 적용해도 좋다. 예를 들어, 학급 논제를 정하지 않고, 독후감이나 알게 된 사실을 써서 그대로 입론을 대신할 수도 있다.

3. 서울형토론 모형의 절차

(표준형-80분, 1, 2차시로 나누어 활용 가능)

1. 문제 인식

가. 자료 읽기
나. 내용 파악하기

- 다양한 방법으로 자료 읽기
- 내용 이해를 위한 질문 만들기
- 짝과 질문하고 답하기(모둠, 학급 전체 활동 가능)

2. 토론 주제 정하기

가. 개인 토론 주제 만들기
나. 모둠 토론 주제 정하기
다. 학급 토론 주제 정하기

- 토론을 위한 개인 토론 주제 만들기
- 모둠원에게 개인 토론 주제를 설명하기
- 모둠 토론 주제 정하기
- 모둠별 토론 주제를 칠판에 게시하고 설명하기
- 정해진 학급 토론 주제에 대한 자신의 의견 쓰기

3. 토론하기

가. 토론 주제로 모둠별 토론하기
나. 토론 내용 발표하기

- 첫 번째 토론자가 의견 발표하기
- 나머지 토론자가 질문하고, 답변하기
- 위 과정을 반복하기
- 모둠별 토론 내용을 정리하여 발표하기

4. 평가 및 정리

가. 토론 활동 평가
나. 토론 활동 마무리하기

- 모둠별 좋은 질문과 답변 발표하기
- 토론 후 소감 발표하기
- 교사의 토론 수업 정리하기

4. 서울형토론 지도 과정

1) 문제 인식

먼저 학생들이 공부하게 될 내용에 대해 안내한다. 교사들이 손쉽게 가르칠 수 있는 텍스트는 교과서이다. 교과서에는 가르칠 수업 목표나 학습 문제가 있다. 그 수업 목표를 달성하기 위해 텍스트 읽기를 시작한다. 텍스트를 읽기 전에 그림이나 사진, 자료 등을 통해 호기심을 불러일으키기 위한 질문과 답변을 하면서 생각 열기를 한다.

(1) 자료 읽기

자료를 읽는 방법은 다함께 소리 내어 실감 나게 낭독하기, 교사와 학생이 교대로 낭독하기, 짝과 교대로 낭독하기 등이 있다.

자료 읽기는 학생들이 스스로 텍스트를 이해하기 위해서 하며, 그 방법에 따라 내용을 파악하는 수준에 차이가 난다. 주로 교실 수업에서는 눈으로 읽는 묵독을 많이 한다. 하지만 초등학생들은 집중하는 시간이 매우 짧으며, 심지어는 다 읽고도 무슨 내용인지 모르는 학생도 있다. 그런데 교사와 학생이 번갈아 가며 한 문장씩 낭독하면 쉽게 집중하고 내용 파악도 잘 된다. 교사가 정확한 발음과 적절한 빠르기로 실감 나게 읽으면 학생도 따라 읽으며 발음도 좋아지고 내용 전달도 잘 된다. 또한, 토론의 기초가 되는 말하기 연습도 된다.

● 자료 읽기 수업 지도 예시

선생님 선생님과 함께 한 문장씩 자료를 읽어보도록 하겠습니다. 자료를 읽을 때 주의할 점은 어떤 것이 있을까요?

학생1 읽기 자료의 내용을 잘 파악할 수 있도록 실감 나게 읽습니다.

학생2 우리 교실에 있는 친구들이 모두 들을 수 있도록 큰 소리로 정확한 발음으로 읽습니다.

선생님 내용도 생각하며 낭독해봅시다.

(선생님과 학생들이 번갈아 가며 한 문장씩 낭독한다.)

(2) 내용 파악하기

① 질문으로 파악하기

질문 만들기는 공부할 텍스트의 내용을 파악하는 여러 가지 방법 중 하나이다. 교과서에는 제시글을 제시하고 난 후 4~5개 정도의 내용을 묻는 질문이 나온다. 교과서 질문을 짝과 함께 답을 맞추고 서로 의견을 나누며 평가한다. 그리고 각자가 자신의 질문을 2~3개씩 더 만든다. 질문을 만들 때는 학생들의 수준을 고려하여 저·중·고 수준의 문제를 한 개씩 만든다.

수준이 높은 문제만 만들면 일부 학생들은 맞추기가 어려워 흥미를 잃을 수도 있다. 만약 내용이 많은 책이라면 5~10개의 질문을 만들 수 있다. 한 곳에서 여러 개의 질문을 만들지 않고, 전체 내용에서 골고루 질문을 만든다. 그래야만 텍스트 전반의 내용을 파악할 수 있고, 답을 맞히며 독서의 재미도 느낀다.

② 독후감으로 파악하기

독후감은 책을 읽은 후에 내용과 느낌, 생각을 쓴 글이다. 간단한 텍스트일지라도 읽은 후의 생각과 주장, 판단은 다르다. 독후감을 쓰지 않고 내용만 파악하면 책 내용이 금방 기억에서 사라지고 생각도 머물다 없어진다. 그러나 독후감을 간단하게라도 쓰면 인상 깊은 내용과 자신의 생각을 다시 한 번 되새기며 정리하는 여유가 생긴다.

그다음 독후감을 모둠끼리 돌려 읽기를 한다. 그리고 다른 친구가 쓴 독후감 아래에 자신의 생각이나 평가를 구체적으로 적는다. 제일 잘 쓴 글로 뽑히면 학급 전체 아이들 앞에 나와 발표를 한다. 그러면 모든 아이들이 그 독후감을 들으며 평가하고 궁금한 것을 질문할 수도 있다. 이러한 활동을 계속함으로써 서로에게 영향을 미쳐서 내용 파악도 더 깊이 있게 하게 되고, 자신과 다른 친구들의 생각도 공유하게 된다.

● 선생님과 질문하고 답하기 예시

선생님 여러분이 글을 읽고 느낀점을 발표해 봅시다.

학생 1 저는 잎싹이 알을 품기 위해 마당을 나온 것은 위험하다고 생각합니다. 마당에서 살아본 경험이 없는데 무슨 일이 일어날지 어떻게 알겠습니까?

선생님 또 다른 의견은 없습니까? 이유를 들어 발표해볼까요?

학생 2 저는 잎싹이 용기가 있다고 생각합니다. 어떤 일이 일어날지도 모르면서 감히 마당에 나와 알을 품기로 마음먹었기 때문입니다.

선생님 자신의 알도 아닌데 품으려고 하는 잎싹에 대해 어떻게 생각하나요?

학생 2 저는 자신의 알이 아니라도 괜찮다고 생각합니다. 잎싹이 간절히 바랐던 소망이기 때문입니다.

●) 짝과 질문하고 답하기 예시 (모둠, 학급 전체 활동 가능)

선생님 내용 이해를 위한 질문을 만들어 짝하고 질문하고 답변해봅시다.

학생 1 "꽤애액!" 소리를 듣고 잎싹은 꽤 오랫동안 박힌 듯이 서 있었다고 했는데 왜 그랬을까요?

학생 2 심장이 서늘해지도록 아픈 소리가 가슴 벽에 이리저리 부딪히는 느낌이었을 것입니다.

학생 1 '현기증이 나고 눈앞이 붉은 빛으로 가득 찼다'라고 할 정도로 무서웠다고 했는데 왜 다가갔나요?

학생 2 무슨 일인지 알고 싶은 호기심 때문에 잎싹은 찔레 덤불 속으로 계속 걸어갔습니다. 어쩐지 청둥오리의 비명을 들은 것 같아 발길을 돌릴 수 없었습니다.

2) 토론 주제 정하기

(1) 개인 토론 주제 만들기

토론수업에서는 토론 주제를 선정하는 것이 가장 중요하다. 왜냐하면 정해진 학급 토론 주제로 학급 전원이 참여하는 토론을 할 것이고, 모두가 흥미 있고 활발한 토론이 될 수 있는 논제를 정해야 하기 때문이다.

● **서울형토론 논제의 조건** ●

① 다양한 의견이 나올 것

② 할 이야기가 많을 것 (자료가 많고, 정보와 경험이 많은 것, 문화와 수준과 관심이 비슷한 것)

③ 토론하고 싶은 것 (호기심이 나는 것)

④ 토론할 가치가 있는 것

앞의 조건에 맞는 논제를 정하면 효과적이다. 논제를 정할 때 크게 두 가지로 나누어 생각해본다. 먼저 어떤 가치를 추구하거나 도덕적 태도를 변화시키기 위한 토론 논제이다.

예를 들어, 이문열의 《우리들의 일그러진 영웅》을 읽은 후, 중심 생각을 '학교폭력을 막자'라고 정했다고 하자. 그러면 '학교폭력을 막기 위한 논제로 무엇을 하면 좋을까', '학교폭력을 막으려면 학생들은 어떻게 해야 하나', '학교에서 친구끼리 잘 지내려면 어떻게 해야 할까' 등 세부적인 논제를 정해서 토론하면 된다.

또 하나는 《우리들의 일그러진 영웅》의 중심 내용을 고집하지 말고, 그 내용 안에서 쟁점이 된다거나 함께 토론해보고 싶은 논제를 정해서 다양하고 창의적인 활동으로 토론한다. 예를 들면, '어떤 사람이 반장이 되면 좋을까?' 등이다.

이렇게 갈래가 정해지면 모둠별로 앉아서 우선 개인이 논제를 정한다. 그리고 모둠 토의를 거쳐 하나의 모둠 논제를 정하는데, 여기서는 거수나 포스트잇을 붙이는 방법, 브레인스토밍 등을 활용해 허용된 분위기에서 자유롭게 정한다. 그리고 각 모둠원이 자신의 토론 주제에 대해 설명하는 시간을 갖는다.

● 개인 토론 주제 만들기 예시

선생님 텍스트를 읽고 우리 반 친구들과 토론해보고 싶은 개인 토론 주제를 만들어봅시다. 근거와 이유를 써서 발표해봅시다.

학생1 '만약 당신이 잎싹이라면 무서운 소리가 나는데도 호기심 때문에 찔레 덤불 속으로 계속 걸어갔을까?' 라고 정했습니다. 저는 다가가겠지만 무서워서 못가는 친구들도 있을 것 같아서요.

학생2 좋은 의견이라고 생각합니다. 그런데 저는 '잎싹이 자신의 알이 아닌 누구인지도 모르는 알을 품는 것에 대해 어떻게 생각하나'로 정했습니다. 왜냐하면 다양한 의견들이 나올 것 같아서입니다.

(2) 모둠 토론 주제 정하기

개인 토론 주제에 대한 설명을 듣고 모둠원은 가장 적절한 논제라고 생각되는 것을 거수나 포스트잇 붙이기 등 자유로운 방법을 통해 선정한다. 모둠 토론 주제가 결정되면 칠판에 게시하고 그 논제의 이유를 발표한다.

● 모둠 토론 주제 만들기 예시

선생님　서로 이야기를 주고받았습니까? 우리 모둠을 대표할 수 있는 논제를 한 가지 선정해서 칠판에 적어봅시다. 그리고 각 모둠 대표는 그와 같은 논제를 정한 이유를 발표해주세요.

모둠 대표1　저희 모둠은 '잎싹이 자신의 것이 아닌 알을 품는 것에 대해 어떻게 생각하나'로 정했습니다. 서로 상반되는 이야기로 재미있을 것 같아서 입니다.

모둠 대표2　저의 모둠은 '잎싹이 알을 품기 위해 마당을 나온 것에 대해 어떻게 생각하나요?'라는 토론 주제를 정했습니다. 왜냐하면 저라면 마당을 나오지 않을 것 같은데 친구들의 생각이 다양할 것 같아서입니다.

(3) 학급 토론 주제 정하기

학급 전체 학생들은 각 모둠 토론 주제에 대한 설명을 들은 후에 토론하고 싶은 토론 주제에 거수한다. 가장 많은 학생이 원하는 토론 주제를 학급 토론 주제로 정한다. 학급 토론 주제가 정해지면 토론 주제를 공책에 쓰게 하고, 그에 대한 자신의 의견을 쓰게 한다.

● 학급 토론 주제 만들기 예시

선생님　모둠 대표들의 토론 주제에 대한 이유를 듣고 함께 토론해 보고 싶은 주제를 다수결로 정하겠습니다.

학생들　(토론하고 싶은 토론 주제에 손을 든다.)

선생님　칠판에 쓴 각 모둠 토론 주제를 거수한 결과, 정해진 주제는 1모둠의 '잎싹이 자신의 것이 아닌 알을 품는 것에 대해 어떻게 생각하나' 입니다.

선생님　정해진 학급 토론 주제에 대해 자신의 주장을 이유와 근거를 대어 써봅시다. 글의 양은 10문장 이상, 10줄 이상 쓰기입니다.

3) 토론 논제에 대한 자신의 의견쓰기

토론 주제가 정해지면 학생들은 각자의 공책에 자신의 의견을 쓴다. 토론할 때 사용할 입론은 토론 주제에 대해 자유롭게 쓰면 된다. 대립토론이 아니므로 찬성과 반대로 표현하지 않고, 토의식 주제처럼 '잎싹이 자신의 것이 아닌 알을 품는 것에 대해 어떻게 생각하나?'처럼 쓰면 된다. 만약 찬반 논제 형식으로 의견이 나왔다면, 그 이유를 다양하게 쓰게 한다. 그러면 여러 가지 의견이 나오므로 자유롭게 토론할 수 있다.

토론 주제에 대한 자신의 의견을 서두에 두세 문장으로 쓰고, 들어가는 말은 '첫째, 둘째'로 시작하는 중심 문장으로 쓰게 한다. 이어서 자세한 뒷받침 문장을 쓰면 이해하기 쉽다. A4 용지에 12포인트로 한 페이지 분량을 쓰면 발표할 때 2분 정도 걸린다. 처음 토론하는 학생들은 다섯 문장 이상 쓰기를 기준으로 하다가 차츰 늘려나가면 된다.

여기서 입론을 쓰는 훈련이 필요한데, 먼저 주장을 쓰고 그 주장에 대한 이유와 설명을 쓰라고 하면 된다. 처음에는 다소 부족하더라도 여러 번 하다 보면 잘 쓰는 친구들의 입론을 들으며 서로 발전해간다.

4) 토론하기

(1)토론과정표를 이용하여 모둠 토론하기

토론과정표는 토론하며 메모도 하고 평가도 하는 토론 과정 평가표이다. 교사가 프린트해서 나누어 주거나 공책에 붙여 사용하는 것도 좋지만, 학생들에게 자를 대고 직접 그리게 하면 더욱 간편하고 시간도 절약된다.

토론과정표에서 토론자 이름을 쓰는 칸에 꼭 이름을 쓰게 하여 자신의 이름을 걸고 규칙과 예의를 지키며, 자신의 생각을 효과적으로 나타낼 수 있게 지도해야 한다. 토론 시 입론을 쓰는 칸에는 다른 사람의 입론을 듣고 질문하고 싶은 내용을 포함한 낱말이나 문장을 세 문장 정도로 요약해서 적는다. 완전한 문장이 아니어도 되고 의미를 가진 요약 글이어도 된다. 내용을 보고 질문할 내용이 생각나기만 하면 된다. 이렇게 요약을 연습하면 듣기 실력이 많이 좋아진다.

질문과 답변을 듣고 평가할 때는 내용을 직접 쓰기보다는 점수(5:매우 잘함 4:잘함 3:보통 2:

노력을 요함)로 표시하거나, 저학년에서는 기호(◎매우 잘함, ○잘함, □보통, △노력 요함)로 표시하는 것이 좋다. 또는, 세 단계로 평가하거나 평가는 하지 않고 메모만 해도 된다. 평가를 하면 학생들의 듣는 태도가 좋아지고, 좀 더 나은 질문과 답변을 생각하게 하는 효과가 있다.

(2) 서울형토론하기

토론하기 전에 사회자 한 명, 타임키퍼 한 명을 정해야 한다. 사회자는 돌아가며 해도 된다. 토론하는 사람의 명칭은 1번 토론자, 2번 토론자, 3번 토론자, 4번 토론자로 한다.

사회자는 "1번 토론자 입론 발표하세요. 시간은 1분입니다. 입론 발표 후에 2번 토론자는 1번 토론자에게 질문하세요." 이렇게 순서대로 진행하면 큰 어려움이 없으므로 사회자도 타임키퍼와 함께 모둠별 토론에 참여한다. 토론과정표를 사용하면 메모도 하고 토론 과정 중심 평가도 동시에 할 수 있으며, 무엇보다 학생들이 토론에 집중하는 효과를 가져온다.

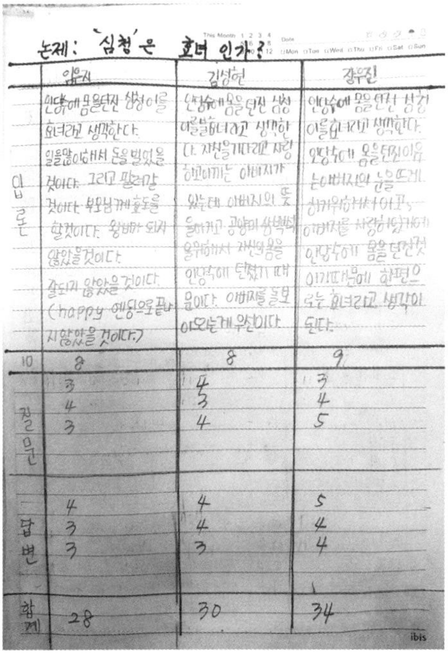

고학년이 직접 그린 토론과정표

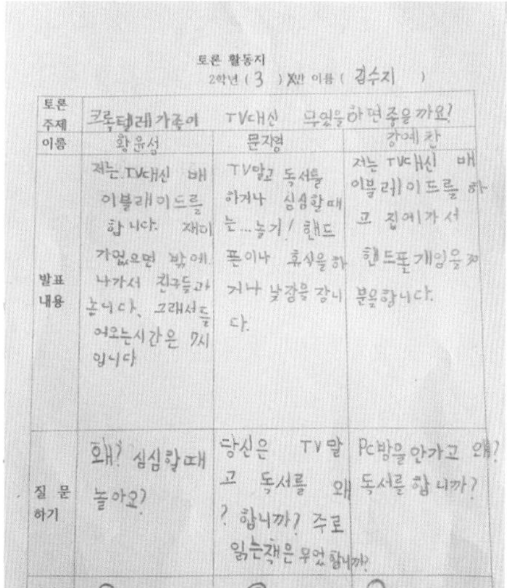

저학년을 위해 프린트한 토론과정표

▶ 토론 주제 '＿＿＿＿＿＿＿＿＿＿＿＿'에 대한 모둠 토론 시간입니다.

토론 주제에 대하여 자신의 생각을 바탕으로 입론(주장 펼치기)을 하겠습니다. 먼저 1번 토론자부터 자신의 주장을 2분 동안 펼쳐 주시고, 발언자의 다음 번호부터 순서대로 2분 이내로 질문과 답변을 합니다. 주어진 2분에는 주장 펼치기를 발표한 사람의 답변 시간까지 포함됩니다. 주장 펼치기에서 주어진 시간 2분을 넘기게 되면 말하던 문장 끝까지 발표하고 마무리하며, 질문 답변하는 시간이 2분이 넘으면 발언 중이라도 멈추어 주시기 바랍니다. 주어진 시간을 초과하여 발언을 하는 경우에는 감점을 하도록 하겠습니다. 주어진 시간을 잘 활용할 수 있는 발언을 하여 주시기 바랍니다.

1번 토론자부터 입론 시작!

(1번 토론자 입론이 끝난 다음, 토론자가 발언하기 시작하자마자 타이머로 시간을 잰다.)

▶ 1번 토론자의 입론을 잘 들었습니다. 2번 토론자부터 질문을 시작하겠습니다. 2번 토론자가 질문을 하면 1번 토론자는 답변해주세요. 2번 토론자의 질문이 끝나면 3번 토론자는 자동으로 시작합니다. 시작!

▶ 1번 토론자님 수고하셨습니다. 다음은 2번 토론자의 입론이 2분 동안 있겠습니다. 시작하겠습니다. 시작!

▶ 2번 토론자의 입론을 잘 들었습니다. 3번 토론자부터 질문을 시작하겠습니다. 시작!

(이와 같은 방법으로 계속 반복한다. 질문 답변 시간은 조정이 가능하다. 처음에는 한 마디씩 하다가 조금 익숙해지면 1분에서 2분으로 조금씩 늘려가면 된다.)

▶ 여러분 모두 수고하셨습니다.

사회자는 모든 아이가 골고루 해보는 것이 좋다. 별로 어렵지 않아서 아이들이 적극적으로 참여하려고 한다. 그러나 사회자 역할은 중요하다. 사회자는 토론자가 질문하지 않으면 하도록 도와줄 수도 있다. 답변이 오락가락할 때 잘 연결시켜서 이해시키는 역할도 해야 한다. 또 아이들이 집중하지 않을 때 잘 듣고 말하도록 분위기를 이끄는 것도 사회자의 역할이다.

타임키퍼Time Keeper는 시간을 관리하는 사람이다. 모둠원 중 한 사람이 타임키퍼와 토론을 같이 한다. 한 사람이 주로하고 그 옆에 있는 친구가 보조하는 것이 좋다. 깜빡하고 잊을 수가 있기 때문이다. 시간을 처음부터 체크하면 아이들이 긴장하기 때문에 입론을 다섯 문장 이상 썼다면 그냥 질문 한 번 하고 답변한 후 시작하면 적당하다.

만약 모둠에 타이머가 없다면 한 번이나 두 번 질문하고 답변하는 것으로 규칙을 정한다. 그런데 너무 길게 하면 사회자가 조절하여 적절히 끝낼 수 있게 한다. 시작과 끝이 비슷해야 그다음 순서로 학습을 진행할 수 있기 때문에 한 학급을 통제해야 되는 교사에게 적절한 시간 안배는 중요하다.

점차 모둠 토론 형식에 익숙해지고 질문과 답변을 잘하게 되면 입론 2분, 답변 2분까지로 진행하면서 어느 정도 깊이 있는 토론이 이루어지게 한다.

(3) 효과적으로 질문 답변하기

모둠 토론에서는 서로 얼굴을 마주보면서 질문과 답변을 할 수 있게 책상을 배열해야 한다. 토론에서 질문은 아주 중요하다. 답변보다 질문을 잘하기가 더 어렵다. 먼저 입론자의 의견을 잘 들어야 한다. 입론에서 무엇을 어떻게 질문해야 할 것인가에 초점을 둔다.

질문에는 여러 방향과 방법, 수준, 관점 등이 다양하기 때문에 처음에는 질문하는 법을 하나하나 예를 들어가며 체계적으로 배우도록 한다. 질문 답변을 다양한 대상과 여러 번 하다 보면 좋은 질문을 만드는 방법을 스스로 체득하게 된다. 기본적인 질문의 방법과 내용을 알았다면 그다음은 다양한 수업 현장에서 묻고 싶은 질문을 자유롭게 하며 토론을 즐기게 된다.

● 모둠 토론 예시

사회자 지금부터 논제 '**잎싹이 자신의 것이 아닌 알을 품는 것에 대해 어떻게 생각하나?**'에 대한 토론을 시작하겠습니다.

먼저, 1번 토론자부터 자신의 주장을 2분 동안 펼쳐주시고, 1분 동안 2번 토론자가 질문하면 1번 토론자가 답변합니다. 질문과 답변 시간은 각 1분입니다. 계속 순서대로 질문과 답변을 합니다. 주어진 시간을 잘 활용할 수 있는 발언을 해주시기 바랍니다. 1번 토론자부터 주장 펼치기를 시작해 주십시오.

1번 토론자 저는 잎싹이 자신의 알이 아닌 다른 알을 품는 것은 괜찮다고 생각합니다. 왜냐하면

첫째, 잎싹은 알을 품어 새끼를 낳아 키워보고 싶은 것이 소망이기 때문입니다. 자신의 알은 병아리를 깔 수 없기 때문입니다. 소망을 이루려면 무슨 알이든지 품어서 새끼를 잘 키우면 됩니다.

둘째, 누구의 알이든 잘 키우면 자신의 새끼가 될 수 있기 때문입니다. 왜냐하면 잎싹은 자신의 새끼를 낳을 수가 없기 때문입니다. 병아리가 어미닭을 따라다니는 것을 본 잎싹이 자신도 하고 싶어서 소망을 품은 것이기 때문입니다.

셋째, 너무 예쁘고 불쌍해서입니다. 알을 품고 싶었던 잎싹은 알을 보는 순간 너무 예뻐서 품고 싶었을 것입니다. 또 아무도 품지 않고 있으니 불쌍했을 것입니다. 그래서 자신이 품고 싶다는 생각이 들었을 것 같습니다.

2번 토론자 1번 토론자께서 자신의 소망이라고 아무 알이나 품어보고 싶다는 것은 욕심이 아닐까요?

1번 토론자 그렇게 생각할 수도 있지만 그 알을 품어서 자신에게 이득이 되게 하려는 욕심이 아니라 새끼를 까서 잘 보살피고 사랑해주고 싶어서입니다.

3번 토론자 잎싹이 알을 품는다고 다 자신의 알이 되는 것은 아니라고 생각합니다.

1번 토론자 그럴 수도 있습니다. 그러나 알을 따스하게 품어서 새끼가 나오면 엄마처럼 보살펴주고 정성을 다해 키우면 엄마처럼 생각해서 따를 것입니다.

사회자 1번 토론자의 주장과 여러분의 질문과 답변을 잘 들었습니다. 다음은 2번 토론자님의 주장과 이유를 들어보도록 하겠습니다.

5) 토론 평가 및 정리

(1) 토론 내용 발표하기

학급 논제가 어떤 문제해결책을 원하는 것이라면 각 모둠의 합의된 내용을 모둠 대표가 나와서 발표한다. 그렇게 함으로써 다른 모둠에서 합의된 해결 방법을 듣고, 자신의 모둠 해결 방안과 비교하며 생각할 수 있기 때문에 좀 더 나은 방안을 생각하는 데 도움이 된다.

● 모둠 토론 내용 발표 예시

사회자　모두 수고했습니다. 각 모둠에서 토론한 내용을 모둠 대표가 발표해 봅시다.

1번 토론자　우리 모둠에서는 질문 '**잎싹이 자신의 것이 아닌 알을 품는 것에 대해 어떻게 생각하나?**'에 대하여 여러 가지 의견이 있었습니다. 우리 모둠이 합의한 내용은 '잎싹이 자신의 알이 아니지만 품은 것은 잘한 일이다'입니다. 그 이유는 그래야 잎싹의 소망을 이룰 수가 있기 때문입니다.

모둠 대표들　(모둠별 토론 내용을 정리하여 발표하고, 토론할 때 나온 좋은 질문과 답변을 준비한다.)

(2) 토론 평가 및 정리

자신의 모둠에서 나온 질문과 답변 중 가장 좋은 것을 뽑아 소개한다. 모둠 토론에서 다른 모둠의 토론 내용은 알 수가 없다. 그러므로 각 모둠에서 대표적인 좋은 질문과 답변을 발표하면, 모든 학생이 다른 모둠의 좋은 토론 내용을 공유할 수 있다. 같은 논제의 좋은 질문과 답변을 듣고, 자신의 모둠 토론 내용과 비교하거나 좋은 아이디어는 듣고 참고하기도 한다.

① 토론 활동 평가하기

토론과정표에 토론 내용도 적고 간단히 평가도 한다. 그중에 적절하고 논리적인 질문과 답변이 있을 경우에는 메모해뒀다가 토론 후에 발표한다. 다음은 모둠에서 가장 설득력이 있는 질문과 그에 대한 적절한 답변을 발표한 것이다.

선생님 모두 수고했습니다. 다른 친구들의 의견에 귀 기울여 열심히 듣는 여러분의 토론하는 태도를 칭찬합니다. 오늘 토론 논제 **'잎싹이 자신의 것이 아닌 알을 품는 것에 대해 어떻게 생각하나?'**에 대한 모둠 토론에서 좋은 질문과 답변을 발표해 봅시다.

학생1 저희 모둠에서 좋았던 질문은 '잎싹이 자신의 알이 아닌 청둥오리의 알을 품어서 결국은 잎싹을 떠나가지 않았습니까?'라는 질문에 '자신을 떠났지만 초록머리가 자신의 무리를 따라가서 더 잘 살아가기를 바라는 엄마의 마음이었으므로 흐뭇했을 것 같습니다.'라고 답변한 것이 아주 좋았습니다.

② 토론 활동 마무리하기

토론 후 소감은 자신의 태도와 다른 친구들의 태도를 보고 반성할 수 있는 기회가 되기도 한다. 소감을 통해 잘한 점과 부족했던 점 등을 말할 수 있고, 토론 내용에서 알게 된 점, 교훈이 된 점, 느낀점 등을 발표한다. 이를 통해, 자신의 판단과 주장을 비교해보며 종합적인 생각을 발표할 수 있다.

학생들의 소감을 들은 후, 교사는 오늘의 토론수업을 지도하며 느낀점과 주제에 대해 참고할 내용, 보충할 내용 등을 알려준다. 그리고 학생들의 생각의 방향, 실천할 것과 다짐, 올바른 행동의 방향 등을 다시 질문해본다. 학생들의 발표 내용, 토론하는 태도 등을 평가하여 칭찬하고 좋은 방향을 제시해줄 수도 있다.

토론 소감과 훈화를 하고 토론한 전 과정을 글로 쓴다면 토론 내용도 정리되고 논제에 대해 좀 더 깊이 생각할 수 있다. 이를 통해, 자신과 생각을 달리한 내용에 대해서도 다시 한 번 생각해볼 수 있는 기회가 된다. 그리고 부족한 부분은 조사하여 첨부할 수도 있다. 그래서 토론 후 글쓰기는 토론 전보다 훨씬 내용도 풍부하고 관점도 다양하게 쓸 수 있다. 토론 후에 쓴 글을 함께 토론한 친구들과 돌려보며 평가해보면 더욱 깊고 유연한 사고를 하게 된다.

● 토론 후 소감 발표 예시

학생1 저는 《마당을 나온 암탉》을 읽은 후 토론 주제를 우리가 정하고 의견을 쓰고 토론을 해보니 좀 더 깊이 생각하게 되었고 잎싹의 마음을 알 것 같습니다.

학생2 저는 토론하기 전에는 제 생각만 여러 가지로 하면 되는 줄 알았는데 친구들의 의견을 들어보니 생각지도 못한 의견이 많아서 재미있었습니다.

학생 3 저는 토론할 때마다 자신감이 없어서 말을 못했는데 오늘처럼 자유롭게 말하다보니 토론이 어렵지 않아서 다음에는 더 잘할 것 같습니다.

학생 4 여기서 나오는 잎싹처럼 불가능해 보이는 것도 끝까지 노력하면 이루어진다는 것을 알았습니다.

선생님 오늘 긴 시간 동안 자유로운 분위기에서 토론을 재미있고 효과적으로 잘했습니다. 무엇보다도 우리 반 전체 어린이가 다 참여하여 자신의 의견을 자신 있게 말하여 주어서 아주 보람된 시간이었습니다.
오늘 토론한 다양한 의견에 대한 자신의 생각과 느낌을 글로 써오면, 내일 모둠별로 돌려 읽기를 하여 다른 사람과 의견을 교환하여 보겠습니다.
수고 많았습니다.

6) 대표 토론하기

대표 토론은 모둠 토론을 대표하는 학생이 나와서 하는 토론이다. 서울형토론 절차를 마치고 시간이 허락된다면 대표 토론을 해보자. 대표들이 하는 토론을 학급 전원이 평가 및 심사하고 질문에도 참여하면 서로에게 많은 도움이 된다. 대표 토론자는 좀 더 잘 해보려는 진지함과 책임감도 생긴다. 교사가 토론할 때마다 높은 수준의 학생과 하고 싶은 학생, 중간 수준의 학생 등으로 대표 토론자의 자격을 줄 수가 있다. 각 모둠에서 한 명씩만 대표 토론에 참여한다. 나머지 학생 모두는 판정단이 되는데 그저 듣고만 있는 것이 아니다. 모두 토론과정표를 그려서 대표 토론을 하는 학생들 이름을 쓰고 입론과 질문, 답변을 요약하고 평가하며 듣는다.

대표 토론의 절차는 모둠 토론 형식과 같다. 입론도 모둠 토론에서 했던 것을 그대로 하면 된다. 다만 6모둠이면 6명이 대표 토론을 하고, 나머지 학생들은 판정을 한다. 토론자 순서를 정한 후에 관중석을 바라보고 앉아서 1번 토론자, 2번 토론자 순서로 토론을 한다. 이때 1번 토론자가 입론을 발표하고 2번 토론자, 3번 토론자의 질문 답변을 순서대로 마치면 판정단에서도 질문 답변을 한다. 토론 내용은 이미 모둠 토론에서 한 것이므로 모든 학생이 질문과 답변을 어렵지 않게 할 수 있다. 6번 토론자가 다 마칠 때까지 판정단도 질문을 한 번 이상 꼭 하도록 하면 대표 토론자 6명 이외의 학생들도 토론에 참여하여 집중해서 듣고 즐겁게 평가할 수 있다.

대표 토론은 학생들에게 아주 유익하지만, 시간이 많이 걸린다는 단점이 있다. 그러므로 여러 가지 방법으로 시간을 줄여서 활용해보자. 예를 들어, 모둠이 6개이면 대표를 3명 또는 4명으로 줄인다. 또는, 6명의 대표 토론자 중에서 1번 토론자가 입론을 발표하고, 질문은 2번, 3번, 4번만

하도록 한다. 2번 토론자가 입론을 발표하면 3번, 4번, 5번 토론자가 질문 답변을 하는 식이다. 이처럼 시간에 따라 여러 형식으로 변용이 가능하다. 물론 이때에도 타임키퍼가 필요하고, 사회자는 교사가 하는 것이 좋다.

대표들의 다양한 질문 답변을 들으며 아이들은 자신의 부족한 부분을 깨닫고 스스로 배우게 된다. 그리고 서울형토론을 처음부터 순서대로 경험해보면 조금씩 재미를 느끼며 익숙해진다. 그 다음부터는 어느 한 부분을 따서 수업에 적용하기도 쉬워진다.

5. 서울형토론 모형을 수업에 적용하기

서울형토론 모형을 실제 수업에 적용해보았다. 이해를 돕기 위해 구체적인 예시를 실었다.

1) 내용 파악하기

중요한 장면은 교사와 학생이 한 문장씩 돌아가며 낭독한다.

<크리스마스 선물>

오 헨리 지음

"짐이 나를 못살게 굴지만 않는다면."

하고, 그녀는 중얼거렸다.

"나를 보자마자 그이는 내가 코니 아일랜드 합창단의 소녀 같다고 할 거야. 하지만 난들 어떻게 할 수 있겠어. 아아! 일 달러 팔십칠 센트로는 아무것도 할 수가 없었는걸."

짐은 귀가 시간이 늦는 일이 없었다. 그러자 아래층의 층계를 올라오는 발소리가 들려 왔다. 그녀는 갑자기 얼굴이 창백해졌다. 지금도 기도를 중얼거렸다.

"하느님, 부디 저이가 아직도 절 예쁘게 여기도록 해 주십시오."

문이 열리고 짐이 들어섰다. 문 안에 들어선 짐은 마치 메추리 냄새를 맡은 사냥개처럼 우뚝 멈춰 섰다. 그의 시선이 델라에게 가 멎었다. 그는 표현하기 어려운 독특한 표정으로 잠자코 그녀를 쏘아볼 뿐이었다.

델라는 테이블에서 몸을 일으켜 그에게로 다가갔다.

"여보!"

하고, 그녀는 소리쳤다.

"그런 눈으로 절 보지 마세요. 저는 다만 당신에게 크리스마스 선물을 드리고 싶었어요. 머리카락은 곧 다시 자라날 테니까 괜찮아요. 그렇지요? 여보, 어서 '크리스마스를 축하해.'라고 말씀하세요. 정말이지 예쁘고 근사한 선물을 마련했어요."

"당신 머리카락을 잘랐다고?"

"머리를 잘라서 팔았어요."

델라는 말했다.

"그렇지만 저를 좋아하는 당신의 마음은 전과 다름이 없겠지요? 머리카락이 없어도 저는 그대로예요.

그렇지 않아요?"

"당신 머리카락이 없어졌단 말이지?"

"찾아볼 필요도 없어요."

델라는 말했다.

"팔았다고 했잖아요. 팔았다고요. 오늘은 크리스마스예요. 제가 가지고 있는 머리카락은 하나하나 셀 수 있을는지 몰라도 당신에 대한 제 애정은 누구도 셀 수 없을 거예요."

하고, 그녀는 갑자기 정성어린 애정을 보이며 말했다.

짐은 문득 정신이 번쩍 드는 것 같았다. 그는 델라를 껴안았다. 동방박사는 많은 값진 선물을 가지고 왔지만, 그 선물 가운데도 그런 해답은 없었다.

짐은 외투 주머니에서 물건 꾸러미를 꺼내어 테이블 위에 던졌다.

"델라, 나를 오해하지는 말아 줘."

그는 말했다.

"머리카락을 잘라 버렸건, 면도를 했건, 머리를 감았건, 그런 것이 당신을 향한 내 애정을 어떻게 할 수는 없어. 하지만 저 묶음을 펼쳐 보면 내가 왜 멍청해 있었는지 알 거야."

희고 재빠른 손가락이 끈과 포장지를 풀었다. 예쁜 진짜 대모갑으로 되어 있고 가장자리에 보석이 박힌, 지금은 사라져 버린 그 아름다운 머리채에 꽂으면 꼭 어울릴 빛깔이었다. 비싼 머리빗인 걸 그녀는 알고 있었다. 그래서 그녀는 그것을 가져볼 엄두를 내지 못하고 그저 속으로 안타깝게 바라보곤 했었다. 그러던 것이 지금 자기의 소유가 되자, 이번에는 그 기다리던 장식품에 빛을 주어야 할 머리카락이 사라져 버린 것이다.

"짐, 제 머리카락은 무척 빨리 자라요."

하고, 소리를 질렀다.

짐은 아직 자기의 근사한 선물을 보지 못하고 있었다. 그녀는 그것을 반듯이 편 손바닥 위에 올려놓고 열심히 그에게 내보였다.

"어때요, 근사하죠? 이걸 구하느라고 온통 거리를 쏘다녔어요. 당신 시계, 이리 주세요. 시곗줄에 채운 모양을 보고 싶어요."

짐은 시계를 꺼내는 대신, 긴 의자에 양팔을 베개 삼아 드러누워 빙긋 웃었다.

"크리스마스 선물은 서로 잠시 보류하기로 하지. 선물로 쓰기에는 지나치게 좋은 걸. 나는 당신 머리빗을 사는데 돈이 필요해서 시계를 팔아 버렸어."

① 도서 자료에서 떠오르는 낱말을 적고 빙고놀이하기

가난	델라	짐	시계
시곗줄	선물	크리스마스	돈
머리카락	동방박사	사랑	예수
빗	희생	소중한	보석

② 빙고놀이에서 나온 낱말을 넣어서 책 내용과 관련된 문장 만들기

가난하게 살고 있는 델라와 짐 부부는 서로 너무 사랑해서 크리스마스 선물을 주고 싶었는데 돈이 없었다. 그래서 각자가 가장 아끼는 델라는 머리카락, 짐은 시계를 팔아서 보석이 박힌 머리빗과 시곗줄을 어렵게 준비했다. 이미 사용할 머리카락과 시계는 없어졌으나 두 사람은 사랑이 듬뿍 담긴 눈으로 서로를 바라보았다. 이 두 사람은 자신을 희생하며 너무나 소중한 선물을 주고받은 동방박사인 것이다.

③ 퀴즈 활동(질문을 만들어 짝이나 모둠끼리 활동하기)

1) 델라는 짐의 선물을 사기 위해 무엇을 팔았나요?

　　(머리카락)

2) 짐은 델라를 위해 무엇을 팔았나요?

　　(시계)

3) 짐이 자신이 아끼던 시계를 판 이유는 무엇인가요?

　　(사랑하는 아내의 머리빗을 사기 위해)

4) 델라가 짐에게 '당신에 대한 나의 사랑은 아무도 셀 수가 없을 거예요?'라고 말한 이유는 무엇인가요?

(가장 소중한 것을 팔아서 자신의 머리빗을 선물했기 때문에)

5) 두 사람이 가장 현명하다고 한 이유는 무엇인가요?

(자신보다 상대방을 더 소중히 여기는 헌신적인 사랑을 하고 있어서)

2) 토론 주제 만들기

① 개인 토론 주제 만들기

• 친구들과 토론해보고 싶은 토론 주제를 써봅시다. 근거와 설명도 함께 써봅시다.

토론 주제 : 사랑을 위해 자신의 소중한 것을 잃어도 되는가?
이유 : 델라는 남편 짐에게 사 줄 선물을 위해 자신의 소중한 머리카락을 잃었다. 만약 남편이 이것을 알았다면 좋아할까? 오히려 더 슬퍼했을 수도 있기 때문이다.

② 모둠 토론 주제 정하기

• 3~4명이 모둠을 만들어 자신의 개인 토론 주제를 모둠원에게 설명하여 봅시다.

구분	토론 주제	평 가
학생1	짐과 델라처럼 서로 사랑하면 모든 어려움을 헤쳐나갈 수 있을까?	♡♡♡♡♡
학생2	사랑을 위해 소중한 것을 잃어도 되는가?	♡♡♡♡♡
학생3	사랑은 어떤 가치가 있을까?	♡♡♡♡♡
학생4	사랑하는 사람을 위한 좋은 선물에는 어떤 것이 있을까?	♡♡♡♡♡

• 우리 모둠 최고의 토론 주제를 정하여 봅시다. 그 이유도 써봅시다.

(모둠 토론을 거쳐 '학생1'의 의견이 선정됨.)

학생1 모둠 주제 : 짐과 델라처럼 서로 사랑하면 모든 어려움을 헤쳐나갈 수 있을까?
이유 : 짐과 델라처럼 너무 가난하면 어떻게 어려움을 헤쳐나갈지 궁금해서

● 각 모둠에서 선정된 토론 주제 예시(한 학급에 6개 모둠 기준)

• 1모둠 토론 주제 : 짐과 델라처럼 서로 사랑하면 모든 어려움을 헤쳐나갈 수 있을까요?

• 2모둠 토론 주제 : 당신이 델라라면 가장 소중한 것을 팔아서 선물을 할까요?

• 3모둠 토론 주제 : 선물은 꼭 해야 하나요?

• 4모둠 토론 주제 : 당신이라면 어떻게 선물을 마련할까요?

• 5모둠 토론 주제 : 당신은 크리스마스 때 어떤 선물을 받길 바랍니까?

• 6모둠 토론 주제 : 사랑하는 사람을 위한 좋은 선물에는 어떤 것이 있을까요?

③ 학급 토론 주제 정하기

위의 각 모둠에서 정한 모둠 토론 주제를 칠판에 나와 쓰고 모둠 대표가 이유를 설명한다.

설명을 다 듣고 가장 적절한 토론 주제를 거수하여 표시한다.

선정된 학급 토론 주제(6모둠) : 사랑하는 사람을 위한 좋은 선물에는 어떤 것이 있을까요?

④ 학급 토론 주제에 대한 나의 의견 쓰기

> **학급 토론 주제 : 사랑하는 사람을 위한 좋은 선물에는 어떤 것이 있을까요?**
>
> 크리스마스는 서로에게 사랑을 표현하고 행복을 나눠주는 때라고 생각한다. 그러므로 사랑의 표현으로 선물을 주는데 선물에는 정성이 들어있어야 좋다고 생각한다. 그리고 상대방이 좋아해야 할 것이다. 그러면 적절한 선물에는 무엇이 있을까?
>
> 첫째, 가장 좋은 표현은 편지라고 생각한다.
> 말로 하는 것보다 편지를 쓰면 더욱 진실하고 구체적으로 표현하기에 상대방에게 감동을 줄 수 있다. 그중에도 손편지가 더 좋다.
>
> 둘째, 상대방이 기억하고 오래 간직할 선물이 좋다.
> 상대방이 무엇을 좋아하는지를 알아서 작은 선물이라도 정성껏 하면 된다. 상대방은 자신을 기억해 주는 것을 좋아한다.
>
> 셋째, 마음을 표현하는 것이다.
> 마음을 담아 노래를 불러주거나 어깨를 주물러 드리고, 발을 씻겨드린다.

3) 모둠 토론하기

① 토론과정표에 메모하며 토론하기

모둠 토론 과정은 의견을 발표하고 질문과 답변하며 상호평가를 한다. 토론에서 다양한 평가는 학생들에게 더 나은 토론을 하게 하는 데 많은 영향을 미친다. 평가는 다양한 방법으로 학급의 상황과 대상 학년에 맞게 하며 토론하는 태도와 발표하는 내용을 듣고 각자의 수준에서 평가한다. 꼭 객관적인 평가가 아니어도 된다.

- 입론 4단계 평가 (매우 잘함 10점, 잘함 9점, 보통 8점, 노력 요함 7점)
- 질문과 답변 4단계 평가 (매우 잘함 5점, 잘함 4점, 보통 3점, 노력 요함 2점)
- 점수가 아닌 기호로 평가 (매우 잘함 ◎, 잘함 ○, 보통 □, 노력 요함 △)
- 3단계 평가 (잘함, 보통, 노력 요함)

● 서울형토론 토론평가표 예시

구분 / 이름	1 (이지연)	2 (박민수)	3 (오윤상)
입론 (입론을 들으며 중요한 내용을 3가지 요약한다.)	• 마음으로 주는 선물이다. • 사랑하는 마음을 가진다. • 말로 따뜻하게 해준다.	• 사랑하는 마음을 편지로 쓴다. • 정성된 글씨로 구체적인 감사의 내용을 쓰면 감동을 준다.	• 돈을 드린다. 상대방이 좋아하는 선물을 살 수가 있다. • 돈이 있으면 행복하기 때문이다.
입론 점수 (10점 만점)	9	10	9
질문 점수 (5점 만점)	5, 4, 5	4, 5, 5	3, 4, 4
답변 점수 (5점 만점)	5, 5, 4	4, 5, 4	5, 4, 3
계	37	37	32

이 토론평가표는 4명이 모둠 자유 토론을 할 때 한 명의 공책을 예시로 적어본 것이다. 4명의 학생(이지연, 박민수, 오윤상, 양성은) 중에서, 이 공책은 양성은의 토론평가표이다. 이 토론평가표를 통해 상대측 토론을 메모하고 평가하기도 한다. 토론자는 자신을 제외한 토론자 3명의 토론만 평가하면 된다. 입론 발표를 들을 때는 입론 칸에 중요한 내용을 요약한다. 질문할 때는 질

문 칸에, 답변할 때는 답변 칸에 평가하면 된다. 이처럼 숫자나 여러 가지 표현으로 평가하며 들으면, 듣는 태도도 좋아질 뿐만 아니라 좀 더 나은 질문과 답변을 생각하게 만든다. 각자의 기준에 따라 평가하면서 생각이 깊어지는 효과도 있고, 대표 토론자를 정할 때도 활용할 수 있다.

모둠 토론을 마치면 모둠에서 제일 토론을 잘한 토론자에게 포인트를 줄 수도 있고, 모둠 대표로서 대표 토론에도 나갈 수 있다. 때로는 평가 없이 자유롭게 상대방의 입론 내용 중 중요한 것만 메모하고 다른 칸은 적절히 사용할 수도 있다. 토론을 할 때 상대방의 말을 잘 듣고 메모하는 것은 매우 중요한 행동이며, 토론을 잘할 수 있는 방법이다.

② 대표 토론하기

대표 토론은 서울형토론 과정을 마친 후에 각 모둠 대표가 나와서 모둠 토론한 내용을 발표하고 다른 학생들과 질의응답 하며 토론하는 것이다. 처음에는 모둠에서 잘하는 학생이 나와서 토론하면 나머지 학생들이 판정인이 되어 입론을 메모하고 질문 답변을 평가한다. 모둠 토론 주제와 같으므로 함께 생각해볼 수도 있고, 다양한 질문과 답변을 들을 수 있다.

토론과정표는 다시 그리기보다 프린트로 대체하면 좋다. 과정표 형식이나 토론 절차도 모둠 토론과 동일하다. 어느 정도 훈련이 되면 잘하는 학생뿐만 아니라 하고 싶은 사람이 하는 등 다양한 방법으로 대표를 정해 진행해본다. 대표들이 토론하고 다른 학생들은 평가만 하면 지루할 수도 있으니 대표 토론에서 토론자가 토론을 마친 후에 평가하는 학생들도 토론자에게 질문하

고 답변하는 시간을 갖는다. 그러면 학급 전체 토론이 되고, 모든 학생이 어우러져 토론에 집중하면서 무척 재미있어 한다.

시간이 많이 걸리더라도 한번 해보면 학생들이 대표 토론을 통해 발전하는 게 보일 것이다.

4) 토론 활동 평가하기

오늘 하루 토론 과정 중에서 가장 좋은 질문과 답변을 선정하고 그 이유를 적어본다.

2번 토론자가 '짐이라면 시곗줄을 위해 머리카락을 자르고 모자를 쓰고 있는 델라를 보고 무슨 생각을 했을까요?'라는 질문에 '처음에는 기분이 좋지 않았지만, 짐의 선물 때문이라고 하니 화를 내지는 못하고 마음은 매우 속상하며 하필이면 왜 머리카락을 잘랐을까 원망도 할 것 같습니다.'라는 답변이 좋았습니다.

5) 토론 활동 마무리하기

토론을 마치고 써 온 글을 모둠끼리 돌려보고 잘된 글을 발표한다. 간단한 질문과 답변을 하며 토론 후의 생각을 공유해보면 보편적인 사고도 알게 되고, 특별히 알게 된 사실도 공유하게 된다. 그러면 별 생각이 없던 학생도 깊이 생각하게 되고, 사고가 확장된다.

토론 후에 알게 된 점은 '델라와 짐은 정말 사랑하는구나' 하는 사실이었다. 그렇지 않으면 머리카락을 자르기가 어려웠을 것이다. 나라면 다른 방법으로 선물을 마련하거나 아니면 편지를 썼을 것이다. 그런데 사랑을 하면 많은 희생을 한다는 점을 깨달았다.

처음에는 '꼭 선물을 해야 사랑을 표현할 수 있을까?'라는 의문을 품었는데, 토론 후에는 아무리 가난하여도 '최선을 다해 선물을 마련하는 것이 사랑의 표현이기도 하다'라는 생각에 동의하게 되었다. 지난번 엄마 생신 때 선물을 못하고 '축하합니다!'라고 말하고 어깨를 안마해 드렸는데, 내년에는 조그만 것이라도 돈을 모아서 선물을 준비해야겠다고 생각했다. 그리고 어떤 문제를 토론하는 것은 아주 재미있고 생각도 많이 하게 된다는 것을 알게 되었다.

6. 다양한 수업에 적용되는 서울형토론

1) 모둠 토론에 적용

수업을 하다 보면 학생들의 수준차가 많이 나서 모든 학생이 함께 배우고 성장할 수 있는 수업을 고민하지 않을 수가 없다. 여러 방법으로 가르쳐 보았지만 아이들 스스로 느끼고 배워 나가게 하는 수업이 가장 효과적이었다.

일본의 작가 니시카와 준의 책《함께 배움》을 보면 한 학급의 학생들이 어떤 학습 문제를 주어진 시간 안에 서로서로 가르쳐주고 배우며 모두 깨우치는 수업 방법을 소개했다. 한 명의 아이도 배움으로부터 소외되지 않는 질 높은 배움을 보장하자는 것이 배움 공동체의 기본 철학이다. 스스로 느끼고 깨우쳐야 배움이 몸에 배는 것이다. 그리고 먼저 알게 된 친구가 미처 알지 못한 친구에게 가르쳐주는 과정을 통해 더욱 깊이 있는 배움을 얻을 수 있다.

교사는 이러한 수업이 가능하도록 장을 만들어주고 적절한 방법으로 그때그때 자극을 주면 학생들은 열의를 가지고 배워나간다. 그러나 한 학급 전체를 하기보다는 모둠별 협동 학습으로 서로 간에 도움을 주고받음이 더 효율적이라 생각한다. 모둠 토론은 모둠원의 수준과 인간관계를 고려하여 자리 배치를 한다. 모둠원의 수는 3~4명으로 하는 것이 적당하다. 수업의 목적에 따라 모둠 구성원을 달리하면 더 효과적이다. 또 수업의 특성에 따라 학급 전체 학생을 대상으로 할 수도 있다.

모둠 토론으로 수업을 하면 잘하는 친구들과 대화를 나누고, 서로 알고 싶은 것을 묻고 답하면서 자연스럽게 깨닫게 된다. 함께 읽거나 중심 내용과 논제를 찾아보기도 하고, 논제에 대해 의견을 써서 토론도 하면서 함께 알아간다. 학급의 모든 학생이 자유롭게 오가며 서로 가르치고 배울 때도 있지만, 이는 아무래도 무질서할 수 있고 관리상 어려울 수도 있다. 그래서 한 학급의 모든 학생이 서로 교류하는 것보다는 모둠을 이루어 서로에게 도움을 주는 수업을 통해 소외되는 학생이 없이 원활한 수업을 진행하는 게 좋다.

2학년 국어에 '글을 읽고 느낀점과 생각한 것을 나타내기'가 목표인 공부가 있다. 일단 교사가 한 문장, 아이들이 한 문장씩 교대로 읽는다. 그런 후, 생각이나 느낌을 나타낸 문장이나 어구에

밑줄을 치라고 한다. 그리고 밑줄을 친 이유를 발표하라고 한다. 이때 전체 발표보다는 모둠 발표가 훨씬 효과적이다. 3~4명씩 모둠을 만들어 모둠별 수업을 하면 서로 겹치는 내용도 있지만, 또 다른 문장을 발표할 수도 있다. 자신은 생각지도 못한 것을 다른 친구가 발표하는 것을 보면 아이들은 호기심을 가지고 친구들의 이야기를 듣는다. 느낌과 생각이 있는 문장을 들으면서 자신의 구미에 맞는 부분을 참고하고 부족한 부분은 채운다. 그런 모둠 토론 과정을 거치고 나서 전체 발표를 시켜서 다른 모둠의 생각과 느낌을 알게 한다. 발표를 할 때는 겹치는 것은 빼고 조금이라도 다른 답을 발표하도록 지도하며, 다른 아이들은 모두 평가하며 듣는다.

서울형토론은 개인에게 호기심을 주고 학습 주제에 맞는 문제를 제시하여 교과서나 예시 자료를 통해 해답을 찾고, 그것을 모둠 토론 등을 거쳐 발표를 시키는 과정이다. 이렇게 수업을 하면 수업을 잘 따라오지 못하는 아이들도 모둠 활동에 잘 참여하게 된다. 우선 모둠을 짤 때 호흡이 잘 맞는 아이와 함께 모둠원이 되도록 배려해야 한다. 또 교사는 수시로 교실을 돌아다니며 모둠 수업에 적절히 개입하여 토론이 잘 안 되는 모둠은 소통이 되도록 도와주고, 너무 소란스러운 모둠은 질서 있게 하도록 인도한다. 조금 부족하더라도 자신의 것을 발표해야 하는 시스템이 작동하면 아이들을 거리낌 없이 순서에 맞춰 토론한다. 모둠별로 토론하고 합의를 만들어내라고 하면 선택과 결정하는 태도도 향상된다.

2) 짝 토론에 적용

짝 토론은 하브루타에서 따온 말이다. 하브루타는 원래 '토론을 함께 하는 짝이나 친구, 즉 파트너'를 말한다. 그러던 것이 짝을 지어 질문하고 토론하는 교육 방법을 일컫는 말로 확대되었다. 하브루타는 토론하는 상대방을 말하기도 하고, 짝을 지어 토론하는 행위를 말하기도 한다. 그런데 요사이 많이 쓰이는 의미는 짝을 지어 토론하는 행위로 사용한다. 다시 말하면, 짝을 지어 질문하고 대화하며 토론하고 논쟁하는 것이다.

식사 시간에 부모와 자녀가 서로 대화하는 것도 모두 하브루타이다. 또 교사가 수업 시간에 발문하고 대화하는 모든 과정도 다 하브루타이다. 예로부터 서당에서 학문을 배울 때 스승이 제자에게 질문하고 대답하는 모든 과정이 다 하브루타이니 우리나라 옛 선비들은 이미 하브루타

방식으로 공부하고 있었던 것이다. 평이한 내용을 주고받아도 사람마다 생각이 다르고 주장도 다르기 때문에 대화 자체만으로도 도움을 준다.

만약 논쟁이 있는 주제가 있다면 서로의 주장에 따라 그 이유와 까닭을 말하다 보면 논리성이 좋아진다. 더 적절한 자료도 찾아야 하고, 적절한 이유도 찾아내야 하니 창의력과 고등 사고력 도 필요하다. 그리고 어떤 논제에 대해 입장을 바꾸어 생각하고, 설득해야 한다면 다양한 측면 에서의 사고력, 설득력, 논리력이 필요하다. 그러니 그저 주어진 것만을 이해하고 암기하는 수업 에서는 가질 수 없는 사고력과 창의력이 높아질 수밖에 없다. 무엇보다 아이들이 놀이처럼 질문 을 만들어 답을 맞히고 더 수준 높은 질문과 답변을 찾으며 재미있게 배워가는 것이 중요하다. 그래서 하브루타의 효과는 핵심을 찌르는 질문을 만드는 능력과 질문에 가장 적절히 답하는 능 력, 상대방이 질문하면 잘 듣고 질문의 요지를 파악하는 능력 등이 향상되는 것이다.

짝 토론은 앉아 있는 그대로 짝과 함께 손쉽게 할 수 있어서 매 수업마다 적용하기도 편리하 다. 둘이서 그날 배운 교과 내용에서 질문을 만들어 짝끼리 질문하고 답하며 내용을 파악한다. 내용을 파악한 후에 짝끼리 토의하여 서로 논의해볼 논제를 정한다. 그 논제에 대해 교과서와 기타 교재를 참고하여 알게 된 사실이나 자신의 생각, 느낌 등을 쓴다. 쓴 것을 서로 바꾸어보고 평가하기도 하고 토론도 한다. 토론할 때는 쟁점을 가지고 찬반 토론을 할 수도 있고, 자유롭게 토론을 진행해도 좋다.

토론 후에는 짝끼리 가장 좋은 질문과 답변을 뽑아 전체 학급 앞에 나와 발표해봄으로써 다른 친구들의 질문과 답변을 알아볼 수 있는 기회를 가져본다. 또, 짝끼리 합의를 한 후 다른 짝과 토론하여 두 명씩 합의한 의견을 말할 수도 있다. 또, 두 명이 한 팀이 되어 의견을 나눌 수도 있다.

3) 한 시간 수업에 적용

초등 서울형토론의 전 과정을 마치려면 약 80분이 걸려서 정규 수업시간 2시간 동안 연속으로 해야 한다. 초등학교 시간표에서 2시간을 연달아 진행하는 것은 다소 부담이 될 수 있으나 토론 수업은 사실 40분 안에 마치기는 무리가 있다. 필자는 토론수업으로 학부모 공개 수업만 거의 20여 년을 해왔다. 공개 수업은 40분이어서 간추려도 60분 이상은 걸리는 토론수업을 하려니 무리가 따랐다. 그래서 수업은 계속하고 바쁘신 학부모님은 가셔도 된다고 말씀드린다. 그러면 몇 분은 빠지더라도 토론의 마무리까지 수업할 수 있고, 참관할 수 있다. 서울형토론은 어쩌면 토론수업이라기보다는 학생들끼리의 대화 수업이라고 하는 것이 적합하다. 수업이란 질문과 답변을 통해 수업 내용을 알아가는 것이고 내면화하는 것이기 때문이다.

토론하는 수업만 한다면 40~50분 정도에 마칠 수가 있다. 그런데 토론 과정 안에 독서부터 문제 인식하기까지 넣으면, 문제 인식을 위해 자료 읽기와 내용 파악하기만 20여 분이 소요된다. 아니 더 걸릴 수도 있다. 자료 읽기와 내용 파악하기가 처음동기 부분이라 더욱 중요하기 때문이다. 여기서 다양하게 읽기도 중요하지만, 내용 파악을 위해 알차고 호기심을 줄 수 있는 활동을 실시해야 한다. 아이들이 재미있어 하는 질문을 만들어서 퀴즈 놀이, 독후감 돌려 읽기, 중요한 단어 선택하여 빙고놀이, 인상 깊은 내용 쓰기, 중요한 장면 역할극 하기 등 여러 가지를 수업한다. 그렇게 내용을 파악한 후에야 비로소 토론 주제들을 만들고 최종적으로 학급 토론 주제를 선택한다.

그런데 여기서 간단하게 40분 안에 토론을 마치려면 학급 토론 주제를 만들지 말고 모둠별 토론 주제를 만든다. 우선 개인이 만들고 3~4명이 토의하여 가장 적절한 토론 주제를 만들어 그 논제에 대한 의견을 각자가 쓴다. 자신이 쓴 의견을 발표하고 질문 답변하는 모둠 토론을 한다. 토론 후에는 토론 내용을 정리하고, 각 모둠에서 논제를 발표한 후 논제에 대한 합의된 토론 내용을 발표한다. 다른 모둠의 친구들은 메모하며 이웃 모둠의 좋은 방안을 듣고 질문한다. 이렇게 마치게 되면 40~50분 정도 걸린다. 이런 수업은 사회나 과학 수업시간에 활용하기 편리하다.

4장

논리를 키우는 대립토론

대전회의 참석자 중에 반대 의견을 가진 사람이 자유롭게 말할 수 있게 하여라.
이는 잘 듣고 서로 토론하여 문제점을 발견하고 미리 예방하기 위함이다.

- 세종대왕

1. 승패가 있는 대립토론

대립토론Debating은 '대립되는 주장들의 승패를 결정하기 위해 공정하고 엄격한 규칙에 따라 자신들의 주장을 설득하려는 절차적 대화 방식'이다. 찬반으로 나뉠 수 있는 하나의 논제가 있고, 대항하는 두 팀이 있고, 일정한 규칙인원 수, 시간, 진행 방법, 심사 방법 등이 있으며, 토론 후에 승패가 있는 토론 형식이다. 논제에 대해 깊이 생각하고 쟁점을 파악해 주장에 대한 적절한 자료와 근거도 마련한다.

대립토론은 승패가 있는 것이라 토론하는 태도가 무척 진지하고 팀끼리 협력하여 최선을 다해 준비한다. 팀원끼리도 역할 분담이 잘 되어 토론을 준비하는 과정에서 책임감도 배운다. 부족한 학생도 잘하는 친구들과 팀을 구성해주면 서로 배우고 가르쳐주며 즐겁게 토론할 수 있다. 상대를 이기려면 상대방의 주장에 반박할 수 있어야 한다. 그러기 위해서는 상대 주장의 오류를 지적하고, 그 이유를 댈 수도 있어야 한다. 그래서 대립토론을 하다 보면 적절한 논리를 펴는 능력이 향상된다. 모든 토론에서는 논리에 맞는 주장을 펴서 상대를 설득해야 한다.

미래 사회에서는 협업이 중요하다. 서로의 지식을 주고받고 합하여 새로운 것을 창조해내는 능력이 필요하다. 자신의 생각을 논리적으로 피력할 수 있는 능력은 대립토론으로 키울 수 있다. 대립토론은 모든 교과에 다 활용할 수 있으며, 적절한 논제와 팀을 정해서 진행한다. 팀이 정해지면 토론에 대한 자료를 준비하고 정리하여 자신의 편에서 유리하게 사용할 수 있어야 한다.

● 대립토론의 효과

① 쟁점이 있는 텍스트에 대해 토론하며 자신의 주장에 근거를 대어 설득하는 과정에서 상대방 주장의 오류를 찾는 능력이 향상된다.

② 팀으로 하는 경우가 많아서 서로 협동하여 자료를 준비하고 역할 분담을 함으로 협업 능력이 향상된다.

③ 어떤 논제에 대해 다양한 자료를 찾아서 토론에 적절히 이용할 수 있게 정리함으로써 정보 이용 능력이 향상된다.

④ 자신의 주장을 글로 써서 상대방을 설득하는 과정에서 논리적인 글쓰기 능력이 향상된다.

⑤ 상대방을 설득할 수 있는 정확한 의사전달이나 호소력 있는 말투, 신뢰를 줄 수 있는 태도를 기를 수 있다.

2. 대립토론의 원활한 진행 방법

1) 쟁점이 있는 논제 선정

대립토론에서 가장 중요한 것은 쟁점이 있는 논제를 정하는 것이다. 학생들이 토론하기에 적절하고 호기심을 유도하며, 토론 자료를 많이 가지고 있는 논제를 정해야 한다. 그러므로 개인별 논제를 만들고 모둠 논제를 만들어서 칠판에 적는다.

각 모둠 논제를 긍정과 부정으로 나누어 거수를 한다. 예를 들어, 《장발장》을 읽고 한 학급에 30명인 학생이 토론을 한다고 가정하자. 모둠 논제가 '장발장이 조카를 위해 빵을 훔친 것은 바람직한가?'라면 긍정하는 사람과 부정하는 사람을 거수하여 계산해본다. 그런 식으로 하다 보면 양쪽이 균형을 이루는 것이 있다. 여기서 찬성과 반대가 비등한 논제 2~3개를 정하고, 그중에서 토론하고 싶은 논제를 다시 거수하여 정한다. 이렇게 정해진 논제를 가지고 대립토론을 하면 더욱 활발하게 토론수업을 할 수 있다.

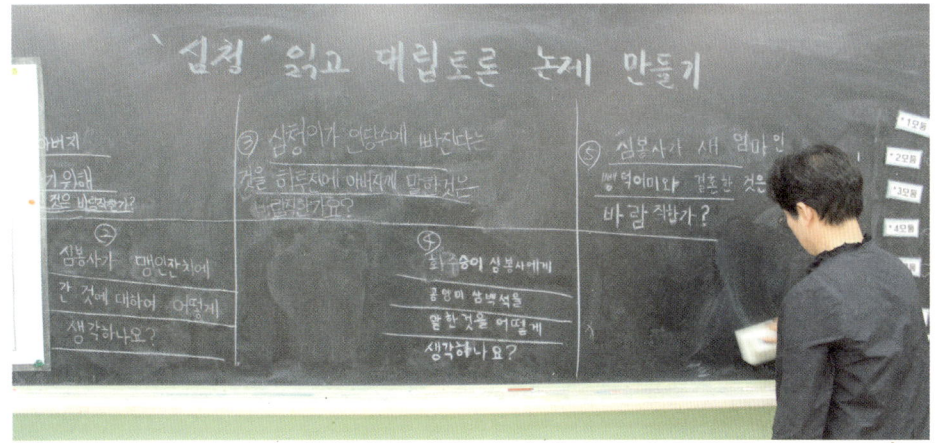

2) 양측 토론 능력의 균형 맞추기

처음에 논제 만들기를 할 때 거수했던 학생들을 그대로 두되, 양측 학생들의 토론 능력이 균형을 이루도록 조절해야 한다. 이때 학생들의 자발적인 의사를 존중하며, 균형을 이루어야 하는 이유를 알리고 권하면 자연스럽게 구성된다. 한쪽으로 힘이 기울면 토론이 재미가 없고 제대로 토론하기가 힘들다. 이러한 상황을 학생들도 알고 있다. 그러므로 미리 알려주고 재미있는 토론 수업을 위해 도와달라고 하면, 토론을 잘하는 학생이 움직이기 시작한다. 토론을 잘하는 학생한두 명이 움직이면 균형이 잡힌다.

양측 학생이 정해지면 꼭 정해진 학생의 이름을 공책에 적어둔다. 그렇지 않으면 시간에 따라마음이 바뀌어서 왔다갔다 할 때가 있다. 그래서 막상 대립토론을 하려고 하면 학생 수나 토론수준이 한쪽으로 너무 기울어 토론수업을 진행하기가 힘들어진다.

3) 정해진 시간 안에서 소신껏 발표하기

대립토론은 정해진 시간 안에 어느 팀이 더 논리적으로 설득력 있게 질문하고 답변하느냐가 중요하다. 정해진 시간 내에 하는 것이므로 어설프게 말하는 친구가 있으면 이를 다른 친구들이용납하지 않을 때가 많다. 그리고 쉽게 용기를 내지 못하는 친구도 있다. 그래서 모두가 다 함께참여할 수밖에 없는 어떤 규칙이 필요하다. 우선 같은 팀 안에서 3~4명씩 모둠을 만든다. 그리고 다음과 같은 규칙을 만든다.

'모둠을 이끌 수 있는 모둠 대표를 뽑는다. 모둠 대표는 모둠원들이 힘을 합쳐 좋은 안건을 만들고 답변하도록 도와준다. 모둠에서 부족한 학생을 도와주고, 의견을 공유하기도 한다. 또 준비해온 자료를 서로 보여주며 함께 의견을 만들어간다.'

이렇게 수업하다 보면 부족한 학생들도 조금씩 토론 준비를 해오고, 점점 자신감이 붙어서 발표를 잘 하게 된다. 토론은 꼭 논리적이고 적절한 발표만 해야 하는 것이 아니고 그저 자신의 의견만 밝혀도 된다. 어떨 때는 전혀 기대하지 않았던 학생이 기발한 생각을 발표해서 학생들이깜짝 놀라기도 하고, 유효한 발언을 할 때도 있다. 무엇보다도 중요한 것은 간략하게라도 대립토론을 수업 현장에서 많이 해보는 것이다.

4) 학급 전체 학생이 골고루 발표하기

자칫 토론을 잘하는 학생이 발표를 독차지할 수가 있다. 그래서 특별한 규칙을 만들기도 한다.

'어느 팀이건 한 사람이라도 발표를 안 하는 사람이 있으면 그 팀은 무조건 지는 것'

이러한 규칙은 아주 강력하기 때문에 학생들이 서로 돕고 함께할 수밖에 없다. 또 '한 사람이 토론하는 동안 2~3번은 발표해야 한다'라는 규칙을 정한다. 토론은 정해진 시간에 발표하는 것이므로 잘하는 사람이 독차지하면 다른 사람이 발표할 기회가 없어진다. 그러므로 잘하는 학생이 발표 횟수를 양보하여 서로 배려하라고 만든 규칙이다.

오랫동안 이러한 규칙을 만들어 대립토론수업을 진행해보니, 어느 순간 학생들도 모두 그 이유를 알고 있고 긍정적으로 받아들인다. 그런데 교사는 누가 몇 번을 발표했는지 알 수가 없음으로, 거수를 할 때 손가락으로 발표를 몇 번 했는지 표시하게 하면 좋다. 이렇게 하면 발표하기 싫은 학생도 하게 되고, 같은 팀의 다른 친구들도 서로 도와주게 된다. 처음에는 도움을 받고 하다가 점차 자신의 의견을 발표하게 된다.

5) 자리를 고루 배치하기

학급 전체가 하는 대립토론 수업에서는 자리 배치를 ㄷ자로 하면 좋다. 교탁 자리에는 사회자인 교사가 서고, 교사가 학생을 바라본 상태에서 오른편은 찬성 측, 왼편은 반대 측으로 배치한다. 평소 수업시간에 앉는 자리에서 양 팀이 마주보도록 방향만 바꾸면 편리하다. 자리를 만들어놓고 자신이 선택한 팀 자리로 이동하면 된다. 단 학생들 수준이 한쪽으로 쏠리지 않도록 고루 앉아야 한다.

　같은 팀끼리 앉은 자리에서 소모둠을 만들고, 소모둠 모둠원의 토론 수준이 골고루 배치되도록 한다. 만약 부족한 학생끼리 앉으면, 그 모둠 때문에 그 팀은 지게 된다. 그러므로 학생들이 자발적으로 자리를 이동하여 서로 도움을 줄 수 있도록 적절히 앉힌다. 이때 교사는 학생들의 기분이 상하지 않도록 잘 유도해야 한다.

6) 공정하게 판정하기

대립토론에서는 승패가 있으므로 판정이 공정해야 한다. 그런데 토론을 아는 교사들도 판정하기가 쉽지 않다. 토론하기 전에 학생들과 함께 대립토론 동영상을 보며 판정해보고, 모둠별로 판정한 것을 발표한 후 모둠 토론을 해본다. 그래서 판정을 잘한 팀을 선택해본다. 그리고 함께 시청한 동영상에서 전문가 선생님이 어떻게 판정했는지를 알아본다. 교사는 대립토론하기 전에 판정의 근거를 알아보고, 그날 판정할 근거를 칠판에 명시해 놓는다.

　학급 전체가 하는 대립토론 수업에서 사회자와 판정을 학생들에게 맡기는 것은 다소 무리가 있다. 그래서 교사가 사회자와 판정인의 역할을 함께 맡는다. 사회자는 적시적소에 학생들을 배치하고 학생들의 특징을 파악한 후 발표시켜야 한다. 학생 개개인의 특성을 알아서 잘 발표할 수 있도록 배려하고, 좋은 질문과 답변이 오가도록 유도해야 하기 때문이다. 또 판정은 사전에 토론을 준비하고 팀의 힘을 합쳐서 최선을 다하는 학생들에게 공정하게 해야 한다.

　만약 판정을 잘못하면 판정한 결과에 대해 양팀 모두 의아해하고 찜찜해하며 교사가 부연 설명을 하기가 어렵다. 그리고 교사가 학생의 판정이 잘못되었다고 하면 판정한 학생들이 난처하게 된다. 그러므로 학생들에게 사회자와 판정인의 경험을 하게 하려면, 학급 전체보다는 6명씩 모둠을 만들어 사회자 1명, 판정인 1명, 토론자 긍정 측 2명, 부정 측 2명으로 모둠별 논제를 정해서 연습해보는 게 좋다.

7) 토론 결과에 치우치지 않기

대립토론에서는 승패가 있어야 한다. 그러나 초등학생의 토론에서는 토론 논제에 대한 자기 팀의 주장을 논리적으로 잘 설득했는지, 토론 자료의 적절성, 팀의 협력과 태도 등의 분야를 하나씩 정해 승패를 알려주는 것이 좋다. 그러면 학생들이 무엇을 어떻게 해야 승점을 따는지를 알게 된다.

그렇게 분야별로 판정하다가 전체적인 판정도 판정표의 근거를 칠판에 표시하며 판정한다. 물론 결과가 비슷할 때는 꼭 승패를 결정할 필요는 없으며, 양측의 잘한 점과 부족한 점을 발표하게 한다. 교사가 판정하여 승패를 가리더라도 학생들에게 토론 대회를 한 것이 아니라, 대립토론을 배우고 연습한 것이라고 하면 훨씬 경쟁하는 태도가 유연해진다. 시간이 허락할 때는 찬성 측이 반대 측으로, 반대 측이 찬성 측으로 서로 입장을 바꿔 토론하게 하면 상대측을 더 쉽게 이해한다.

8) 기본 말하기 능력 지도

토론수업을 할 때 제일 어려운 것이 아이들이 말하는 내용을 정확히 상대방에게 전달하게 하는 부분이다. 토론은 말로 하는 게임이다. 논리적인 말로 상대방을 설득시켜야 한다. 그런데 횡설수설하거나, 말소리가 잘 들리지 않거나, 발음이 잘 구분되지 않고, 말이 빠르거나 느려서 말하는 내용이 상대방에게 잘 전달되지 않는다면, 아무리 논리적이고 설득하기 좋은 말이라도 소용이 없다.

그러므로 교사는 학생들과 함께 날마다 국어 교과서를 한 문장씩 교대로 낭독하여 정확한 발음과 적절한 빠르기, 실감 나는 말하기를 가르치는 것이 좋다. 그리고 날마다 짝끼리, 모둠에서, 교사와 질문하고 답변하는 것을 생활화하여 자연스럽게 토론하는 것이 습관이 되도록 해야 한다. 그래서 토론할 때 의사소통이 잘 되고, 소리의 크기도 상대방이 듣고 질문할 정도로 조절할 수 있어야 한다. 상대방이 잘 들리게 적절한 소리로 발표한 친구를 추천하여 칭찬해주는 것도 하나의 방법이다.

3. 대립토론의 절차

토론을 하려면 사회자, 타임키퍼, 입론자, 반대 심문자, 최종 변론자 등이 필요한데 인원수는 사정에 따라 조정한다. 토론 시간은 학습 형태와 과목에 따라 달라질 수 있다. 처음에는 짧게 해보고 익숙해지면 조금씩 시간을 늘리는 것이 좋다. 또한, 같은 팀에서 소모둠을 만들어 각 모둠별 대표를 정하여 이끌게 하면 능력이 부족한 학생도 친구의 도움을 받아 발표할 수 있어 토론이 활성화된다.

우선 대립토론 형식을 알려주고 동영상을 보면서 판정표에 모두가 판정해본다. 그런 후, 시청한 후에 어느 편이 승리했는지 이유를 들어 발표한다. 그리고 교사가 전체적인 총평을 하면 학생들이 대립토론 형식이나 방법을 쉽게 이해할 수 있다. 그리고 학급에서 토론을 잘하는 학생 중 3명을 토론하게 하고, 나머지 학생들은 모두 판정하게 한다. 그다음은 7명을 토론하게 하고 나머지는 판정한다. 그다음은 학급 전체가 토론하고 교사가 판정해 본다. 이렇게 하면 학급 전체가 어느 정도 대립토론에 익숙해지고 모든 학생이 즐겁게 참여할 수 있다.

찬반 대립토론과정표

토론 진행 순서	참여자	시간	비고
토론 팀 소개 논제 선정 배경과 규칙 설명	사회자	2분	칠판에 게시
입론(주장 펼치기)	찬성 측	2분	주장 발표하기
	반대 측	2분	
모둠 협의 시간	양 팀	2분	반론 펴기 준비
반론 펴기	반대 측	3분	상대측 주장의 오류 지적하기
	찬성 측	3분	
모둠 협의 시간	양 팀	2분	반론 꺾기 준비
반론 꺾기	찬성 측	5분	상대측 주장에 질문하고 답변하기
	반대 측	5분	
모둠 협의 시간	양 팀	3분	최종 변론 준비
최종 변론(주장 다지기)	반대 측	2분	토론했던 내용에서 주장 다지기
	찬성 측	2분	
판정 및 심사	판정인	2분	판정표를 참고
계		35분	

토론자	토론에 직접 참여하므로 주어진 논제에 대하여 충분한 자료를 수집하여 입론을 작성하고 토론한다.
사회자	사회자는 토론 내용을 잘 숙지하여 내용을 파악하고 토론 과정에 따라 토론을 진행한다.
판정인	판정 기준에 의해 공정하게 판단하여 판정한다.
타임키퍼	토론 과정과 규칙에 맞게 시간을 재어서 알려준다.

▶ 대립토론 준비사항

① 대립토론 논제를 정하고 찬성 측과 반대 측으로 나눈다.

② 인원과 토론 수준을 고려하여 양측을 균형 있게 맞춘다.

③ 대립토론 준비표를 작성하고 여러 자료를 만들어 설득력 있는 입론을 준비한다.

④ 사회자, 타임키퍼, 판정인을 정한다.

▶ 대립토론에서 사회자의 역할

① 논제 설명하기

대립토론에서 논제는 교과서나 한 권의 책을 읽고 쟁점이 있는 논제를 학생들이 정하도록 한다. 2장의 '대립토론 논제 정하기'를 참고하여 개인 논제, 모둠 논제, 학급 논제를 정한다. 학급 논제가 정해지면 사회자는 논제와 관련된 책, 영상 자료, 신문 기사, 여론 조사 등 여러 자료를 활용하여 논제를 바르게 이해하도록 돕는다. 또한, 토론이 논제에서 벗어나지 않도록 토론 범위를 알려주고 논제의 용어를 정의해준다. 예시 작품은 빅토르 위고의 《장발장》이다.

사회자	안녕하십니까? 사회를 맡은 OOO입니다. 오늘 이 시간에는 '장발장이 자신의 이름을 속이고 마들렌 시장으로 생활한 것은 바람직한가?'라는 논제를 가지고 토론을 하겠습니다.

② 토론자 소개하기

사회자가 토론자를 소개하고, 토론자는 간단히 인사말을 한다.

사회자	먼저 토론자를 소개하겠습니다. 찬성 측 대표 OOO입니다. 반대 측 대표 OOO입니다. 찬성 측은 선생님 오른편이고, 반대 측은 왼편에 있습니다. 양측은 오늘 토론의 규칙을 잘 지키고 예의바르게 토론할 것을 약속해주십시오. 찬성 측부터 대표 어린이의 인사가 있겠습니다.

③ 토론 규칙 정하기

교실의 상황과 아이들 형편에 따라 어느 정도의 규칙과 시간은 사회자가 임의로 정할 수 있다.

입론이나 질문 답변의 시간은 2분으로 한다. 질문 답변을 할 때는 한 번의 보충 질문, 보충 답변을 허락한다. 보충 질문과 답변은 소리가 들리지 않거나 발표가 무슨 내용인지 알 수가 없을 때 같은 측의 친구가 질문을 보충하고 대신 답변해주는 것이다.

교실에서 토론은 모든 아이가 참여하는 것을 목적으로 하기 때문에 모든 모둠원이 한두 번 이상 발표했을 때 승점을 주기로 한다.

4. 대립토론수업 진행 과정

1) 입론 발표

입론은 자신의 입장에 대해 알맞은 근거를 들어 주장을 내세우는 것이다. 입론은 독서나 조사 활동을 통해 토론 주제에 대한 정보를 수집하는 등 충분한 준비를 통하여 작성한다. 이러한 입론은 찬성 측부터 발표하고, 이어서 반대 측이 발표한다. 칠판에 찬성과 반대 측 주장을 써 주면 학생들이 토론할 때 참고할 수 있다.

사회자 오늘의 독서토론을 찬반 토론으로 하겠습니다. 토론 논제는 '**장발장이 자신의 이름을 속이고 마들렌 시장으로 생활한 것은 바람직한가?**' 입니다. 독서 내용을 바탕으로 논의하여 주시기 바랍니다. 먼저 찬성 측부터 입론을 해주세요. 시간은 2분입니다.

찬성 측 책 속에서 장발장은 마들렌이라는 가명을 만들고 새 삶을 살았습니다. 구슬 공장의 사장이 되어 많은 돈을 벌고, 시장이라는 직책까지 얻어 존경과 지지를 한몸에 받는 시장, 마들렌이 되었습니다. 그러므로 장발장의 가명 사용은 바람직하다고 생각합니다.

첫째, 장발장은 자신의 죄를 뼛속 깊이 반성했기 때문입니다. 우선 책 속에서 장발장은 지난날의 자신을 뉘우치고, 새 삶을 살기로 결심한 상태입니다. 이미 장발장은 미리엘 주교에게 용서도 받고 흐느껴 울며 다시는 누군가에게 피해를 입히지 않겠다며 다짐했습니다. 그러므로 장발장은 마들렌 시장으로 살기 이전에 새로운 삶을 살기로 결정했다는 것을 알 수 있습니다.

둘째, 장발장은 마들렌이라는 가명으로 여러 훌륭한 일을 해냈기 때문입니다. 장발장은 이름을 바꾸고 시민들이 행복하게 살 수 있도록 했습니다. 또 부자가 되어 코제트도 대신 길러 마리우스와 혼인까지 시켜주었습니다. 마지막으로 다방면으로 착한 일을 많이 했기 때문입니다.

셋째, 한 청년이 장발장이라고 누명을 쓰게 되자 장발장이 직접 진실을 말했기 때문입니다. 장발장은 자신이 옥에 갈 수도 있고 비난을 받을 수도 있는데 진실을 밝혔습니다. 만약 장발장이 청년의 누명을 벗겨주지 못했다면 저는 반대의 입장에 섰겠지만 나중에 장발장은 모든 진실을 밝혔기 때문에 찬성의 입장에 섰습니다.

이와 같은 근거로 장발장이 자신의 이름이 아닌 마들렌 시장으로서 생활한 것은 바람직하다고 생각합니다.

사회자 이번엔 반대 측에서 입론을 해주세요. 시간은 2분입니다.

반대 측 장발장이라는 명작을 읽고나서 여러 가지 생각들이 많이 들었지만, 유독 제 머릿속을 맴돈 것은 '마들렌 시장'입니다. 여러 사람들이 "책 속에서 장발장은 매우 훌륭한 인물이야."라고 말합니다. 물론 저도 장발장이 훌륭하다고 생각하지만 모든 행동이 다 옳지는 않은 것 같습니다. 특히, 장발장이 자신의 이름을 속이고 '마들렌 시장'으로서 생활한 것은 바람직하지 않다고 생각합니다.

그 이유는 첫째, 이름을 속이고서까지 사회생활을 한다는 것은 비양심적이기 때문입니다. 장발장은 세 번의 감옥 탈출로 인해 여전히 죄수입니다. 그런 그가 이름을 속이고 사회생활을 한다면, 그 행동은 매우 비양심적입니다. 비록 그가 좋은 활동을 했지만, 그래도 이름을 속인 것 자체가 정당하지 못한 것이니 이것은 성과의 문제가 아닙니다.

둘째, 마들렌 시장이라는 높은 지위에 오른 그가 죄인인 것을 알게 되면 시민들이 매우 큰 충격에 빠질 것입니다. 장발장은 열심히 시를 위해 봉사를 했지만, 시민들이 마들렌 시장이 죄수라는 것을 알게 되면 시장이 두 개의 얼굴을 가지고 있다는 것 때문에 충격에 빠질 것입니다. 또한, 사기를 당했다며 그 시를 떠날 수도 있습니다. 물론 시민들이 그의 공로를 인정해주면서 용서해줄 수도 있지만, 모든 시민이 마들렌 시장을 용서하지는 않을 것입니다.

셋째, 여러 번의 감옥 탈출 끝에도 조용히 살지 않고 시장까지 오른 것은 위험한 일입니다. 시장까지 오른다면 오히려 관심을 받아 죄인이라는 사실이 들통 날 수 있어 다시 감옥으로 갈 확률이 높아지게 됩니다. 그럼에도 시장이 된 것은 너무나 무모한 일이라고 생각합니다.

저는 장발장이 자신의 이름을 속이고 '마들렌 시장'으로 생활한 것은 옳지 않다고 생각합니다.

사회자 '장발장이 자신의 이름을 속이고 마들렌 시장으로 생활한 것은 바람직한가?'라는 논제에 대하여 양측에서 매우 열띤 의견을 내주었습니다. 지금부터 2분 동안 작전 타임을 갖겠습니다. 상대측의 입론에 대한 반론 펴기를 준비해주십시오.

2) 반론 펴기

반론 펴기는 상대측 입론에 대해 논리적으로 잘못된 부분을 질문 없이 지적하거나 반박하는 것이다. 예를 들면, 논리적 오류 지적, 반례 들기, 근거 자료 제시 요구 등이다. 반론 펴기에서는 상대측 입론에서 주장한 내용만 다룰 수 있다. 이러한 반론 펴기는 반대 측부터 시작하는데, 한 사람이 2분 동안 할 수도 있고 여럿이 2분 동안 나누어 할 수도 있다.

학급 전체가 토론에 참여하려면 정해진 시간 안에 모든 학생이 다 참여해야 함으로 토론 전 과정에 대한 발표는 하나의 주장만 이유를 들어 발표하도록 한다. 그래야 또 다른 주장은 다른 학생이 할 수 있기 때문이다. 최대한 여러 학생에게 기회를 줘야 한다. 승패를 위한 토론이 아니라 함께 연습하고 경험해보는 것이 더 중요하기 때문이다.

사회자 1차 작전 타임이 끝났습니다. 이번에는 반대 측부터 반론 펴기를 시작해주시기 바랍니다. 시간은 2분입니다.

반대 측 찬성 측에서 장발장이 자신의 죄를 뼛속 깊이 반성했다고 하는데, 사람의 마음을 어찌 믿을 수가 있습니까? 상황이 어려워지면 미리엘 주교의 은 그릇을 훔친 것과 같이 또 거짓말을 할 수 있습니다.

사회자 반대 측의 반론 펴기가 끝났습니다. 반대 측에 이어서 찬성 측 반론 펴기를 시작해주세요. 시간은 2분입니다.

찬성 측 찬성 측에서 이름을 속이고서까지 사회생활을 한다는 것은 비양심적이기 때문이라고 하셨는데 이름을 속이지 않고서는 착한 일을 할 수가 없습니다. 장발장이 감옥에 잡혀가서 옥살이를 하는 것보다 마들렌이라는 이름으로라도 좋은 일을 많이 했으니 시민들이 나중에 알게 되더라도 어느 정도는 용서해줄 것입니다.

사회자 반론 펴기가 끝났습니다. 3분 동안 작전타임을 갖고 반론 꺾기를 준비해 주십시오. 작전타임 시간에는 소그룹에서 서로 의견을 교환하고 부족한 부분은 서로 협력해서 골고루 발표할 수 있도록 도와주세요.

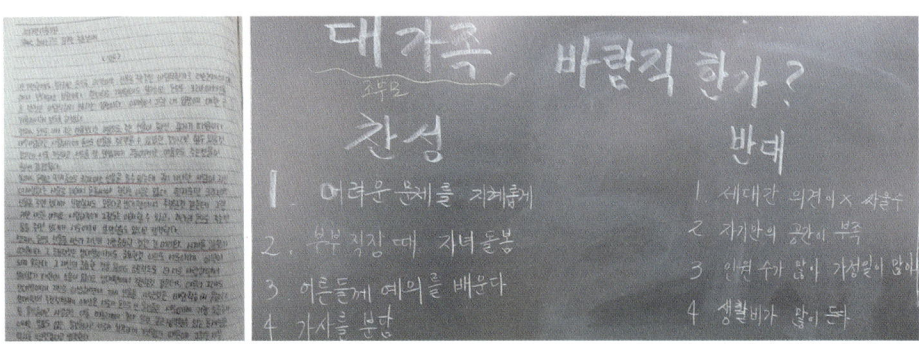

교사는 찬성과 반대 측 주장을 칠판에 판서해준다

3) 반론 꺾기

반론 꺾기는 한쪽이 주도권을 갖고 상대측에게 질문을 하면, 상대측이 이에 대응하여 답변하는 과정이다. 질문을 통해 다른 주장의 부당함을 밝혀서 꺾는 사고 과정으로 반론 펴기에서 발견된 모순과 불명확한 점에 대해 상대측에게 심문하는 과정이다. 상대측 주장의 오류를 찾아서 질문해야 함으로 논리적인 능력과 순발력이 있어야 한다.

사회자   2차 작전타임이 끝났습니다. 이번에는 찬성 측부터 시작해주세요. 시간은 5분입니다. 질문이나 대답을 할 때 보충 질문 한 번, 보충 답변 한 번은 가능합니다.

찬성 측   시민들이 사기를 당했다고 그 시를 떠날 수도 있다고 하는데 마들렌 시장은 시민들에게 어떤 손해도 끼치지 않고 오히려 불쌍한 사람과 어려운 사람을 도왔지 않습니까?

반대 측   어떤 손해도 끼치지 않았다고 하시는데 마들렌 시장의 과거와 이름을 바꿨다는 사실을 알게 되면 시장에 대한 신뢰가 깨어질 것입니다.

사회자   찬성 측 반론이 끝났습니다. 찬성 측에 이어서 반대 측 반론 꺾기를 시작해주세요. 시간은 5분입니다.

반대 측   한 청년이 장발장이라는 누명을 썼을 때 장발장이 누명을 벗겼다고 하셨는데 장발장이 애초에 진실을 밝혔다면 누명을 쓰는 일도 없지 않았을까요?

찬성 측   하지만 이름을 속이고 있는 상태에서 한 청년을 위해 진실을 밝히는 것은 쉬운 일이 아닙니다. 양심이 살아 있고 용기 있는 자만이 할 수 있습니다.

반대 측   그러나 참으로 용기가 있었다면 비겁하게 숨어 살지는 않았을 것입니다. 거짓을 좋은 일로 바꾸면 없어질 거라고 생각한 것이 아닙니까?

찬성 측   그러나 우리는 장발장이 처음에 무슨 일로 감옥에 들어간 것인지를 알고 있습니다. 그때 사회가 조금만 따스했더라면 감옥에도 들어가지 않았겠지요. 장발장은 불쌍한 사람, 어려운 사람을 돕고 싶은 사명감으로 마들렌 시장으로 이름을 바꿨지, 자신의 부귀영화를 위해 양심을 팔지는 않았을 것입니다.

사회자   반론 꺾기가 끝났습니다. 모두 열띤 태도로 적절한 근거를 대며 토론을 잘 해주셨습니다. 다음은 3분 동안 작전타임을 가지고, 이 시간에 토론한 내용으로 최종 변론을 준비해주세요.

4) 최종 변론

최종 변론에는 반론과 반론 꺾기에서 타당성이 검증된 주장만 살리고, 부당성이 지적된 주장은 과감히 버려야 한다. 또 상대방이 훌륭한 논리를 세웠으면 칭찬도 해주어야 한다. 그러면서 자신의 논리가 더 훌륭하다는 것을 증명해야 하는 것이다.

위태로워진 근거는 보충 자료로 보완 설명하되, 입론에서 사용했던 설명 내용을 그대로 사용하지 않는다. 최종 변론은 반대 측부터 시작한다.

사회자 3차 작전 타임이 끝났습니다. 이번에는 반대 측부터 최종 변론을 시작해주시기 바랍니다. 시간은 2분입니다. 혼자 발표해도 되고 여러 명이 차례로 발표해도 됩니다.

반대 측 저희는 '장발장이 자신의 이름을 속이고 마들렌 시장으로서 생활한 것은 바람직한가?'라는 논제에 대해 반대합니다. 상대 편의 주장에서 가장 이해하기 어려운 부분은 장발장이 자신의 잘못을 뉘우쳤다고 해서 죄를 용서하는 것입니다. 물론, 그는 죄를 용서받기 위해서 열심히 노력했지만 죄는 죄입니다. 그가 다시 가난해진다면 다시 범죄를 저지를 수 있으니 장발장을 용서해주기는 어렵습니다.

사회자 이번에는 찬성 측에서 최종 변론을 해주세요. 시간은 2분입니다.

찬성 측 '장발장이 자신의 이름을 속이고 마들렌 시장으로서 생활한 것은 바람직한가?'에 대한 논제에 저는 찬성입니다. 상대측의 오류를 지적하자면, 시민들이 마들렌 시장의 실체를 알게 되면 매우 배신감이 클 것이라 말씀하셨습니다. 그러나 장발장이 본명으로 새 출발을 하려고 하면 사회는 자베르 형사처럼 계속 의심하고 언젠가는 분명 잘못을 저지를 것이라며 은근히 무시할 것이며, 사회에서 좋은 일을 하기에 매우 힘들 것입니다. 그리고 반대 측에서 장발장이 아무리 반성해도 장발장이 가난해지면 범죄는 일어날 수 있다고 말씀하셨습니다. 그러나 장발장은 눈물을 흘리며 다시는 죄를 저지르지 않겠다고 하고 그 후에는 착한 일을 했습니다. 법을 어긴 것은 맞지만, 그후에 더 많은 좋은 일을 했으므로 장발장이 마들렌 시장으로 가명을 사용하여 생활한 것은 바람직하다고 생각합니다.

사회자 네, 반대 측과 찬성 측의 최종 변론을 잘 들었습니다. 잠시 후 판정인의 판정을 듣도록 하겠습니다.

5) 판정 및 심사

토론할 때는 교사가 칠판 위 여백에 대강의 판정을 해가며 토론을 진행해도 된다. 판정 역할을 맡은 학생은 토론의 각 과정에서 어떤 점이 잘 되었는지에 대한 소감을 발표한다. 교사는 토론자, 판정인, 사회자, 방청인 전체에 대하여 피드백을 위한 논평을 해준다. 교실 수업에서는 반드시 승패를 가리지 않고 부분별로 논평을 해도 된다.

사회자 그럼 지금부터 판정 결과를 듣도록 하겠습니다. 판정인 대표께서 결과를 발표해 주시기 바랍니다.

판정인 찬성 측에서는 입론 과정에서 근거를 잘 제시하면서 발표를 해주셨으나 반론 과정에서 설득할 자료를 제대로 활용하지 못한 아쉬움이 있었습니다. 한편, 반대 측에서는 입론, 반론, 최종 변론에 걸쳐서 자료를 잘 이용하고 논리적으로 잘 설득했습니다. 그러므로 오늘 승리는 반대 측입니다!

사회자 찬성 측은 박수를 주세요. 그리고 오늘 토론을 통해 생각이 달라진 점이나 토론 다짐을 발표해주세요.

학생 1 저는 오늘 반대 측에서 토론을 했습니다. 장발장이 빵과 은 촛대를 훔치고 나중에는 이름을 바꾸어 마들렌 시장이 되어서 착한 일을 한 것이 무슨 소용이 있을까 생각했는데 토론을 통해 그렇게라도 착한 일을 하면 마음이 편할 것 같아서 그랬겠다고 이해가 되었습니다.

학생 2 저는 《장발장》 책을 대충 읽었습니다. 그런데 오늘 토론을 통해 좀 더 깊이 생각하게 되었고, 재미있었습니다. 그래서 토론 후에 책을 한 번 더 읽고 싶어졌습니다.

사회자 오늘 과제는 토론을 마치고에 대해 여러분의 생각을 일기로 써 오는 것입니다. 일기는 내일 돌려 읽기를 하겠습니다. 수고하셨습니다!

6) 토론준비표와 판정표

토론준비표는 논제가 정해지고 양 팀이 정해진 후에 미리 토론을 예상하고 써보는 시나리오이다. 토론준비표를 다 쓴 후에 살을 붙여서 쓰면 대립토론 입론이 된다. 다음 페이지의 예시에서 ㉮는 자신의 팀 주장에 대한 이유이고, ㉯는 그 이유에 대한 질문이고, ㉰는 질문에 대한 답변이다. ㉱는 상대측의 주장에 대한 이유이고, ㉲는 그 이유를 보고 문제점을 지적하는 것이다. 토론준비표를 완성하고 나면 토론할 때 참고할 수도 있고 미리 예상해보고 토론에 임하게 되어 좀 더 깊이 있는 토론이 된다. 그리고 토론준비표를 보고 입론을 쓰면 훨씬 수월하다.

일시	2012년 10월 18일 준 비 자 : (○ ○ ○)
논제	장발장이 자신의 이름을 속이고 마들렌 시장으로서 생활한 것은 바람직한가?
자신의 주장	바람직하다

㉮ 근거(이유)	㉯ 예상되는 질문(상대 → 나)	㉰ 반론(나의 답변)
① 자신의 죄를 뼛속 깊이 느끼고 반성했기 때문이다.	① 자신의 죄를 깊이 뉘우친다고 해도 미리엘 주교의 은 그릇처럼 또 죄를 지을 수 있지 않습니까?	① 물론 그럴 수도 있습니다. 그러나 주교의 크나큰 용서를 받은 장발장은 새사람이 되었습니다.
② 장발장은 마들렌이라는 가명으로 여러 훌륭한 일을 많이 해냈기 때문이다.	② 훌륭한 일을 많이 하긴 했지만 만일 시민들이 사실을 알고도 그를 존경할까요?	② 존경할지는 몰라도 지난 사실을 알게 되면 동정할 수도 있고, 그동안 좋은 일을 많이 한 것을 알고 있으니 용서해 줄 수도 있습니다.
③ 전과자로서는 사회 활동을 못 하기 때문이다.	③ 여러 좋은 일을 못할 수 있어도 정직하게 밝히고 거기에 맞게 행동하는 것이 더 나은 삶이 아닐까요?	③ 그러나 장발장은 자신의 삶에 좋은 일을 정말 하고 싶고 그것으로 자신의 죄를 씻고 싶기도 했을 것입니다.

상대의 주장	바람직하지 않다

㉱ 예상되는 근거	㉲ 생각할 수 있는 문제점
① 법을 어겼기 때문이다.	① 법을 어겼지만 조금은 상황을 참고해서 벌을 내렸어야 한다.
② 가명을 써서 청년이 억울한 누명을 쓰게 되었다.	② 그렇긴 하지만 결국에는 장발장이 자신의 이름을 밝힘으로써 누명을 벗겼다.
③ 알게 되면 주변 사람이 큰 충격을 받아 신뢰가 깨질 것이다.	③ 충격 때문에 밝히지 않는다면 나중에는 더 큰 신뢰를 잃어버릴 수 있다.

판정표

판정인 : ○ ○ ○   (서명)

평가 영역	평 가 항 목	판정 근거 및 결과			
		찬성 측 토론자 ( )		반대 측 토론자 ( )	
입론 (주장 펼치기)	1. 주요 용어에 대한 바른 정의와 알맞은 사용		승		승
	2. 주장에 대한 타당한 근거 제시와 설득력 있는 설명 (이유, 사례, 반례)		승		승
	3. 논리 구성의 타당성		승		승
반론 (반론 펴기/ 반론 꺾기)	4. 상대측의 주장과 이유, 근거에 대한 결정적인 반론의 수		승		승
	5. 정보의 질과 양, 정보 활용 능력, 전달 능력(가시성, 주목성)		승		승
	6. 논제에 대한 이해와 연구 정도		승		승
	7. 상대측 용어 정의, 근거, 출처, 사실 여부에 대한 확인		승		승
	8. 효과적인 질문과 지휘 능력		승		승
	9. 질문에 대한 성실하고 적절한 답변		승		승
최종 변론 (주장 다지기)	10. 자기 주장의 타당성 부각과 근거, 이유의 재구성 능력		승		승
	11. 상대측 주장의 부당성과 논리적 부조리 부각 능력		승		승
팀 운영과 예절	12. 팀원 간의 협력과 역할 분담		승		승
	13. 예의바르고 이성적인 태도		승		승
합 계 (승수)					

5. 대립토론을 수업에 적용하기

대립토론은 승패가 있어서 아이들이 게임처럼 열정을 가지고 임한다. 창의성과 생각하는 힘, 함께하는 능력이 좋아져서 한 달에 한두 번씩 꾸준히 하면 논리적인 생각과 비판력이 높아지고 질문을 잘할 뿐만 아니라, 상대측 주장의 오류를 잘 지적하기도 한다. 그러므로 대립토론을 잘하기 위해서는 처음부터 단계별로 잘 지도해야 한다. 대립토론에서는 '이기고 지는 것이 중요한 것이 아니라, 자신의 주장을 적절한 근거를 대어 상대방을 논리적으로 설득하는 방법'을 배우는 것임을 학생들에게 주지시킨다.

먼저 학급 토론을 거쳐 학생들이 스스로 토론하고 싶고, 찬성과 반대가 비등한 쟁점이 있는 논제를 정한다. 그리고 정해진 논제에 대한 자신의 생각과 조사한 자료를 활용해 사실과 생각을 자유롭게 써 본다. '인공지능 선생님은 가능할까?'라는 논제로 2016년 5월 24일에 한겨레신문사 기자 앞에서 이루어진 대립토론 수업과 학급에서 지도하였던 지도 과정 일부를 소개한다.

1) 1단계 : 논제에 대해 조사하고 생각을 써 오라고 한다

논제에 대해 미리 생각해보는 과정을 통해서 논제에 대한 배경 지식을 얻고 전반적인 정보도 조사한다.

| 제목 : 인공지능 선생님은 가능할까? |

서울 반포초 6학년 강나윤

'인공지능 선생님은 가능할까?'라는 논제에 대하여 오늘 이야기해보려 한다. 난 인공지능 선생님은 지식 면에서는 학생들에게 큰 도움이 된다고 생각한다. 하지만 2013년 영국 옥스퍼드 대학에서 10년 후에 사라질 직업 혹은 없어질 일, 702개 업종을 분석하여 발표한 적이 있다. 또 인공지능 교수인 마이클 오스본 교수가 쓴 <고용의 미래 - 우리 직업은 컴퓨터화에 얼마나 민감한가?>라는 논문에서 향후 10~20년 후 직업들 중 인공지능으로 대체되거나 대체될 가능성이 높은 직업을 분석하였을 때 교사는 없었다. 반면에, 2015년 말 일본 노무라 연구소와 옥스퍼드 대학연구진은 인공지능으로 대체될 가능성이 낮은 직업 중 하나가 교사라고 밝혔다. JTBC 뉴스룸의 보도 내용 중 20년 안에 사라질 가능성이 있는 직업 중 교사는 0.4%를 기록했다.

최근 이세돌과 알파고의 대결로 인공지능에 대한 관심이 높아진 가운데 한국고용정보원도 우리나라 직업군에 대해서 비슷한 분석을 하여 관심을 끌고 있다. 2016년 3월 24일 한국고용정보원은 요사이 주요 직업 400여 개 가운데 인공지능과 로봇 기술 등을 활용한 자동화가 일자리에 미치는 영향을 발표했다. 분석 결과, 자동화에 따라 직무의 상당 부분이 인공지능과 로봇으로 대체될 위험이 높은 직업은 콘크리트공, 정육원 및 도축원, 고무 및 플라스틱 제품 조립원, 청원경찰, 조세 행정 사무원 등이었다. 이들 직업은 단순 반복적이고 정교함이 떨어지는 동작을 하거나 사람들과 소통하는 일이 상대적으로 적은 것이 특징이다. 반면, 화가 및 조각가, 사진작가 등 감성에 기초한 예술 관련 직업들은 자동화에 의한 대체 확률이 낮았다. 또 대학교수, 초등교사 등도 인공지능 시대에 살아남을 직업으로 분석됐다.

인공지능이 선생님이 될 수 없는 이유 중 하나는 아이들의 상상력이 무궁무진하기 때문이다. 인공지능은 클라우드에 있는 정보로만 대답을 하기 때문에 아이들의 호기심을 다 채워줄 수 없다. 또한, 인공지능은 인간이 아닌 로봇이기 때문에 아무래도 위화감을 느낄 확률이 높다. 인공지능은 판단력은 뛰어나지만 창의력이 없다. 인간과 다르게 인공지능은 이미 입증된 정보로만 가르치기 때문이다. 또 인공지능의 대응 능력은 낮다. 만약 인공지능이 길을 가다 사람이 쓰러졌다면 구할 수 있을 것인가? 대답은 '아니다'이다. 왜냐하면 인공지능은 산소가 없기 때문에 심폐소생술도 할 수 없으며 아이들에게 시범을 보여주기 어렵다.

또한, 인공지능은 아이들을 재미있게 할 수 없다. 인간 선생님이라면 재미있는 이야기나 실제 경험한 이야기를 들려줄 텐데 인공지능은 유머 감각이나 농담도 하지 못할 것이다. 사람과의 상담 기술이 부족하기 때문에 사랑으로 보듬어주어야 하는 어린이에게 로봇 선생님은 이상할 것이다. 소통 능력에서도 말은 잘하지만 남의 기분은 어떤지 알 수 없으니 아이들은 혼란스러울 것이다. 이것으로 난 '인공지능 선생님은 가능할까?'라는 논제에 대해 반대한다.

2) 2단계 : 논제에 대해서 질문 답변을 한다

다른 친구들이 만들어온 질문과 답변을 들으며 내용을 파악하게 되어 보다 폭넓은 지식을 얻을 수 있다.

● 질문 답변의 예시

- 인공지능의 장점은 무엇입니까? (3D 업종과 생산 분야에서 노동력을 제공하는 것)

- 인공지능이 미래에 할 수 있는 직업에는 무엇이 있을까요?
  (정보를 바탕으로 하는 분석 업무, 의료, 회계, 보험, 법률 등)

- 인공지능의 단점은 무엇인가요? (일자리가 사라진다, 인간이 소외되고 사랑이 식어간다.)

- 인공지능이 미래에 대체할 수 있는 직업의 공통점은 무엇인가요?
  (단순 반복적이고 정교함이 떨어지는 동작을 하거나 사람들과 소통하는 일이 상대적으로 적은 것)

3) 3단계 : 토론 전에 토론을 미리 상상하여 토론준비표를 작성한다

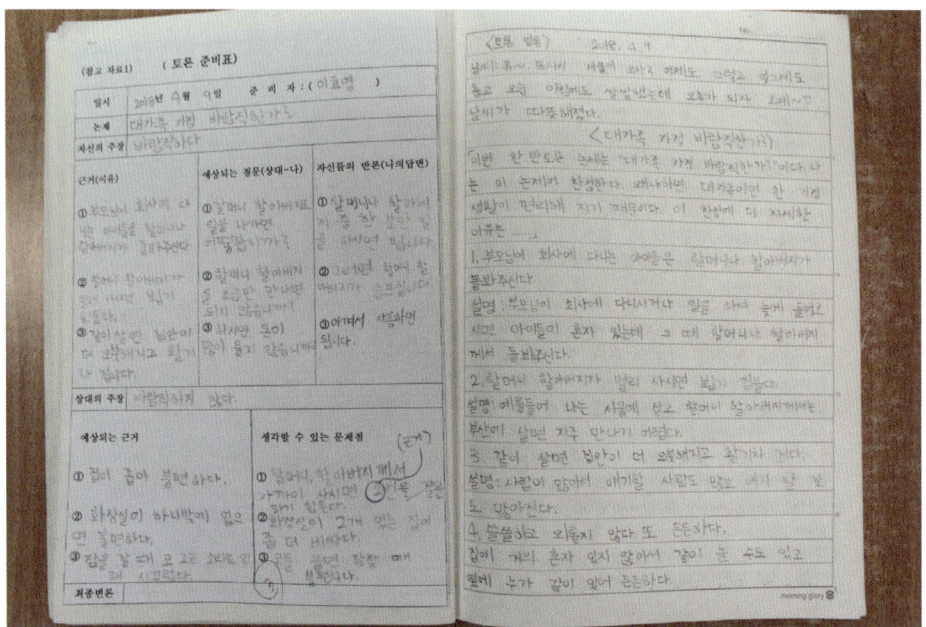

대립토론 준비표와 입론 예시

일시	2016년 5월 19일 목요일 준비자 : 강나윤
논제	인공지능 선생님은 가능한가?
자신의 주장	가능하지 않다

㉮ 근거(이유)	㉯ 예상되는 질문(상대 → 나)	㉰ 반론(나의 답변)
① 인공지능은 감정이 없어서 아이들에게 사랑을 주기가 어렵다.	① 감정을 가진 로봇이 지금 연구되고 있지 않나요?	① 그 기술이 성공한다는 보장이 없다.
② 인공지능은 정해진 정보만 입력되어 있어서 즉흥적인 질문에는 답변하기 어렵다.	② 그건 선생님도 모를 수 있지 않나요?	② 선생님은 어느 정도 답변할 수 있고 모르면 다음에 알아온다고 하신다.
③ 인공지능 교사는 존경하기 어렵다.	③ 존경할 수 없는 교사도 있지 않나요?	③ 선생님은 장단점이 있어서 좋은 점을 본받고 존경하면 된다.

상대의 주장	가능하다

㉱ 예상되는 근거	㉲ 생각할 수 있는 문제점
① 인공지능의 발전은 무궁할 것이다.	① 발전한다고 다 좋은 것만 있는 것은 아니다.
② 인공지능 교사는 지식에 대해 더욱 정확하고 많이 알고 있다.	② 교사도 인터넷을 보고 가르치면 정확하게 많은 지식을 가르칠 수 있다.

최종 변론	찬성 측에서 인공지능 교사가 지식이 많고 정확하고 피곤해지지 않아서 사람 교사보다 낫다고 하는데 저는 그렇게 생각하지 않습니다. 미래에는 다양한 감정과 좋은 아이디어를 가진 사람이 인재라고 하는데 사람이 어떤 능력을 가질지 아무도 예측할 수 없으므로 인공지능으로는 어려울 것 같습니다. 그러므로 오늘의 논제 '인공지능 교사가 바람직한가?'에 대해 다시 한 번 반대가 옳다고 생각합니다.

4) 4단계 : 토론준비표를 토대로 입론을 작성한다

🔵 입론 예시

> **논제 : 인공지능 선생님은 가능할까?**

서울 반포초 6학년 강나윤

얼마 전 알파고 대 이세돌 대결을 계기로 인공지능에 대한 이야기가 많이 나왔다. 난 '인공지능 선생님은 가능할까?'라는 논제에 반대한다.

첫째, 인공지능은 감정이 없기 때문에 아이들에게 사랑을 주기 어렵다. 인공지능은 감정이 없는 로봇일 뿐이며 한창 사랑을 받고 자라나야 할 초등학생에게 인공지능 선생님은 사랑을 주기 어렵기 때문에 가능하지 않다.

둘째, 인공지능은 아이들의 질문을 받아주기 어렵다. 인공지능은 지식을 많이 가지고 있지만, 그 지식들은 인간들이 담아준 지식인데 아이들의 상상력은 무궁무진해서 어떤 질문에는 인공지능이 답변하기 어렵다. 선생님은 곁에서 아이들을 보살피고 어릴 때는 자기도 어린이였기 때문에 인공지능보다는 더 아이들의 답변을 받아주기 쉬울 듯하다.

셋째, 인공지능은 아이들의 창조력을 키워주지 못한다. 인공지능의 지식은 아무래도 이미 입증된 사실을 사람이 알려준 것이기 때문에 아이들의 창조력을 키워주기 힘들다. 인공지능이 사람의 능력 중에 따라하기 힘든 것이 창조력 즉 상상력이라고 한다.

넷째, 인공지능은 아이들과 소통하기 힘들다. 인공지능이 아무리 똑똑하다 해도 어쨌든 로봇이기 때문에 아이들은 위화감을 느낄 것이다. 그리고 로봇은 치밀한 계획 속에서 이야기나 행동을 하기 때문에 아이들과 한 명 한 명씩 상담할 때 편하게 이야기할 수 없다. 미래 전문가들도 초등 교사처럼 전문직이거나 사람들과 의사소통이 필요한 직업들은 살아남을 것이라고 보았다. 인공지능이 대체하지 못할 인간의 능력으로는 창조력(64.7%)이 압도적인 사람들의 선택을 받았다. 그다음이 추진력(14%), 운영 관리력(8.8%)순이었다. 즉, 이 모든 능력이 필요한 초등학교 교사는 인공지능으로 대체하기 힘들 것이다. 이것으로 인공지능 선생님은 불가능하다고 생각한다.

5) 5단계 : 수업 전에 가족 토론을 해본다

대립토론에서 학생들이 상대측의 주장에 질문하고 답변을 하려면 논제에 대한 기본적인 지식과 안목, 비판력이 있어야 한다. 수업에서 토론할 논제를 가지고 가족 토론을 미리 해보고 오면 자신감이 생겨서 실제로 훨씬 더 토론을 잘 이끌어간다.

● 가족 토론 예시

> 논제 : 인공지능 선생님은 가능할까?

서울 반포초 6학년 김도윤

(나)사회자 : 지금부터 '인공지능 선생님은 가능할까?'라는 논제에 대하여 토론을 시작하도록 하겠습니다. 엄마와 나는 찬성이고, 아빠는 반대 측에서 토론하겠습니다. 그럼 찬성 측 입론을 들어보도록 하겠습니다.

엄마 : 인공지능은 사람보다 기억할 수 있는 정보량이 더 많아 효율적으로 가르칠 수 있습니다.

나 : 인공지능은 감정이 없어서 학생들을 냉정하게 평가할 수 있습니다.
그러면 이번에는 반대 측 입론을 들어보도록 하겠습니다.

아빠 : 인공지능은 정보 전달이 주된 기능이 될 것입니다. 하지만 교사는 정보 전달뿐만 아니라 학생들의 성격과 특성에 따라 적절히 맞추어서 교육해야 함으로 인공지능은 교사로서 교육할 수가 없습니다.

나 : 이번에는 반론 펴기를 하겠습니다. 상대방 입론에서 오류를 지적하고 그 이유를 말해주세요. 반대 측부터 하겠습니다.

아빠 : 단순히 정보 전달 기능만 한다면 현재도 과외나 컴퓨터 수업으로 대체가 가능합니다. 학교를 다니는 이유를 생각해 본다면 인공지능이 선생님을 대체할 수가 없다는 것을 알 수 있을 것입니다.

나 : 이번에는 찬성 측 의견을 듣겠습니다.

엄마 : 선생님의 감성 교육이 물론 필요하지만 실제 문제가 생겼을 때 정에 이끌려 문제를 정확하게 해결하지 못할 수가 있습니다.
감성교육 자체는 선생님의 가르침이 아닌 부모님의 가르침으로 대체할 수 있습니다. 그래서 꼭 선생님이 가르칠 필요는 없습니다.

나 : 상대방의 주장에 대한 질문을 해 주시기 바랍니다. 찬성 측부터 하겠습니다.

엄마 : 학생들의 맞춤형 교육은 인공지능이 훨씬 더 효과적이라고 생각하지 않나요?

아빠 : 여기서 맞춤형 교육이란 학습뿐만 아니라 인성교육 및 사회성 교육을 포함하고 있음으로 인공지능이 잘할 수는 없을 것입니다.

나 : 이번에는 반대 측 반론 꺾기를 시작하겠습니다.

| 아빠 | 학생들을 냉정하게 평가할 수 있다고 했는데 학생들의 성격이나 교우 관계를 종합적으로 참고하여 판단할 수 있나요? |

| 엄마 | 인공지능이 사람보다 더 많은 정보를 가지고 있어서 더 잘 할 수 있을 것입니다. |

| 나 | 반론 꺾기를 잘 들었습니다. 다음은 최종 변론을 하겠습니다. 반대 측부터 해주십시오. |

| 아빠 | 아무리 인공지능이 사람처럼 한다고 해도 즉흥적으로 변하는 사람의 감정은 따라갈 수가 없어요. 학생들의 감정을 읽어서 가르쳐야 하는 교사를 대체하기는 어려울 것입니다. |

| 나 | 인공지능은 감정은 없지만 아주 정확한 판단은 할 수 있을 것입니다. 그리고 체력이 좋으며, 옳고 그름을 정확히 판단할 것 같습니다. 이상으로 오늘의 우리 가족 토론을 마치겠습니다. |

6) 6단계 : 대립토론 절차에 따른다

토론과정표에 메모하며 토론하면 전체 내용을 살피기가 쉽고, 훨씬 수월하게 참여할 수 있다.

● 토론과정표 예시

논제 : 인공지능 선생님은 가능할까?

	가능하다	가능하지 않다
입론	• 감정이 없어 공정한 인공지능 선생님이 될 수 있다. • 지금은 산업 발전으로 가능하다. • 지치지 않고 가르칠 수 있다. • 추론 능력, 자가 학습이 가능하다. • 정확하고 빠르게 답할 수 있다.	• 도덕성을 기대하기 어렵다. • 공감 능력이 떨어진다. • 예측 불허의 질문에 답변이 어렵다. • 적절한 경험을 가르치기 부족하다. • 인간으로서 닮고 싶거나 존경하는 모델이 되기 어렵다.
반론 펴기	(찬성 주장을 보고 오류 지적) • 감정이 없어서 선생님이 될 수 없다고 했는데 감정을 느낄 수 있는 로봇을 만들면 됩니다. • 산업 발전으로 가능하다고 했는데 발전이 너무 되어 로봇이 인간을 능가하면 큰 부작용이 생길 것입니다.	
반론 꺾기	(상대측에게 예상 질문 만들기) • 에너지 때문에 지치지 않고 가르칠 수 있다고 했는데 수업 중에 에너지가 떨어진다면 어떻게 할 것입니까? • 인공지능이 예측하지 못한 질문을 한다면 어떻게 하나요?	
최종 변론	인공지능은 감정이 없어 공정한 인공지능 선생님이 될 수 있다고 하셨는데 사람도 공정한 선생님이 될 수 있습니다. 사람은 선생님으로서 아이들에게 질문을 던질 창조력이 필요하지만, 인공지능은 창조력이 없기 때문에 저희는 '인공지능 선생님은 가능할까'라는 논제에 대하여 반대합니다.	

대립토론 과정표(반대 측)

7) 7단계 : 토론을 마무리하는 글을 쓴다

토론을 마치고 학생들이 토론 과정에서 느낀 생각이나 알게 된 사실을 과제로 써 오게 한다. 써 온 글을 모둠별로 발표하고 질문 답변해보면 논제에 대한 각자의 생각이 깊어지고 토론이 마무리된다.

● '토론을 마치고' 쓴 글 예시

오늘 신문기자 앞에서 하는 토론이 모두 끝났다. 아무래도 신문기자들 앞에서 하는 것이니 더욱 떨리고 긴장되었던 것 같다. 그러나 예상외로 기자님이 말씀하실 때 빼고는 의식하지 않았던 것 같다. 또한, 긴장되거나 떨려서 토론에 지장을 주지도 않았다.

이번 토론 주제는 '인공지능 선생님은 가능할까?'였다. 예전에 어느 토론에서의 논제가 '인공지능은 과연 인간을 지배할 수 있을까?'였다. 그때는 너무 심오하고 어려운 논제를 선택해서 자료를 찾기 어려웠고 토론 준비도 힘들었다. 하지만 이번 논제는 심오한 듯하면서 단순하고 쉬웠다. 그리고 '인공지능 선생님은 가능할까?'라는 논제에 대한 자료가 풍부해서 주장하기가 쉬웠다. 토론할 때 친구와 약간의 갈등이 있었지만, 슬기롭게 잘 해결하며 원만한 토론수업을 이어갔다. 오늘 토론의 승부를 예측해보면 찬성 측이 이긴 것 같다. 토론을 위한 자료로는 우리가 이겼다고 생각하지만, 토론을 더욱 더 활발하고 적극적으로 임한 것은 찬성 측이고, 말이 더 논리적이고 설득력이 있었던 것 같다.

'인공지능 선생님은 가능할까?'에 대해 나는 반대 의견이었는데 찬성 측에서 인공지능 교사는 지치지 않을 것이라는 주장에는 공감이 갔다. 우리 담임선생님은 열심히 우리를 가르치시느라 많이 지칠것 같아서다. 그렇지만 나는 인공지능 선생님은 기계라서 선생님 같지 않을 것 같다.

처음에는 토론이 지루하고 재미없는 것으로 생각했는데 점점 좋아지게 됐다. 자료를 조사하고 입론과 토론과정표를 쓰면서 글짓기 실력도 늘고, 논제에 맞는 자료를 통해 더 많은 지식을 알게 되어서 토론이 점점 재미있어진다.

맛있는 토론 레시피

학교 수업 현장에서 적용하기 쉬운 간단한 토론 레시피를 소개한다. 별다른 형식이나 절차도 없이 그냥 자투리 시간이나 수업 동기 부분, 수업을 마치는 시간 등에 적용하면 좋다. 그냥 두면 마냥 떠드는 시간에 대화할 수 있는 간단한 주제만 주면 된다. 쓰지 않고 대화만 나누게 해도 아이들은 재미있게 대화하며 집중한다.

1. 개학식, 방학식 때 토론하여 발표하기

개학날이나 방학식, 아니면 시업식 날 자기 소개를 할 때, 소풍을 다녀온 다음 날 등에는 학생들이 할 이야기가 많다. 그래서인지 분위기가 조금은 붕 떠 있을 때가 많다. 이럴 때 교사는 수업 상황에 맞게 주제를 정한다. 예를 들어, '방학 동안 재미있었던 이야기하기'라고 칠판에 쓴다. 그러면 모둠별로 사회자를 정하고 발표할

순서를 정한다. 말하고 싶은 사람부터 해도 된다. 한 사람이 방학 동안의 이야기를 하고 다른 친구들은 질문하고 답변한다. 그렇게 모둠 친구들이 돌아가며 발표하고 질문 답변한다. 모둠 토론을 다 한 후에 가장 재미있거나 실감 나게 발표하는 친구를 뽑아서 교실 앞에 나가서 발표하게 한다. 그러면 학급의 전체 학생들이 듣고 질문한다. 시간이 되면 원하는 아이들은 모두 한 명씩 앞에 나와 발표하고 궁금한 것을 질문하고 답변하게 하면 학급 전체 학생들이 재미있는 이야기를 공유할 뿐만 아니라 떠들거나 산만하지 않고 집중도 잘되고 토론할 기회도 자연스럽게 주어진다.

2. 정리하기와 계획하기

교과별 수업이나 하루 수업을 마치고 조금의 시간을 할애하여 배운 내용을 정리할 수 있는 시간을 가져보자. 예를 들어, 교과별로 배운 내용을 간단히 두세 문장씩 쓰라고 한다. 쓴 문장을 발표하고 질문 하나씩을 한다. 그리고 아는 만큼 답변한다. 답변하기가 어려우면 교과서를 봐도 된다. 쓰기가 시간이 안 되면 그냥 생각해  서 발표하고 질문 답변해도 된다. 이렇게 하면 그날 배운 것이고 간단한 주제라서 서로 흥미를 가지고 토론한다.

소풍이나 역할놀이, 학예회를 위한 계획을 세울 때도 토론이 효과적이다. 우선 한 사람씩 계획을 짠 후, 그것을 모둠 친구들에게 발표한다. 그러면 다른 친구들이 질문하고 답변한다. 모둠별로 돌아가며 질문 답변을 하다 보면 토의도 하지만, 맞서는 내용으로 토론할 때도 있어서 토의 토론이라고 하는 것이 맞다. 이렇게 모둠별로 계획을 알아보고 나면 좀 더 효율적으로 각자의 계획을 짤 수 있다. 그리고 모둠원들이 다 함께 의견을 내고 서로 토론하였으므로 다양한 계획을 듣고 참고할 수 있다.

3. 모둠별로 평가하기

학급에서는 여러 가지 평가가 있는데, 교사가 꼭 채점해야 하는 평가를 제외한 학생들에게 학습의 성취도를 알아보기 위한 평가를 토론 학습으로 해보자. 수학익힘책의 문제부터 사회, 과학 단원 평가, 국어에서 글쓰기 수행평가까지 여러 과목에 적용할 수 있다.

이러한 평가를 보고 모둠별로 채점을 하면 저절로 토론 학습이 된다. 수학익힘책의 문제를 예를 들어보자. 먼저, 모둠에서 수학을 잘하는 학생이 답을 말하며 채점을 한다. 모둠원이 다 긍정을 하면 되는데 만약 한 명이라도 아니라고 하면 모둠원이 함께 문제를 풀어보고 설명을 하면서 이해를 시킨다. 그러면서 여러

의견이 오가고 증명하고 서로 맞서기도 한다. 그러는 중에 이해가 부족한 친구도 자연스럽게 알아가게 된다. 이렇게 설명을 하면서 채점을 하고 나서 교사가 정답을 알려주면 맞게 채점한 모둠과 틀리게 채점한 모둠이 나온다. 이럴 때 다 맞게 채점한 모둠에게 포인트를 준다. 이러한 방법으로 수학을 공부하면 모둠별 탐구 학습이 저절로 되고, 아이들 나름대로 깊게 생각을 하게 된다. 수학뿐만 아니라 다른 교과도 한 단원 배우고 나서 단원 평가를 보고, 모둠별 채점을 하게 되면, 학습에 대한 이해도 훨씬 잘 되고 부족한 친구들의 학습은 더욱 향상된다.

4. 숙제 검사하기

보통 학급에서 부과하는 숙제는 일기나 글쓰기 또는 조사 학습과 문제 풀기, 질문 만들기나 예습, 복습하기 등일 것이다. 숙제를 해왔을 때 교사가 검사를 하고 도장을 찍는 등 여러 방법으로 검사를 한다. 이때 숙제해온 것을 모둠에서 발표하고 질문 답변하게 해보자. 예를 들어, 사회 조사 학습이라고 하면 조사한 것을 모둠

에서 발표하고, 다른 친구가 질문하고 답변한다. 물론 조사한 범위에서 질문하도록 한다.

숙제한 내용에서 질문을 만들게 하고 답 맞히기 놀이를 하면 재미있게 공부할 수 있고, 내용을 더 많이 알게 된다. 또한, 숙제하는 태도가 달라지고 내용도 더욱 알차게 해온다. 아이들은 친구들을 많이 의식하고 비교하기 때문이다. 그리고 질문 답변하며 서로에게 많이 배운다. 또 숙제를 안 해 오면 발표도 할 수 없으니

더욱 부끄럽게 생각한다. 다소 부족한 내용이라도 숙제를 해 와야 토론에 참여시킨다. 그래서 숙제를 안 하는 학생은 조금이라도 하도록 세심하게 배려해야 한다.

5. 여러 수업 시간에 토론하기

미술 시간에 그림을 그린 후에 도화지 뒷면에 그림 내용과 그린 방법을 쓴다. 모둠원이 다 그리고 나면 한 명씩 도화지 뒷면에 쓴 글을 보고 발표한다. 그러면 다른 친구들은 그림을 보고 질문한다. 그림을 보고 질문하면 세세한 동작까지 살펴보고 질문할 수 있다. 서로 질의응

답이 끝나면 가장 잘 발표한 친구는 모둠 대표로 앞으로 나와서 발표하고 학급 전체 친구들이 질문하고 답변한다. 이때도 그림을 보여주며 질의응답 하는 것이라서 학생들이 흥미를 가진다.

글짓는 시간도 마찬가지다. 학급에서 같은 주제에 대해 글을 쓰고 그 글을 발표하고 질문 답변하는 것이다. 특히, 시를 쓴 후에 자신이 표현한 것을 발표하고 질문 답변하게 하면 더욱 효과가 크다. 학생들은 친구가 쓴 시를 보고 재미있는 표현이 어떻게 만들어진 것인지를 알게 되고, 자신의 시를 다듬을 줄 알게 된다. 같은 주제로 다양한 표현과 생각이 있음을 알게 되어, 다음부터 시 표현이 달라지고 수준 높은 글이 되어 간다. 시뿐만 아니라 모든 장르의 글도 이와 같은 방법으로 하면 글짓기 수준이 훨씬 좋아진다.

모둠별 무용을 만들어 발표할 때나 학예회를 할 때도 관람하는 학생들이 종목 별로 평가하고 소감을 쓰게 한 후, 질문하고 답변하는 시간을 가져보자. 그러면 학생들은 자신들이 정한 주제와 절차 그리고 무엇을 나타내려고 했는지 등에 대해 답변하며 깊이 생각하게 된다.

5장

저학년 토론과
월드카페 토론

오직 독서 이 한 가지 일이 위로는 옛 성현을 좇아 함께할 수 있게 하고
아래로는 백성을 길이 깨우칠 수 있게 하며 신명에 통달하게 하고
임금의 정사를 도울 수 있게 할 뿐 아니라 저 광대한 우주를 지탱하게 만드니
독서야말로 우리들의 본분이라 하겠다.

- 정약용

1. 저학년을 위한 토론수업

'저학년 아이들에게 토론이란 무엇일까?' 아마도 생각하는 것을 그냥 그대로 말하는 것이다. 또는 궁금한 것을 질문하거나 아는 만큼 대답하는 것, 그리고 생각이 같거나 다르면 솔직하게 말하는 것이다. 먼저 1, 2학년 아이들은 수업을 진행할 수 없을 정도로 말을 많이 한다. 주의를 집중하여 잘 듣지 않으며 관심이 가는대로 행동하고 생각날 때마다 다시 묻는다. 이렇게 자유롭게 말하는 것이 토론으로 연결되면 자연스러운 토론이 된다. 그래서 저학년들에게는 대립토론보다는 자유로운 토론이 더 어울린다. 어떤 형식을 고집할 것이 아니라 수업 상황에 맞게 서로 토의할 수 있는 장을 마련해주면 된다. 저학년은 통합학습이 많으니 토론도 통합으로 적절하게 이용하면 수업을 즐길 수 있다. '저학년 토론이 어디까지 될까? 어떻게 하면 즐기면서 할까?'를 고민해 보았는데 어쩌면 고학년보다도 입을 열게 하는 것은 더 쉽다는 생각에 여러 가지 방법을 적용해보았다.

요즘 1, 2학년 교육 과정은 놀이하며 배우기에 치중하고 있다. 저학년 아이들에게 스트레스를 주지 말고 재미있게 수업하라는 것이다. 그러므로 토론수업을 놀이와 접목시켜서 재미있게 지도해 보았다.

단순한 대화를 거쳐 토론까지 가려면 수업의 흐름을 잘 파악해서 지도해야 한다. 그러나 어떤 주제에 대하여 자신의 의견을 내고, 잘 듣고 질문하는 것은 쉽지가 않다. 다분히 의도적인 계산이 깔려야 한다. 아이들의 관심이 잘 연결되어 자연스럽게 토론하는 곳으로 기울어 갈 수 있도록 저들의 마음을 살펴야 한다.

토론수업은 어떤 텍스트가 주어지면 읽고, 내용을 파악하고, 토론 주제를 찾고, 함께 선택하여 모둠별로 토론하는 것이다. 저학년의 토론 주제는 토의하여 선택할 수도 있지만 그림 하나, 시 하나를 주제로 삼을 수도 있다. 문제를 만들고 질문하고 답변하는 퀴즈놀이는 대부분 아이들이 좋아한다. 국어 시간만 하는 것이 아니라 통합학습에서도 토론을 결합하여 수업할 수 있다. 토론 주제 찾기와 낭독하기, 질문 답변하기도 수준에 맞게 진행하면 나름대로 저학년 토론수업이 가능하다.

다음은 초등학교 2학년 2학기 국어 책에 수록된 《크록텔레 가족》을 읽고 서울형토론을 하는 방법이다.

1) 낭독하기

《크록텔레 가족》을 한 문장씩 교대로 낭독한다. 교사가 정확한 발음과 실감나는 어투로 낭독하면 학생들도 정확한 발음으로 잘 낭독한다. 특히, 저학년 학생들은 낭독을 좋아한다. 교사가 실감 나게 읽으면 학생들은 더욱 실감 나게 읽는다. 아이들은 자신이 할 차례에 더욱 실감 나게 읽으려고 노력한다. 그러면서 낭독하는 매력에 빠져 저절로 내용 파악이 된다. 또, 모둠별로 두 명씩 팀을 짜서 읽어도 좋다. 본문은 배역을 정해서 서로 대화하듯이 실감 나게 낭독하고, 해설은 교사가 낭독하면 더욱 효과적이다.

오늘 텔레비전은 화가 머리끝까지 났어요.

그래서 고래고래 소리를 질러댔지요.

"방송이 끝날 때까지 나를 쳐다보는 건 이제 제발 그만해."

"난 정말 지쳤다고!"

"난 아침 먹을 시간도 없잖아! 아침에 눈뜨자마자 나를 켜 놓으니……."

"아빠, 엄마는 직장에 가고 제데옹은 학교에 가고 나면, 아르망 할아버지가 이리저리 채널을 돌리며 시간을 보내시지."

"그리고 저녁이 되면 또다시 시작이라고. 저녁을 먹기 전에도, 저녁을 먹으면서도."

"저녁을 먹고 나서도……. 난 팍 쓰러져 버릴 것 같아!"

"너무 힘들어! 쉬어야 할 것 같아!"

"안 돼, 돌아와! 축구 경기가 아직 안 끝났단 말이야!"

아빠가 소리쳤어요.

하지만 텔레비전은 웅웅거리더니 그만 멈추어 버리고 말았어요!

"우리가 텔레비전을 너무 괴롭혔나 봐."

아빠가 말했어요.

"텔레비전이 다시 깨어나면 좋겠어요, 훌쩍!"

제데옹은 울먹거렸지요.

"에그, 불쌍한 것! 진작에 쉬게 해 주었어야 했는데……."

엄마도 한숨을 쉬었어요. 그러자 아르망 할아버지께서 말씀하셨어요.

"텔레비전에게 열흘 동안 휴가를 주자!"

텔레비전이 야자나무 아래에서 즐겁게 지내는 동안,

크록텔레 가족은 단 한 사람도 즐겁지 않았어요.

월요일, 화요일 모두 심심해요.

수요일, 목요일 모두 심심해요.

금요일이 되자, 크록텔레 가족은 텔레비전을 데려오기로 결정했어요.

"잘 있었니? 우리가 왔어! 넌 이제 집으로 돌아가야만 해. 우린 더 이상 못 참아!"

"안 돼, 이건 악몽이야. 벌써라니! 아침에 눈뜨자마자 텔레비전, 밥 먹을 때에도 텔레비전, 잠잘 때에도 텔레비전……. 사람들은 아마 너희가 텔레비전밖에 모른다고 말할 거야. 나 말고도 재미있는 일이 얼마나 많은데!"

"맞아, 맞아. 그걸 미처 몰랐네."

크록텔레 가족은 깜짝 놀라며 말했어요.

"그럼 한번 해 볼까?"

그날부터 크록텔레 가족은 다시 행복해졌어요.

이전과는 전혀 다른 모습으로!

2) 질문 만들기

처음부터 학생 혼자서 질문을 만들려고 하면 어렵다. 그러므로 텍스트를 읽고 교사가 먼저 학생들에게 글의 내용을 알아보는 질문을 한다. 교사는 처음, 중간, 마지막 부분의 중요한 내용을 질문한다. 그래야 전체 내용을 잘 파악하지 못한 학생도 내용을 알게 된다. 책의 내용 파악을 잘 해야 토론이 가능하기 때문이다.

아이들은 교사의 질문을 듣고 질문 만들기를 배운다. 어느 정도 질문 만드는 훈련을 한 후에 학생들에게 질문하라고 하고 교사가 답변한다. 질문과 답변이 가능해지면 학생들끼리 모둠별로 질문하고 답변하기를 한다.

저	누가 화가 났나요?
중	화가 난 이유는 무엇인가요?
고	크록텔레 가족이 텔레비전 외에 더 재미있게 시간을 보낼 것에는 어떤 것이 있나요?

3) 토론 주제 만들기

토론 주제는 저학년 학생에게는 조금 어렵게 느껴질 수 있다. 그러니 서두르지 말고 어느 정도 질문 답변이 될 때에 교사가 토론 주제를 예시해준다.

《백설 공주》를 예로 든다면 여러 가지 토론 주제가 될 만한 질문을 칠판에 쓴다. '새 왕비가 변장하여 독이 든 사과를 사라고 했을 때, 나라면 어떻게 했을까?'라고 정하여 학생들에게 질문한다. 학생들에게 답변을 할 때 이유를 들어서 하라고 한다. 그러면 여러 가지 답변이 나온다. 그리고 '또 알고 싶은 질문이 있는지'도 알아본다. 이럴 때 나온 질문을 적절하게 만들어서 토론 주제로 삼으면 된다.

그러나 저학년 학생이 토론 주제를 정하기에는 아직 이른 감이 있으니, 읽고 느낀점으로 그냥 토론해도 된다. 독후감이 입론이 되는 것이다. 또 다음과 같은 내용을 입론으로 하여 토론할 수 있다.

● 토론하기 좋은 내용

- 책이나 교과서의 텍스트를 읽은 후에 읽은 느낌과 생각을 쓴 글
- 책을 읽은 후에 독서 감상화를 그리고 그림을 설명하며 느낌과 생각을 쓴 글
- 책을 읽은 후에 세 장면을 그리고 각 장면의 내용과 생각을 쓴 글
- 자기 가족 소개나 자기소개, 친구 소개나 자신의 꿈에 대해 쓴 글
- 소풍이나 학교 행사, 가족과 함께 경험한 것을 그리고 뒷장에 설명하고 생각을 쓴 글
- 오늘 배운 공부에서 알게 된 것과 느낀점, 생각, 더 알고 싶은 것 등을 쓴 글

4) 자신의 주장이나 의견쓰기

서울형토론에는 의견 쓰기가 있다. 토론에서 자신의 의견 쓰기(입론)는 아주 중요하다. 그러므로 입론은 꼭 써야 하는 과정이다. 입론을 쓰지 않으면 할 말을 중언부언하기 쉽다. 그러나 저학년은 처음에는 쓰기가 잘 안 됨으로 말로만 하게 한다. 즉 듣고 질문하게 하는 것이다. 그런데 말로 하는 것보다는 아무래도 무언가 자료를 가지고 있으면 더 많이 생각나고, 좀 더 적절한 질문을 할 수가 있다. 그래서 글로 쓰는 대신에 그림을 그리거나 만화로 그리거나 생각을 간단한 말 주머니 형식으로라도 표현해 놓으면 토론하기에 훨씬 수월하다.

● 토론 주제에 대한 의견쓰기

저학년 토론에서 의견쓰기는 논제에 대한 주장을 한두 문장 이상 쓰게 한다. 단 주장하는 글에 근거와 이유를 쓴 뒷받침 문장이 있어야 한다.

> 논제 : 당신이 크록텔레 가족이라면 TV 보는 것 대신에 무엇을 하면 행복해질까요?

[예시1]

첫째 : 여가에 가족끼리 산책이나 여행을 간다. TV를 보면 각자 화면만 보고 있지만 가족이 체험학습이나 여행을 가면 이야기도 나누고 함께 밥도 먹고 거기서 게임도 할 수 있기 때문이다.

둘째 : 가족끼리 책을 읽고 대화를 한다. 가족끼리 책을 정해서 읽고 대화를 하면 가족들의 생각도 알 수 있고 서로 의견이 달라서 재미있을 것 같다.

[예시2]

첫째 : 우리 가족이라면 책을 읽을 것이다. 독서를 하면 재미있고 공부를 잘하게 되고, 가족끼리 같이 읽고 대화를 나누면 서로의 생각을 알 수가 있어서 좋을 것 같다.

둘째 : 운동을 하고 자전거도 탄다. 운동은 몸이 튼튼해지고 힘이 생기기 때문에 좋고, 자전거는 재밌고 운동도 되고 한강을 볼 수 있기 때문이다.

자신이 그린 그림을 보여주며 내용과 자신의 생각 등에 대해 발표하면 다른 친구들은 질문하고 답변한다.

토론 주제	《크록텔레 가족》을 읽고 가장 기억에 남는 세 장면을 그리고 설명이나 생각 쓰기	
	기억에 남는 장면	내용이나 느낌, 생각 쓰기
처음		**1** 크록텔레 가족은 TV를 많이 봅니다. 그러니 TV 중독일 수밖에 없습니다. TV 중독이 되면 계속 TV를 보고 싶고, 안 볼 땐 불안합니다. TV는 참 재미있지만 몸에 나쁩니다. 시간을 정해서 보면 중독되지 않습니다. TV를 많이 보지 않아야 합니다.
중간		**2** 크록텔레 가족 엄마는 맨날 아침에 TV를 봅니다. 저희 엄마는 TV를 조금 봅니다. 정반대입니다. 크록텔레 가족 엄마는 참 이상합니다. 엄마가 아이들에게 나쁜 버릇을 줍니다. 신기한 엄마입니다. 아이의 꿈을 부수는 나쁜 엄마 같습니다.
마지막		**3** 텔레비전은 결국 쓰러졌습니다. 그만큼 심하게 무리했습니다. 저라면 코드를 끊어 TV를 못 보게 했을 것입니다. 텔레비전은 열흘 동안 휴가를 가졌습니다. 텔레비전은 신나서 웃었습니다. 저도 그런 자유를 가지고 싶습니다.

5) 토론하기

① 한 명이 나와서 발표하고 토론하기

저학년 학생들에게 처음부터 모둠에서 발표하고 토론하라고 하면 잘 하지 못한다. 먼저, 발표하고 싶은 학생을 거수하여 발표를 시킨다. 질문과 답변을 잘하는 학생을 대표로 토론을 하도록 하고, 그 외의 학생들은 평가를 한다. 그러면 부족한 학생들이 질문과 답변을 보며 배우게 된다.

발표 방법은 자신의 생각이나 경험을 그냥 발표하기, 자신의 의견을 써서 보면서 발표하기, 자신의 그림을 보여주며 발표하기, 아니면 몸으로 표현하며 발표하기 등이 있다. 이때 한 학생이 발표를 하면 학급의 모든 아이가 질문하고 답변한다. 여러 가지 방법으로 많이 해보면 질문과 답변하는 기술이 늘어서 자신감을 가지고 토론할 수 있다.

② 모둠 토론하기

3~4명이 모둠이 되어 모둠 토론을 하며, 사회자 한 명을 정한다. 처음에는 질문과 답변을 모둠원이 돌아가며 하나씩 한다. 한 명이 발표하면 다음번 학생이 질문하고, 발표자가 답변한다. 이처럼 3~4명 학생이 순서대로 질문하고 답변한다. 이러한 과정은 질문과 답변을 하는 훈련이 된 다음에 해야 한다.

처음에는 다 같이 경험한 일을 위주로 하면 좋다. 예를 들면, 함께 간 소풍이나 운동회, 학예회 등을 경험한 일에 관한 생각에 대해 발표하고 질문 답변하면 된다. 이때는 각자의 경험에 대한 설명이니까 의견을 쓰지 않고 그냥 해도 된다.

하지만 내용이 있고 생각이 있는 이야기를 발표하려면 아무래도 의견을 쓴 후에 그것을 바탕으로 발표하면 좋다. 다시 질문하여도 답변할 수 있기 때문이다. 처음에 자신의 의견 쓰기가 어려우면 체험을 그림으로 나타내고, 그림을 보면서 발표해도 된다. 듣는 학생들 역시 그림을 보며 발표 내용을 들으면 훨씬 이해가 쉽다. 처음부터 발표 내용을 메모하면서 듣기는 어려우니, 들으면서 중요한 단어를 쓰는 정도라도 토론과정표에 이름을 쓰고 표시를 하게 한다. 입론을 들은 후에 질문 칸에 질문 한두 개를 써 본다. 글로 쓴 다음에 질문하고, 입론 발표한 친구는 답변한다. 토론을 마치고 직접 평가해보는 것도 스스로 생각을 다듬는 데 효과적이다.

● 저학년 토론과정표 예시

토론 주제	새 왕비가 변장하여 독이 든 사과를 사라고 했을 때 나라면 어떻게 했을까?		
이름	김○○	유○○	민○○
입론	낯선 사람이니까 나는 사지 않을 것이다. (사지 않음, 낯선 사람)	사지 않으면 무서우니까 엄마한테 물어본다고 한다. 핑계를 대야하니까 (엄마, 핑계)	혹시 독이 들었을 수도 있으니까 사기는 사되 같이 먹자고 한다. (독이 들었어, 같이 먹자)
질문 답변	사지 않으면 해칠지도 모르니 무섭지 않나요? 이유는 무엇인가요?	엄마가 어디에 사느냐고 물으면 어떻게 할까요?	3번 토론자라면 독 사과를 먹겠습니까?
평가	매우 잘함	잘함	잘함
친구 추천과 나의 반성	우리 모둠에서는 태경이가 발표를 큰 소리로 하고 질문 답변을 잘하고 이유가 좋았습니다. 저는 질문을 받고 답변을 좀 늦게 했습니다. 미리 생각해서 준비해야겠습니다.		

　저학년을 위한 토론과정표에는 모둠에서 다른 친구가 발표하는 것을 듣고 그 친구의 이름 아래 간단히 입론을 쓴다. 그래야 입론을 보고 질문을 할 수가 있다. 특히, 저학년은 간단한 단어로 써도 좋다. 평가는 질문과 답변을 다 듣고 평가란에 '매우 잘함 ◎, 잘함 ○, 노력 요함 △'으로 표시하면 된다. 평가를 하면 좀 더 잘하고 경청하려고 노력한다.

6) 토론 내용 발표하기

고학년에서는 모둠 대표가 모둠에서 토론한 내용을 합의하여 중요한 것을 전체 학생 앞에 나와서 발표한다. 발표 내용을 듣고 다른 모둠에서 질문과 답변을 해도 된다. 저학년에서는 그냥 발표만 해도 된다. 토론 내용을 발표하기 힘들어 하면, 토론을 잘한 학생을 추천하고 그 이유를 말하게 한다. 오늘 토론을 통해 알게 된 사실이나 토론 후의 생각을 발표할 수도 있다.

💡 **책이나 교과서를 읽고 토론하는 방법**
  - 글을 교사와 학생이 한 문장씩 번갈아 가며 낭독한다.
  - 읽은 후에 교사가 질문하면 발표한다.
  - 아이들이 질문을 만들고 모둠별로 퀴즈 놀이를 한다.

💡 **세 장면 그리고 생각 쓰기**
  - 내용을 파악한 후에 인상 깊은 세 장면을 뽑아 그림으로 나타낸다.
  - 세 장면으로 나타낸 그림에 대해 설명하고 느낀점을 쓴다.

💡 **모둠 토론하기**
  (한 학생이 발표하면 다음번 학생이 질문을 한다.)
  - 개인의 인상 깊은 장면을 설명하고 생각을 발표한다.
  - 모둠별로 돌아가며 질문하고 답변한다.
  - 모둠에서 한 명씩 나와서 모둠 토론에서 나온 중요 내용을 발표한다.
  - 학생들은 토론을 잘한 친구를 추천하여 근거를 대어 칭찬한다.
  - 오늘 토론을 통하여 알게 된 사실이나 느낌, 좋았던 점, 반성할 점 등을 발표한다.

7) 대표 토론하기

모둠 토론으로는 아무래도 세네 명의 친구들의 대화만 듣고 배운다. 토론에서 가장 좋은 방법은 잘하는 친구들의 대화를 많이 들어 보는 것이다. 물론 텍스트는 같은 것을 읽고 함께 느낀 것이라야 모두에게 공감되는 토론이 된다.

● 대표 토론 절차

- 각 모둠에서 한 명씩 모둠 대표를 뽑는다.
- 모둠 대표가 교실 앞으로 나온다.
- 모둠 토론에서 사용한 의견을 그대로 사용한다.
- 모둠 대표들이 타원형 형태로 전체 학생들을 바라보고 앉는다.
- 모둠 토론 형식과 같은 방법으로 대표 토론을 한다.
- 시간이 많이 걸릴 것 같으면 대표 토론자를 3~4명 등으로 제한해도 된다.
- 모둠 대표를 제외한 학생들은 토론과정표에 모둠 대표의 이름을 쓰고 메모하며 평가한다.
- 평가하는 학생이 질문하기를 원하면 거수하여 질문할 수 있도록 배려한다.
- 대표 토론을 다한 후에 토론을 마친 소감을 듣는다.

8) 토론 마무리하기

저학년 아이들은 토론 주제에 대한 의견이나 주장을 그림으로 그린 후에 그림을 설명하거나 생각을 쓰라고 하면 한두 가지 정도를 쓴다. 그리고 입론을 발표할 때 한 명씩 그림을 설명하면 다른 친구들도 그림을 보며 발표를 듣는다. 입론을 듣고 나면 순서를 정해서 질문하고 답변을 한다.

모둠 토론이 끝나면 모둠 대표로 발표할 친구를 뽑는다. 모둠 대표가 학급 전체 앞에 나와서 발표를 한다. 같은 토론 주제로 방금 전에 모둠 토론을 했기 때문에 아이들이 관심을 가지고 질문 답변한다. 그러면 발표나 답변이 부족한 아이도 무엇을 어떻게 발표하고 질문하며 답변하는지를 배우게 된다. 처음에는 좀 어설프더라도 독서에서 토론까지 이어서 하다 보면 차차 적응하여 논리적이고 창의적인 질문과 답변을 하게 된다.

　여기서 모둠 토론을 마치고 알게 된 사실이나 소감을 발표한다. 발표한 내용에 대해서 질문 답변을 해보는 것도 효과적이다. 또 알게 된 사실이나 느낀점을 글로 쓸 수 있는 만큼 쓰라고 하면 어느 정도의 학생들은 나름대로 글로도 표현을 잘한다.

2. 열린 공간의 월드카페 토론

1) 월드카페 토론이란

(출처 : 쿨교육통신문 17호 게재)

월드카페 토론은 후아니타 브라운Juanita Brown과 데이비드 이삭스David Isaacs에 의해서 1995년에 개발되었으며, 이제는 이 사상과 방법론이 전 세계에 광범위하게 보급되었다. 월드카페World Cafe는 '함께 해야 지혜를 얻을 수 있다'는 가치 아래 서로 소통하고, 집단 지성에 접근하며, 보다 창의적인 문제 해결을 위한 자유롭지만 강력한 '대화' 절차이다. 간단하게 말하면 편안한 카페 분위기에서 토론 주제에 대한 떠오르는 생각들을 자유롭게 말하는 것이다.

현대인들은 카페를 즐겨 찾는다. 사람들은 딱딱한 회의실이 아니라 도시의 카페와 유사한 공간에서 창조적인 집단 토론을 하며 지식을 공유하거나 생성하기를 더 좋아한다. 월드카페는 이러한 열린 공간에서 집단 지성을 공유하고 생성해가는 토론 과정을 말한다. 강력한 질문에 관한 해답을 얻기 위해 결과를 취합하는 과정을 거치기 때문에 주로 전략회의나 정책 결정 프로세스로 사용된다. 학교에서는 교육 비전, 교육 목표, 교육 과정을 설립하고 학생 중심 수업과 평가 등을 주제로 교무 협의를 할 때 활용하기도 한다.

2) 월드카페 토론 순서

① 질문 선정

가장 먼저 해야 하는 것은 토론하고 싶은 질문을 만드는 것이다. 월드카페의 주제는 질문으로 표현된다. 질문의 의도는 참가자들에게 최대한 상세하게 설명해주어야 한다. 교사는 질문 선정을 위한 방향만 제시하고 학생들이 모둠별로 토론하여 직접 주제를 정할 수 있게 도와준다.

② 테이블 배치

참여자는 최소 20명 이상이며, 4~6명 정도가 한 테이블에 앉을 수 있도록 배치한다. 테이블에는 대화 내용을 기록할 수 있는 종이와 펜, 색연필과 같은 필기도구와 포스트잇을 준비하여 올려놓는다.

③ 테이블 호스트(주인장) 선정

테이블에서 호스트 한 명을 선정한다. 호스트 역할은 참가자들 간의 대화를 촉진시켜주고, 한 사람이 너무 많은 이야기를 하지 않고 참가자 전원이 골고루 의견을 이야기할 수 있도록 조정해주며, 이후 대화 내용을 정리하는 역할을 한다. 사전에 호스트를 지정하여 월드카페의 진행 방법과 호스트 역할에 대해 설명하는 시간을 갖는다. 테이블에 앉은 사람들이 호스트를 자발적으로 뽑아서 진행하도록 해도 된다. 이럴 경우 전체 참가자들에게 호스트의 역할에 대해 충분히 설명해주어야 한다.

④ 대화의 진행

테이블 위에 커다란 종이를 깔고 테이블 대화를 진행한다. 대화를 진행하면서 테이블 위에 있는 기록을 위한 각종 도구들을 자유롭게 활용하도록 한다. 본인만 볼 수 있는 메모를 하는 것보다 모두가 볼 수 있도록 테이블 위의 종이에 메모를 하는 것이 좋다. 다른 사람이 한 메모에 의견을 달거나 연결선들을 그려볼 수도 있다. 의견을 쓸 때에 여러가지 색깔의 펜을 사용하면 더 효과적이다. 대화가 진행될 때는 잔잔한 음악을 틀어놓는 것이 좋다. 30분간의 대화가 끝날 때쯤이면, 전체 진행자가 1차 대화가 끝났음을 알린다. 시간은 상황에 따라 조절이 가능하다. 1차 대화가 끝났음을 알리는 신호는 음악을 크게 틀어주거나 종을 치는 방식 등을 사용한다. 이는 대화가 시작되기 전에 미리 참가자들에게 주지시킨다. 이런 신호는 끝나기 5분 전에 미리 공지를 해서 1차 대화 내용을 마무리해줄 것을 알려준다.

⑤ 참가자들의 테이블 이동

1차 대화가 끝나면 테이블 호스트 한 사람만 남고, 참가자들은 다른 테이블로 이동한다. 이동 시에는 최대한 새로운 사람을 만날 수 있도록 한다. 테이블을 이동하는 이유는 모든 사람이 모두의 이야기를 서로 공유하기 위해서이고, 새로운 사람과의 대화를 통해 앞선 대화에서 나온 내용을 더 깊고 다양하게 알기 위함이다.

⑥ 지속적인 대화 전개

테이블 호스트는 새로운 사람을 맞이하고, 앞선 테이블에서 나누었던 대화 내용을 요약해서 2~3분 내에서 소개한다. 앞선 사람들의 대화 내용 소개가 끝나면 다시 질문하여 토론할 방향을 이끈다. 이러한 테이블 이동 과정을 규모와 정해진 시간에 따라 몇 차례 반복적으로 진행할 수 있다.

⑦ 전체 공유

모든 테이블의 대화가 끝나면, 이제 전체 대화 내용을 모두가 공유해야 할 시간이다. 테이블 호스트들이 앞에 나와서 테이블 대화 내용을 소개한다. 이때 테이블 종이 위에 적힌 내용을 게시하거나 참고하여 발표할 수 있다.

3) 월드카페 토론의 유의점
① 질문을 선택할 수 있다

개개인은 자신의 관점에 따라 질문을 고르고 원하는 테이블에 앉는다. 모둠원과 인사하고 질문에 대한 생각을 나눈다. 그리고 두 번째 토론을 찾아서 또 다른 질문으로 토론할 수 있다.

② 토론자 구성원이 달라진다

처음에 4~6명이 토론을 하지만 1회 모둠 토론을 마치면 다른 질문자를 찾아가기 때문에 여러 사람들과 토론할 수 있다. 인원 수를 조절하려면 의자의 갯수를 지정해두고 의자보다 많은 사람이 오면 다른 곳으로 유도한다.

③ 호스트의 역량에 따라 토론의 질이 좌우된다

호스트가 전 토론 내용을 잘 요약하여 전달하고, 모둠원들이 자신의 이야기를 자유롭게 발표할 수 있는 분위기로 잘 이끌어야 한다. 또한, 어느 정도 주제의 방향을 잡아준다. 그렇게 하지 않으면 그냥 잡담으로 흐르다 끝날 수도 있다.

④ 메모를 하며 듣는다

내용을 잘 메모하려면 상대방의 발표를 잘 들어야 한다. 잘 듣고 내용을 종이에 적는다. 적을 때는 다른 사람이 알아보기 쉽게 바르게 쓴다. 자신이 앉은 자리에서 편하게 써도 된다. 단, 글씨의 크기와 색을 달리해서 눈에 잘 띄게 쓰는 것이 좋다.

⑤ 질문을 심화시켜도 된다

주어진 질문이 있더라도 좀 더 심화되거나 파생된 문제를 주제로 삼아 말해도 된다. 혹은, 관심을 끌만한 또 다른 질문을 선택해도 된다. 다만, 여러 개의 질문이 난잡하면 하나의 방향으로 이끌어서 실천 방법을 알아보거나 의미를 생각해보게 유도한다.

⑥ 호스트를 사전에 교육시켜야 한다

월드카페 토론에서는 호스트의 역할이 중요하기 때문에 사전에 구체적이고 효과적인 방법을 알려줘야 한다. 그래서 여러 사람의 의견을 끌어내는 법과 의견을 구분하는 방법 등에 대해 교육을 받는다. 또한, 호스트는 토론의 주제에 대해 깊이 있게 생각해야 한다.

⑦ 처음에는 시간을 여유롭게 한다

모둠 토론하는 방법을 알려줘야 하고 말문도 열어야 함으로 토론 시간을 20~30분 정도 분배한다. 두 번째부터는 좀 더 익숙해져서 시간이 단축되므로 심화되고 확장된 생각으로 토론할 수 있다. 시간은 인원 수와 토론 주제에 따라 적절히 조정한다.

⑧ 참가 인원은 제한이 없다

월드카페 토론의 전체 참가자 수는 적게는 20명, 많게는 수천 명에 이를 수도 있다. 월드카페 행사에 참가했던 가장 많은 사람 수는 지난 2011년 텔아비브$^{Tel\ Aviv}$에서 열린 토론으로 만 명이 넘었다. 하지만 인원 수에 맞는 적절한 장소가 필요하다. 장소가 너무 협소하면 조용히 대화를 나누기가 어렵다.

4) 월드카페 토론을 수업에 적용하기

독서토론이나 기타 과목 수업에서 단원을 시작할 때와 마칠 때 따로 시간을 만들어 월드 카페 토론을 하면 좋다. 학생들은 월드카페 토론을 마치 게임을 하듯 좋아하며 재미있어 한다.

교실에서 활용하는 월드카페 토론 방법

1. 토론하고자 하는 내용을 담은 책을 선정하여 함께 독서한다.

2. 책을 읽고 독서 퀴즈를 만들어서 모둠별로 답 맞히기 게임을 하여 내용을 파악한다.

3. 개인이 토론해보고 싶은 질문을 만들고, 모둠 토의를 거쳐서 모둠 토론 주제를 정한다.

4. 모둠 토론 주제를 이젤 패드에 적고 모둠 대표가 호스트가 되어 토론자들을 맞이한다.

5. 토론자들은 자신이 하고 싶은 토론 주제를 찾아서 자리를 옮기며 모둠별 토론을 시작한다.

6. 토론 주제에 대한 자신의 의견을 발표하고 메모하며 듣는다. 다른 사람이 참고할 수 있도록 핵심 내용을 책상 위에 있는 종이에 자유롭게 메모한다.

7. 시간 여유에 따라 토론하고 싶은 토론 주제를 찾아 2~4번 정도로 자리를 바꿔 가며 모둠별 자유 토론을 한다.

8. 모둠 토론을 마치면 호스트는 지금까지의 토론에서 합의된 논제와 토론 내용을 모둠을 대표하여 발표한다.

9. 호스트가 발표하면 다른 모둠에서 질의응답 할 수 있다.

6장

'한 학기 한 권'
깊이 읽고 토론까지

독서 하는 도중에 한 자라도 모르는 것이 나오면 세밀하게 연구하여 글 전체를 이해할 수 있어야 한다.
이렇게 독서를 한다면 한 가지 책을 읽더라도 수백 가지 책을 보는 것과 같다.

-정약용-

1. 《로봇다리 세진이》를 읽고 토론하기

고혜림 저 | 조선북스

서울 반포초 6학년 이지은

    세진이에게 엄마는 세진이의 친구이자 선생님이자 트레이너이다. 엄마의 호령에도 세진이는 주눅이 들거나 기분이 상하지 않는다. 자신의 꿈을 위해서 마땅히 해야 할 일을 하는 것이라고 생각하기 때문이다. 세진이와 엄마는 세진이를 맡아주겠다는 선생님이 있는 곳이라면 어디든 달려갔다. 대전에서 서울, 서울에서 일산, 일산에서 수원, 그리고 지금은 이천으로 말이다. 거의 1, 2년마다 이사를 가야 했다. 우리나라에는 세진이와 같은 장애 아동을 가르쳐줄만한 선생님이 많지 않기 때문이다. 더군다나 다리가 불편한 세진이가 다닐 수 있는 수영장도 많지가 않다. 그러나 엄마는 세진이를 장애아로 키우고 싶지 않았다. 비장애인과 같이 꿈을 꾸고, 하고 싶어 하는 일을 이루게 해주고 싶었다. 세진이는 다른 아이들에게 희망을 심어주고 싶어서 수영을 한다. 짧은 다리로 수영을 하려면 에너지가 몇 배나 들고 힘들 텐데, 세진이는 쉬지 않고 연습한다. 반 밖에 없는 두 다리로 수영장을 휘젓고 다니니 하루도 무릎이 성할 날이 없다. 세진이의 엄마는 세진이에게 넘어지고, 일어서기를 반복시켰다. 그렇게 6개월이 지난 뒤, 세진이는 의족을 신고 걸을 수 있게 되었다. 세진이가 흘렸던 땀과 눈물은 가치가 있었던 것이다.

1) 자료 읽기

    ① 짝과 교대로 소리 내어 읽는다.

    ② 교사와 학생이 한 문장씩 교대로 소리 내어 읽는다.

③ 여러 가지 방법으로 실감나게 읽는다.

2) 내용 알기

① 세진이가 1, 2년마다 이사를 가야 했던 이유는 무엇인가요?

예) 우리나라에는 세진이와 같은 장애 아동을 가르쳐줄 선생님이 많지 않기 때문이다.

② 세진이 엄마는 세진이에게 무엇을 가르쳤나요?

예) 견뎌내는 법

③ 엄마의 호령에도 세진이가 주눅이 들거나 기분이 상하지 않은 이유는 무엇인가요?

예) 자신의 꿈을 위해서 마땅히 해야 할 일을 하는 것이라고 생각하기 때문이다.

④ 엄마가 세진이를 계속 넘어뜨린 이유는 무엇인가요?

예) 안 다치게 넘어지는 법을 배우게 하기 위해서이다.

⑤ 누나인 은아는 동생을 어떻게 도와주었나요?

예) 동생을 부끄러워하지 않고, 잘못된 일은 바로잡으며 엄마처럼 대해 주었다.

3) 앞 글에서 핵심 단어 5개 이상을 넣어서 다섯 문장 정도로 간추려보세요.

핵심 단어 : 세진, 선생님, 수영, 다리, 엄마

예) 엄마는 세진이의 친구이자 선생님이자 트레이너이다. 다리가 불편한 세진이의 꿈은 수영 선수이다. 이러한 세진이를 가르쳐줄 수 있는 선생님이 있는 곳이라면 어디든지 달려간다. 세진이의 엄마는 세진이에게 넘어지고, 일어서기를 반복시켰다. 그렇게 6개월이 지난 뒤, 세진이는 의족을 신고 걸을 수 있게 되었다.

4) 수영을 시작한 후 세진이는 더 이상 자기의 몸이 부끄럽게 생각되지 않았습니다. 수영 팬티 한 장을 입고 있어도 세진이는 자기의 몸에 당당할 수 있는 자신감을 얻은 것입니다. 여러분도 다른 친구보다 더 잘하는 게 하나씩은 꼭 있을 것입니다. 그것이 무엇일까요?

예) 저는 글쓰기를 좋아합니다. 그래서 선생님이 일기쓰기 숙제를 내주시면 신이 납니다. 그러나 내가 글쓰기를 잘하는지는 잘 모릅니다. 지난번 교내 글짓기대회에서 장려상을 받아서 자신감이 더 생겼습니다. 독서를 많이 하고 매일 일기를 꾸준히 쓰면 실력이 좋아질 것입니다.

5) 《로봇다리 세진이》를 읽고 논제를 만들어 토론해봅시다.

경쟁적 토론 논제	비경쟁적 토론 논제
• 세진이를 비장애인과 다를 바 없이 하고 싶어 하는 일을 이루게 해주고 싶다고 한 것에 대해 어떻게 생각하나요? • 세진이 어머니가 입양을 한 것에 대해 어떻게 생각하나요?	• 로봇다리 세진이는 고통을 어떻게 이겨냈을까요? • 여러분이 세진이라면 엄마가 호령할 때 어떤 생각을 할까요?

6) 여러분이 세진이라면 어떻게 살았을까요? 글로 써서 모둠 토론을 해보세요.

예) 내가 세진이라면 친엄마를 원망하고 아무렇게나 살아갔을 것입니다. 몸도 장애가 있고 걷지도 못하고 너무 힘들어서 날마다 울며 살고 싶지 않았을 것입니다. 하지만 새엄마가 너무 사랑해주니 고마워서 은혜를 갚기 위해 열심히 살았을 것입니다. 또 누나가 친동생보다 더 동생을 위해 주니까 용기를 가지고 살아갈 것입니다.

7) 이 글을 읽은 후에 느낀점이나 생각한 것을 쓰고 모둠별로 돌려 읽기를 한 후 가장 잘 쓴 글을 발표해봅시다.

서울 반포초 6학년 김진영

나는 이 책을 읽으며 한국 사회가 얼마나 편견이 심한지를 알게 되었다. 한 대 얻어맞은 기분이었다. '한국이 후진국이구나!'라는 생각이 들었다. 세진이는 영국 셰필드에서 열리는 수영대회에 갔을 때 다른 선수들을 부러워했다. 나 같아도 부러웠을 것이다. 그 이유는 바로, 다른 선진국에는 장애인 선수의 매니저, 코치가 있지만 우리나라에는 없다는 사실 때문이다. 이것은 매니저와 코치가 없어서 힘들다는 뜻이 아니고, 우리나라는 비장애인과 장애인을 차별하지만 다른 선진국들은 차별하지 않는다는 것이다. 난 너무나 가슴이 아팠다. 세상에 쓸모없는 존재란 없기에 더욱 마음이 아팠다. 세진이가 꿈을 이뤘어도, 1등을 했어도 다른 상대가 부러운 것은 한국 사회의 극심한 차별과 편견 때문일 것이다.

내가 이 책을 읽으면서 가장 마음이 아팠던 것은 세진이가 아무리 상처를 받아도 그것을 꾹 참고 이렇게 말한 부분이다.

"엄마 뱃속에 있을 때 아파서 이렇게 됐대. 그래도 잘 걸어. 한 번 볼래?"

나는 이 말에서 감동을 받았다. 그리고 왠지 쓸쓸한 말인 것 같기도 하다.

세진이 엄마가 세진이를 도와주는 과정에서 갖은 수모를 겪는 것을 보고 편견이 심한 한국에서 세진이 엄마가 이 모든 어려움과 시련을 극복할 수 있었던 것은 다 모성애 덕분이 아닐까 생각한다. 더군다나 장애인인 세진이를 친자식 이상으로 돌보는 모습을 보며 마음이 찡했다. 세진이의 누나 은아도 엄청난 것 같다. 겨우 초등학교 5학년 때 세진이를 꾸중한 친구 엄마에게 가서 따지고 그 친구 엄마가 쩔쩔매는 모습에 시원하고 가슴이 뻥 뚫리는 느낌이 들었다. 통쾌하기까지 했다. 세진이와 은아는 이렇게 서로를 존중해 주는데 나와 작은 누나는 맨날 싸우니 반성이 된다. 또 나는 장애가 없이 태어난 것이 너무 고맙고 감사하다. 한편으로는 내가 세진이라면 어떻게 살았을까 궁금해진다.

2. 《마당을 나온 암탉》을 읽고 토론하기

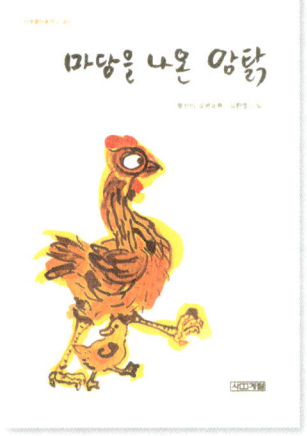

황선미 저 | 김환영 그림 | 사계절

서울 반포초 6학년 이수연

품지 못하는 알을 더 이상 낳지 않기로 결심한 '잎싹'이라는 이름의 양계장 닭은 어느 날 마당을 보게 된다. 마당으로 나가기를 꿈꾸던 잎싹은 드디어 병들어 쓸모없게 되어 양계장 주인에 의해 양계장 밖으로 나가게 되지만 구덩이 속에 버려지게 된다. 구덩이에서 살아난 잎싹이 눈을 뜨고, 청둥오리 '나그네'가 나타나 잎싹을 노리는 족제비가 있어 위험하니 어서 그곳을 벗어나라고 일러준다. 하지만 나그네마저 뽀얀 오리와 함께 사라진 집에서 잎싹은 혼자 찔레덤불로 가다가 비명을 듣게 된다. 잎싹은 가시덤불 속에서 알을 발견한다. 알을 품고 싶었던 잎싹 앞에 사라졌었던 나그네가 갑자기 나타난다. 그리고 알을 품고 있는 동안 잎싹을 보살펴주다가 알이 부화하기 직전에 잎싹과 알을 지키려다가 족제비에게 잡아먹히게 된다. 잎싹은 그 알에서 깨어난 아기 청둥오리를 '초록머리'라고 이름 지으며 아들처럼 보살폈다.

나그네는 저수지로 가라고 했었지만 잎싹은 자신이 품은 아기를 보여주고 싶은 마음에 마당을 찾으나 따돌림을 당하고 결국 저수지에서 지내게 된다. 초록머리는 결국 청둥오리로 자라서 겨울을 맞아 찾아온 청둥오리 떼에 합류하며 잎싹을 떠나게 된다. 잎싹은 자신이 할 일을 다 했다고 생각하고 어미 족제비에 물려 죽어 새끼의 먹이가 된다.

1) 자료 읽기

　① 짝과 교대로 소리 내어 읽는다.

　② 교사와 학생이 한 문장씩 교대로 소리 내어 읽는다.

　③ 여러 가지 방법으로 실감 나게 읽는다.

2) 내용 알기

　① 잎싹의 소망은 무엇인가요?

　　예)알을 품어 병아리를 탄생시키는 일

　② 잎싹이 '잎싹'이란 이름을 스스로 지어 가진 이유는 무엇인가요?

　　예) 바람과 햇빛을 받아들이고 떨어진 뒤 거름이 되어 꽃을 피워내는 잎사귀를 닮고 싶어서

　③ 잎싹이 소망을 이루는 데 누가 어떤 도움을 주었나요?

　　예) 나그네가 알을 품고 있을 때 먹이를 갖다 주고 족제비를 쫓아주었다.

　④ 잎싹은 마당 식구가 되고 싶어 청둥오리와 마당으로 왔어요. 마당 식구들은 어떻게 대했나요?

　　예) 매몰차고 몰인정하게 대했다.

　⑤ 잎싹이 초록머리를 보내준 이유는 무엇일까요?

　　예) 초록머리가 자기와 같은 무리와 함께 어울리며 더 큰 세상에서 살아가라고

3) 앞 글에서 핵심 단어 5개 이상을 넣어서 다섯 문장 정도로 간추려보세요.

　핵심 단어 : 잎싹, 마당, 알, 나그네, 족제비

　예) 잎싹은 위험하고 힘든 것을 뻔히 알면서도 마당에 나오고 싶어 했다. 알을 품고 싶었던 잎싹은 청둥오리 나그네의 도움을 받아 무사히 알을 부화시켰다. 잎싹은 청둥오리 떼를 따라가라고 초록머리를 떠나보냈다. 그리고 잎싹은 어미 족제비에게 물려 죽었다. 자신의 할 일을 다 했다고 생각하고, 족제비에게 더 이상 저항하지 않은 것이다.

4) 잎싹의 소망은 알을 품어서 병아리를 탄생시키는 것입니다. 여러 어려운 환경에서도 포기하지 않고 소망을 이루고 가치 있는 삶을 살아가고 있는 잎싹을 보며, 여러분은 자신의 소망은 무엇이고 어떻게 이루어갈 것인지 적어보세요.

예) 저의 소망은 초등학교 선생님이 되는 것입니다. 선생님이 되기 위해서는 우선 공부를 잘해야 합니다. 저는 예습과 복습을 매일 할 것입니다. 그리고 아이들을 이해하고 사랑해줄 것입니다. 그렇게 되기 위해 책을 열심히 읽고 모르는 친구를 가르쳐주겠습니다.

5) 《마당을 나온 암탉》을 읽고 토론 논제를 만들어 토론해봅시다.

경쟁적 토론 논제	비경쟁적 토론 논제
• 잎싹이 초록머리를 자기 무리로 보내준 것을 어떻게 생각하나요? • 족제비 새끼를 위해 목숨을 바친 잎싹의 행동에 대해 어떻게 생각하나요?	• 잎싹이 양계장을 나가서 마당으로 나가면 어떤 일들이 생길까요? • 나그네는 자신의 알을 부화시키기 위해 무엇을 했나요?

6) 여러분이 잎싹이라면 어떻게 살았을 것인지 글로 써서 모둠 토론을 해보세요.

예) 내가 만약 잎싹이라면, 양계장 안이 비좁고 힘들면서도 잎싹처럼 마당으로 못 나갔을 것 같다. 잎싹처럼 용기가 안 났을 것 같다. 마당을 보며 부러워하고 희망하면서도 양계장 안의 생활에 만족해보려고 했을 것이다. 하지만 만약, 잎싹처럼 일단 마당을 나온 이후라면 나그네의 알을 정성껏 품어주고 초록머리를 키웠을 것이다. 그래서 나는 잎싹이 마당에 첫 발을 내디딘 그 순간과 용기를 칭찬해주고 싶다.

7) 이 글을 읽은 후에 느낀점이나 생각한 것을 쓰고 모둠별로 돌려 읽기를 한 후 가장 잘 쓴 글을 발표해봅시다.

서울 반포초 6학년 마정민

오늘 《마당을 나온 암탉》을 읽었다. 이 책은 양계장에 있는 잎싹의 장면으로부터 시작된다. 이 책에는 많은 인상 깊은 장면들이 있었는데 그중에서 5가지만 써보겠다.

첫 번째 인상 깊었던 장면은 나그네가 잎싹을 위해 자신의 목숨을 바친 장면이다. 그도 꿈이 분명 많았을 텐데, 어째서 모르는 닭을 위해 자신의 목숨을 바쳤다는 것인가? 나라면 절대 하지 못하였을 것이고 줄행랑을 쳤을 것이다. 꼭 목숨을 바치지 않더라도, 상대방을 도와줄 수 있는 방법은 많다. 이런 면에서 나그네는 죽음을 두려워하지 않는 용사 같다. 나그네는 참 마음이 좋은 청둥오리이다.

두 번째 인상 깊었던 장면은 잎싹이 양계장을 나온 장면이다. 건강한 잎싹은 다른 닭들과 달리 온종일 좁은 우리 안에 틀어박혀 있는 것이 싫다고 생각했을 것이다. 물론 잎싹도 마당을 나오면 죽을 위험도 커지고, 따돌림을 당할 것을 분명히 잘 알았을 것이다. 나라도 잎싹처럼 행동할 것이다. 왜냐하면 양계장에 틀어박혀 있는 것은 싫기 때문이다.

세 번째 인상 깊었던 점은 잎싹이 남의 알을 품는 것이다. 왜 남의 알을 품었을까? 잎싹도 알을 분명 낳을 수 있었을 것이다. 내 생각에는 잎싹이 그 사실을 까먹었을 것이다. 자기 알을 품을 수 있다는 사실을 알았다면, 예쁜 병아리가 나왔을 것이다.

네 번째 인상 깊었던 장면은 청둥오리가 무리 떼로 날아가는 장면이다. 이것은 우리가 부모님으로부터 독립하는 것으로 해석할 수 있다. 청둥오리도 잘 살았으면 좋겠다. 잎싹도 그걸 원했을 것이다.

다섯 번째 인상 깊었던 장면은 잎싹이 죽는 장면이다. 잎싹은 자신이 할 일을 다 했다고 생각해 족제비에게 잡아먹힌다. 자신이 목숨을 버리면 족제비가 살고 자신이 도망가면 족제비가 굶어죽는다. 어차피 한 생명은 사니까, 잎싹은 자신이 죽는 방법을 택했다. 나라면 어땠을까 많은 고민이 되었다.

이 책은 자신감이 없는 아이들에게 추천하고 싶다. 왜냐하면 이 책을 읽은 아이들은 잎싹처럼 자신감이 생길 것이기 때문이다.

3. 《우리들의 일그러진 영웅》을 읽고 토론하기

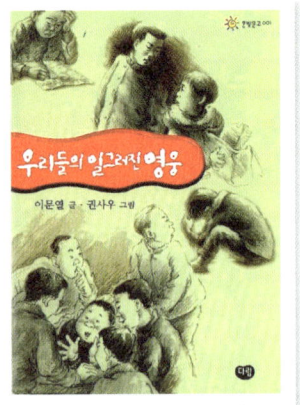

이문열 저 | 권사우 그림 | 다림

서울 반포초 6학년 김혜진

한병태는 5학년 때, 아버지의 사업이 망함으로 서울의 명문 초등학교에서 작은 읍에 있는 학교로 전학을 가게 되었다. 급장인 엄석대는 담임선생님의 신뢰를 받으며 아이들을 지배했고, 반 아이들은 아무런 저항 없이 그의 말대로 행동했다. 이미 서울 학교에서 합리적인 사고 방식의 장점을 배운 병태는 엄석대와 싸우게 된다.

그러나 병태는 엄석대의 뛰어난 성적과 탁월한 일처리 방식에 속은 부모님과 담임선생님에게 오히려 문제아로 취급받고, 아이들에게도 따돌림을 당한다. 석대와 아이들의 괴롭힘에 병태는 결국 엄석대한테 무릎을 꿇었다. 그는 엄석대라는 왕국에서 권력의 단맛을 즐기며 그의 체제에 동의하면서 살아간다. 6학년이 되어 새 담임선생님이 오시자 절대로 무너질 것 같지 않았던 엄석대 왕국은 선생님의 강력한 개혁 의지로 무너졌다. 그의 행동은 모두 밝혀지고, 엄석대는 학교를 떠난다. 또한, 새로운 환경에 적응하지 못해 우왕좌왕하던 아이들도 점차 민주적인 방식을 받아들이며 생활하게 된다. 어른이 되어 병태는 어린 날 느꼈던 힘이 없었던 때를 다시 경험한다. 한편으로 어딘가에서 석대가 이 사회를 다시 지배하고 있는 것은 아닌지 상상하며 그의 왕국에서 다시 살고 싶다는 생각을 하기도 한다. 그런데 휴가를 가던 중, 결국 범죄자가 되어 경찰에 끌려가는 엄석대를 보며 절망과 안도감이 교차하는 묘한 감정에 빠진다.

1) 자료 읽기

① 짝과 교대로 소리 내어 읽는다.

② 교사와 학생이 한 문장씩 교대로 소리 내어 읽는다.

③ 여러 가지 방법으로 실감 나게 읽는다.

2) 내용 알기

① 한병태가 전학 와서 처음에 취한 행동은 무엇인가요?

예) 엄석대에게 맞선다.

② 엄석대는 맞서는 한병태에게 어떻게 했나요?

예) 엄석대의 보복은 더욱 가혹하게 이루어졌다.

③ 엄석대는 5학년 선생님의 신임을 어떻게 얻었나요?

예) 엄석대는 학급의 반장일 뿐만 아니라 공부까지도 일등을 하며, 반 학생들에게도 특별한 대접을 받았다.

④ 6학년 선생님은 엄석대의 비행을 어떻게 알게 되었나요?

예) 반 아이들이 엄석대의 비행을 선생님께 말해서

⑤ 5학년 때 엄석대는 반 아이들을 어떻게 해서 따르게 했나요?

예) 심부름을 하게 하거나 상납하게 하고 복종하지 않으면, 급장으로서 청소 검사를 합격 시키지 않고 괴롭히거나, 놀이에서 왕따를 시키고 집단따돌림으로 괴롭혔다.

3) 앞 글에서 핵심 단어 5개 이상을 넣어서 다섯 문장 정도로 간추려보세요.

핵심 단어 : 한병태, 엄석대, 영웅, 반항, 경찰

예) 엄석대는 선생님의 보살핌과 반 학생들의 침묵으로 영웅이 되었다. 전학 온 한병태는 엄석대에게 반항하였으나 결국 석대와 한편이 되어 살아간다. 선생님이 바뀌자 병태와 친구들이 석대의 비리를 선생님께 알린다. 훗날 병태는 경찰에 잡혀가는 석대를 보며 생각에 잠긴다.

4) 이 책은 초등학교 교실에서 생긴 이야기를 소재로 삼아 사회 곳곳에서 볼 수 있는 개인과 집단 간의 문제를 이야기하고 있습니다. 병태는 석대에게 맞서 싸우다가 어느 한 순간 석대에게 이끌려 굴복하게 되지요. 여러분이 엄석대 반에 전학 간 한병태라면 어떻게 했을지 글로 써보세요.

예) 부정 행위를 바로 잡지 않는 선생님, 두려움에 떨며 침묵하고 외면하는 반 아이들, 더 큰 힘을 가지라는 아버지. 나라도 힘들었을 것 같다. 하지만 나는 굴복하지 않을 것이다. 왜냐하면, 부정한 것은 부정한 것이기 때문이다. 그래서 병태가 꾸준히 자기 편을 만드는 것부터 해야 한다고 생각한다.

5) 《우리들의 일그러진 영웅》을 읽고 논제를 만들어 토론해봅시다.

경쟁적 토론 논제	비경쟁적 토론 논제
• 더 큰 권력을 가지라는 병태 아버지의 말씀은 맞는 말인가요? • 엄석대와 반 학생들 중 누가 더 잘못한 것이라고 생각하나요?	• 한병태의 행동에 대한 여러분의 생각은 무엇입니까? • 여러분이 한병태라면 마지막 장면의 엄석대를 보고 무슨 생각을 했을까요?

6) 엄석대의 반이 평화로운 반이 되려면 어떤 노력을 해야 할지 글로 써서 모둠 토론을 해보세요.

예) 선생님은 민주적인 운영으로 반 학생들에게 주인 의식을 키워 주어야 한다. 그리고 학생들과 상담을 자주 하여서 학급에 어떤 일들이 일어나고 있는지 늘 살펴야 한다. 또한, 반장의 권한을 학생 신분에 맞게 주어야 한다. 반 학생들은 석대에게 굴복만 하지 말고 힘을 합쳐서 전략을 짜고 개선해 나가도록 노력해야 한다.

7) 이 글을 읽은 후에 느낀점이나 생각한 것을 쓰고 모둠별로 돌려 읽기를 한 후 가장 잘 쓴 글을 발표해봅시다.

서울 반포초 6학년 허윤채

이 책의 줄거리를 간략히 설명하자면, 한병태라는 아이가 엄석대라는 공부도 못하는 힘이 센 반장에게 맞서 싸우다가 친해지게 된다. 그러나 6학년이 되자 무서운 선생님을 맞아 엄석대는 달아난다. 엄석대는 정말 나쁜 아이인 것 같다. 엄석대는 심지어 우등생들을 협박해서 시험문제를 대신 풀라고도 했다. 일진 같은 아이라도 이해가 잘 되지 않는 부분이다. 힘도 세고 반장으로서 권력을 다 휘어잡고 있으면 됐지, 왜 굳이 성적까지 협박하며 속였는지 이해가 안 된다.

당하기만 한 아이들도 이상하다고 느껴진다. 못된 아이가 반장이면 여럿이서 힘을 합쳐 이르면 될 텐데 말이다. 엄석대는 부모님이 권력이나 돈이 있는 것도 아니기 때문에 여럿이서 선생님께 이르기만 하면 엄석대는 엄청 크게 혼났을 것이다.

내가 반 아이들이었다면, 애초에 한병태와 함께 엄석대의 잘못을 고발했을 것이다. 선생님에게 이르고 엄석대가 충분히 혼난 후에 다시 괴롭히면 또 이르면 된다. 연속적으로 그런 일이 발생하면 엄석대는 다시 그런 일을 당하지 않게 크게 혼날 것이기 때문이다. 또한, 한병태도 아이들에게 너무 소극적이었다. 나였 다면 대놓고 아이들이 다 듣는 곳에서 크게 외쳤을 것이다.

"우리들이 이렇게 겁에 질려 당하고만 사니까 엄석대가 계속 그러는 거 아니겠어? 잘못한 것도 없으면 서 이렇게 당할 필요는 없다고 생각해."라고 말이다. 물론 상상일 뿐이다. 그런데 문제점은 이렇게 말해서 아이들이 선생님께 말씀드려도, 오랫동안 믿었던 엄석대를 그렇게 쉽게 혼내지는 않았을 수도 있다는 점 이다. 그런 의미로 이 일은 모두 때문에 일어난 일 같다.

이 책은 사람들이 많이 읽을 가치가 있고, 여러 교훈들을 주기 때문에 정말 기억에도 남고 좋다. 다만 일종의 학교폭력을 배경으로 만들어진 글이기 때문에 답답하고 화가 나는 부분이 있다. 그렇지만 마지막 에는 정말 답답함이 뻥 뚫리니 많은 사람에게 추천하는 도서이다.

4. 《너도 하늘말나리야》를 읽고 토론하기

이금이 글 | 송진헌 그림 | 푸른책들

서울 반포초 6학년 손채빈

이 책은 세 친구 미르, 소희, 바우에 대한 이야기이다. 크게 세 부분으로 나뉘어 있다. 미르는 엄마와 아빠가 이혼하셔서 엄마와 달밭 마을로 이사를 오게 된다. 미르네 엄마는 마을의 진료 소장이어서 첫 날부터 사람들이 왔다 갔다 했지만, 미르는 부모님이 이혼한 충격으로 달밭 마을에 쉽게 적응을 하지 못한다. 그리고 아빠가 너무 보고 싶어서 엄마에 대한 반항심도 많이 가졌다. 미르는 개학 후 전학을 와서 반장인 소희라는 아이를 만나게 된다. 부모님 없이 할머니와 함께 달밭 마을에서 단 둘이 사는 소희는 어른스럽고 조숙하다. 달밭 마을 사람들에게도 친절하고 친구들에게도 인정받는 아이이다.

엄마를 일찍 여의고 아버지와 사는 바우 역시 결손에 대한 상처를 고스란히 안고 지낸다. 바우는 엄마를 일찍 보냈기 때문에 '선택적 함구증'에 걸렸다. 이 병은 자신이 말하고 싶은 상대에게 말할 수 없는 병이다. 그렇지만 바우는 비록 독백일지언정 하늘나라에 있는 엄마와 끊임없는 대화를 함으로써 자신의 생각을 키워나간다. 바우는 자신을 늘 지켜주는 소희와 깊은 교감을 느끼며, 미르에게도 관심은 보이지만, 말은 하지 못한다.

소희네 할머니가 돌아가시자 세 아이들은 또 한 번 상처를 받는다. 그러나 그러한 일들을 겪으면서 세 아이는 차츰 가까워지고 다른 사람의 상처도 들여다보게 된다. 결국, 소희가 작은집으로 떠나게 되고, 달밭 마을에는 미르와 바우만이 남겨진다.

1) 자료 읽기

① 짝과 교대로 소리 내어 읽는다.

② 교사와 학생이 한 문장씩 교대로 소리 내어 읽는다.

③ 여러 가지 방법으로 실감 나게 읽는다.

2) 내용 알기

① 미르가 달밭 마을에 온 이유는 무엇인가요?

   예) 엄마와 아빠가 이혼해서

② 소희는 미르가 아빠의 재혼 소식을 듣고 울 때 왜 미르가 부럽다고 생각했나요?

   예) 아빠를 용서할 수 없는 건 추억이 있기 때문이라고 생각해서

③ 바우는 왜 말을 안 하나요?

   예) 엄마가 돌아가신 충격으로

④ 미르가 소희에게 다이어리의 느티나무 잎을 선물로 준 이유는 무엇인가요?

   예) 어디 있든 달밭의 느티나무가 되라고

⑤ 여러분이 미르라면 소희의 어떤 점이 부러운가요?

   예) 어른스럽고 조숙한 점. 달밭 마을 사람들에게도 친절하고 친구들에게도 인정받는 아이다.

3) 앞 글에서 핵심 단어 5개 이상을 넣어서 다섯 문장 정도로 간추려보세요.

핵심 단어 : 미르, 바우, 소희, 이혼, 엄마, 달밭, 상처

   예) 미르는 부모의 이혼으로 충격을 받아 엄마께 반항한다. 엄마를 일찍 여의고 아버지와 사는 바우 역시 결손에 대한 상처를 고스란히 안고 지낸다. 부모님 없이 할머니와 함께 달밭 마을에서 단둘이 사는 소희는 어른스럽고 조숙하며 친절하여 친구들에게 인정받는 아이이다. 소희는 어려운 환경에서도 미르와 바우를 위로하고 할머니도 잘 모시고 살아간다. 세 아이는 차츰 가까워지고 다른 사람의 상처도 들여다보게 된다.

4) 바우는 미르를 엉겅퀴 꽃이라고 생각합니다. 겉으로는 가시를 세우고 있는 것처럼 보이지만 만져보면 그 무엇보다 여린 잎을 가진 꽃이기 때문이지요. 나는 다른 사람들에게 어떻게 보일지를 글로 써보세요.

예) 다른 친구가 나를 보면 씩씩하게 행동해서 울지도 않을 것 같고, 친구도 잘 사귈것 같다고 한다. 그러나 나는 혼자 있을 때에 외로움도 많이 타고 선뜻 친구에게 마음에 있는 이야기도 못 할 때가 많다. 그리고 불쌍한 사람을 보면 금방 눈물이 날 때가 많다.

5) 《너도 하늘말나리야》 를 읽고 논제를 만들어 토론해봅시다.

경쟁적 토론 논제	비경쟁적 토론 논제
• 부모가 이혼한 후 미르의 행동을 어떻게 생각하나요? • 엄마가 돌아가신 후 바우의 행동에 대해 어떻게 생각하나요?	• 미르, 소희, 바우 중 여러분과 비슷한 친구는 누구일까요? 그 이유를 써 보세요. • 친구 바우에게 용기를 주기 위해 할 수 있는 일은 무엇인가요?

6) 여러분이 우정을 잘 지키기 위해 할 수 있는 방법에는 무엇이 있을까요? 글로 써서 모둠 토론을 해보세요.

예) 우정을 지키기 위해서는 우선 내가 먼저 다가가야 한다. 친구의 마음을 이해하고 말을 잘 들어주고 반응을 보여줘야 한다. 친구가 어려울 때 조금이라도 도와주려고 노력을 해야 한다. 그리고 많이 바빠도 시간을 내어 함께 놀거나 숙제를 하면 친해진다.

7) 이 글을 읽은 후에 느낀점이나 생각한 것을 쓰고 모둠별로 돌려 읽기를 한 후 가장 잘 쓴 글을 발표해봅시다.

서울 반포초 6학년 송지윤

모든 사람들은 살아가며 이별의 아픔을 느낀다. 다만 이 책의 주인공들인 미르, 소희, 바우는 일찍 그 아픔을 느낀 것뿐이다. 나는 이 책을 읽으며 누구보다 미르, 소희, 바우의 입장이 절실히 다가왔다. 미르는 아빠, 엄마의 이혼으로 달밭마을에 와서 소희, 바우를 만나게 된다. 소희는 아주 어릴 적, 기억도 나지 않을 때 부모님과 헤어져 할머니와 같이 살게 되고, 바우는 엄마가 돌아가셔서 아빠와 같이 산다. 나는 이 아이들에게서 친근감이 느껴진다. 내 친구도 엄마, 아빠의 이혼으로 할아버지, 할머니와 같이 살고 있기 때문이다. 예전에는 그 친구도 미르처럼 부모님의 이혼을 받아들이지 못했지만, 이제는 다른 사람들보다 일찍 부모님과 이별을 했다는 생각을 한다. 그래서 그 친구가 조금 일찍 그 아픔을 느꼈다고, 나는 생각한다.

나는 소희 같은 아이가 되고 싶다. '상처 입은 조개만이 속에 진주를 키울 수 있다'는 구절처럼 내 마음속에서 조금씩 자라고 있는 진주는 나의 꿈일 것이다. 바로 동화작가가 되는 그 꿈. 동화작가가 되어 나의 후손들 중 나처럼 꿈이 있는 아이들의 마음속에 예쁜 진주를 하나씩 심어 주고 싶다. 내 마음속에 이렇게 예쁜 진주를 키우고 생각하니 가슴이 벅차고, 또 부자가 된 것 같다. 이 책 속에 나오는 아이들도 모두 서로 조금씩, 제각기 다른 진주를 마음속에 키우고 있을 것이다.

바우는 미르를 엉겅퀴 꽃이라고 생각한다. 겉으로는 가시를 세우고 있는 것처럼 보이지만, 만져보면 그 무엇보다 여린 잎을 가진 꽃이기 때문이다. 나는 다른 사람들에게 어떻게 보일까? 나는 나를 이름 모를 아주 작고 소박한 풀꽃이라고 생각한다. 사람들의 무관심 속에서, 틈틈이 쌓여 있는 힘겹고 무거운 보도 블럭 사이에서 꽃피운 또 하나의 아주 작은 희망이랄까?

나는 이 책을 읽고, 바우가 엄마가 세상을 떠나버린 후 선택적 함구증이라는 병에 걸렸을 때 가장 슬펐다. 하지만 바우가 말을 잃게 된 것은 엄마를 잃은 충격 때문이 아니다. 그것은 단지 바우가 혼자서, 쓸쓸히, 세상과 만나는 문인 엄마가 없으면 아무에게도 이해받지 못할 거라고 생각했기 때문이다. 얼마나 슬펐으면 말을 안 함으로써 마음의 문을 닫아 버렸을까? 하지만 소희, 미르라는 좋은 친구가 생긴 바우를 나는 더 이상 안타까워하지 않기로 했다. 오히려 부럽기까지 하다. 진심으로 걱정해주고 서로 사랑하는 좋은 친구가 둘이나 있으니! 미르는 이런 바우의 마음을 열어주려고 노력한다. 나는 꼭 바우가 마음의 문을 열 것이라 믿는다. 언젠가 모두가 서로를 이해할 수 있게 된다면, 모두 모여 깜깜한 밤하늘인 이 세상을 밝게 빛낼 수 있는 날이 올 것이라고 믿는다.

5. 《내가 나인 것》을 읽고 토론하기

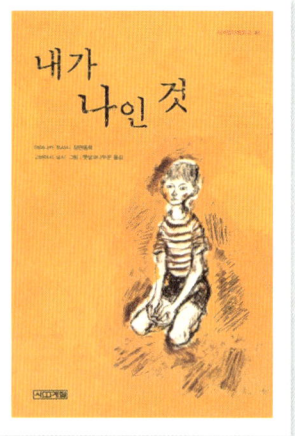

야마나카 히사시 글 | 고바야시 요시 그림 | 사계절

서울 반포초 6학년 김예원

히라타 히데카즈는 다섯 자녀 중에서 넷째이다. 그의 형제는 그와 다르게 공부도 잘하고 바른 생활만 한다. 그래서 히데카즈가 시험을 조금만 못 봐도 그의 엄마는 불같이 화를 낸다. 여름 방학을 맞이해, 그는 가출을 하기로 한다. 트럭 위에서 잠깐 잔 사이에 트럭이 시골로 가 버렸다. 그 트럭 운전사 마사나오는 가는 길에 뺑소니를 하고 그것을 히데카즈가 보게 된다. 히데카즈는 불빛을 찾아가다가 여자아이인 나츠요와 할아버지의 집에서 머물게 된다. 동갑내기 나츠요는 할아버지와 단둘이 살고 있었는데 둘은 친구가 되어 할아버지를 도와 일도 하고 즐거운 시간을 보낸다. 누가 강요하지 않아도 스스로 하는 나츠요를 보면서 정이 들어간다.

트럭 운전사 마사나오는 동네에 낯선 아이의 출연으로 잔뜩 긴장하게 되고 자꾸만 히데카즈 주위를 맴돈다. 히데카즈는 나츠요가 마사나오와 만나기로 한 곳에 숨어 있다가 뺑소니 사건을 말했다. 결국 마사나오는 경찰에게 체포되었다.

이후 히데카즈는 엄마의 잔소리가 무덤덤해지고 스스로 공부를 하기 시작한다. 갑자기 달라진 히데카즈와는 달리 모범생이고 엄마의 말을 잘 듣던 마사카즈 형이 그동안 히데카즈가 집에서 느낀 기분을 이해하기 시작한다. 그리고 큰 형이 전단지를 뿌리다 경찰서에 가면서 형제들의 곪아터진 부분이 생채기를 드러내기 시작한다. 모두들 모범생이라고 생각했던 엄마의 실망은 극에 달한다. 히데카즈는 그동안 엄마가 히데카즈와 형제들을 엄마의 관점에서 바라본 것에서 이제는 나는 나라는 인식을 심어준다. 히데카즈는 가출로 '내가 나인 것'을 찾게 되었고, 엄마의 큰 그늘에 가려 피하기만 했던 형제들은 히데카즈를 이해하게 된다.

1) 자료 읽기

① 짝과 교대로 소리 내어 읽는다.

② 교사와 학생이 한 문장씩 교대로 소리 내어 읽는다.

③ 여러 가지 방법으로 실감 나게 읽는다.

2) 내용 알기

① 히데카즈는 왜 가출을 했나요?

예) 무시당하고 가출도 변변히 못 할 거라고 해서

② 히데카즈가 엄마에게 늘 야단맞은 이유는 무엇인가요?

예) 공부도 못하고 놀기만 좋아해서

③ 히데카즈가 4학년 때 아버지의 보너스가 절반이나 뺏겨 버렸던 이유는 무엇인가요?

예) 스쿠터를 피하려다 히데카즈가 할머니와 부딪혀서 다투었는데 할머니가 다쳐서 치료비를 요구했기 때문이다.

④ 히데카즈가 엄마가 가엾다고 생각한 이유는 무엇인가요?

예) 자기 뜻대로 되지 않는다고 울부짖는 젖먹이라고 생각했기 때문이다.

⑤ 히데카즈가 똑똑하고 야무진 나츠요를 보며 무엇을 배웠나요?

예) 자기 할일을 스스로 하는 것, 자기의 삶을 살피는 것

3) 앞 글에서 핵심 단어 5개 이상을 넣어서 다섯 문장 정도로 간추려보세요.

핵심 단어 : 히데카즈, 엄마, 가출, 잔소리, 나츠요, 공부

예) 히데카즈는 말썽을 일으키고 엄마의 무시하는 잔소리를 날마다 듣는다. 견디다 못한 히데카즈는 가출을 하여 시골로 가게 된다. 거기서 친구인 야무지고 똘똘한 나츠요를 만난다. 나츠요와 함께 뺑소니인 마사나오를 경찰에 신고해서 체포되게 한다. 다시 집으로 돌아온 히데카즈는 자신을 돌아보고, 스스로 공부하는 아이로 변하면서 가족들도 그를 다시 이해하게 된다.

4) 방학이 끝나갈 무렵 집으로 돌아온 히데카즈는 가출을 해도 갈 곳이 있다는 생각에 엄마의 잔소리가 무덤덤해지고, 스스로 공부를 하기 시작합니다. 그에 반해 모범생이고 엄마의 말을 잘 듣던 마사카즈 형이 그동안 히데카즈가 집에서 느낀 기분을 이해하기 시작하지요. 이러한 히데카즈 가족이 행복해지려면 어떻게 해야 하나요? 논술로 써보세요.

예) 히데카즈 가족이 행복해지려면 공부를 잘하고 못하고를 기준으로 삼지 말고 다 같이 공평하게 대하고 부족한 부분이 있는 가족에게 더 따스한 사랑을 베풀어야 한다. 특히, 히데카즈 엄마가 동생을 시켜서 오빠를 감시하라고 하지 말고 부족한 부분을 함께 도우라고 가르쳐야 한다.

5) 《내가 나인 것》을 읽고 논제를 만들어 토론해봅시다.

경쟁적 토론 논제	비경쟁적 토론 논제
• 히데카즈가 가출한 것을 어떻게 생각하나요? • 히데카즈 엄마의 자녀 훈육법에 대해 어떻게 생각하나요?	• 엄마가 동생을 통해 고자질하게 한다면 어떻게 할 것입니까? • 히데카즈 가족이 행복하게 살아가려면 무엇이 필요할까요?

6) 엄마는 성적이 별로인 히데카즈를 공부시키고, 고자질쟁이 동생은 학교에서 일어난 일들을 엄마한테 일일이 보고하지요. 히데카즈는 엄마의 잔소리를 듣고 가출합니다. 여러분이 히데카즈라면 어떻게 할 것인지 글로 써서 모둠 토론을 해보세요.

예) 나라면 가출은 안 할 것이다. 왜냐하면 부모님이 없는 곳에 가면 무섭기 때문이다. 그리고 부모님이 걱정을 많이 할 것이다. 물론 야단은 많이 치시지만 만약 내가 가출하면 너무 슬퍼할 수도 있기 때문이다. 그러나 엄마가 야단을 너무 치시면 며칠 친구 집에 가 있으면서 엄마의 마음을 떠볼 수도 있을 것 같다.

7) 이 글을 읽은 후에 느낀점이나 생각한 것을 쓰고 모둠별로 돌려 읽기를 한 후 가장 잘 쓴 글을 발표해봅시다.

서울 반포초 6학년 송채은

《내가 나인 것》의 주인공인 히데카즈는 다른 형들과 누나, 동생들과는 달리 공부도 잘하지 못하는 말썽쟁이다. 나는 히데카즈가 참 안쓰럽다고 생각한다. 히데카즈는 항상 무시당하고 살아왔으니 얼마나 현실이 불만스러울까?

히데카즈는 가출을 하겠다고 해서 진짜로 가출을 했다. 나라면 하겠다고 으름장만 놓고 겁이 나서 차마 하지는 못했을 것이다. 나가봤자 친구 집에 가거나 아파트 옥상에서 모기장이나 치고 있었을 것이다. 그러면서 집 나오면 고생이라고 생각하다가 밤이 되면 슬그머니 집으로 들어가겠지.

나츠요네 집에서는 날이 저물면 벌레 소리와 개구리 우는 소리로 가득하다고 하는데 나츠요네 집 정도라면 텔레비전이나 다른 것이 없더라도 상관없고 공부도 술술 잘 될 것 같다. 나도 언젠가 여름방학 때 작은할아버지가 계시는 전라북도 임실군에 가본 적이 있다. 치즈 체험 마을에 간 것인데 다른 아이들이라면 그 근처 숙소를 잡아서 자고 가거나 낮에 체험을 하고 서둘러 집으로 가겠지만, 나는 임실치즈마을을 하시는 분이 바로 우리 작은할아버지셔서 할아버지 댁에서 잤다. 숙제를 다 하고도 시간이 남을 만큼 공부도 잘 되고 공기도 신선하니 좋아서 그냥 거기서 계속 살고 싶은 마음이었다.

나츠요는 내가 생각해도 정말 어른스러운 것 같다. 맹장염에 걸려서 아픈데 말도 안 하고 참으면서 집안일을 도맡아 한다. 나는 기껏 설거지를 조금 하거나 널어둔 빨래를 걷어 서랍에 넣는 정도의 일밖에 못하는데 나츠요를 보면서 지금이라도 집안일을 더 도와야겠다고 생각했다.

어린이의 독립성을 막는 부모와 그것을 막으려는 어린이의 갈등으로 인해서 일어나는 여러 일이 정말 흥미진진했다. 또 이해가 가지 않던 '내가 나인 것'이라는 제목의 뜻을 이해하게 되었다. '나는 다른 사람이 아니니까 비교하지 말고 당당한 나니까 있는 그대로를 존중해 달라'는 뜻이라고 생각한다. 이 책을 공부만 강요하는 어른들이 보면 깨닫는 게 있을 것 같다.

6.《톰 아저씨의 오두막집》을 읽고 토론하기

해리엇 비처 스토 저 | 지경사

서울 반포초 6학년 문예은

    켄터키 주의 농장주 셸비 부부는 노예들에게 마음씨 좋은 주인이었다. 하지만 셸비는 사업에 실패하면서 파산의 위기에 처하자 어쩔 수 없이 충실했던 노예를 팔기로 한다. 신앙심 깊고 착실한 노예 톰과 셸비 아내의 몸종인 혼혈 엘리저의 다섯 살배기 아들 해리이다. 그러나 아들 해리와 이별하게 될 엘리저는 아들을 데리고 도망친다. 톰은 팔려가는 도중에 배가 미시시피 강을 따라 내려갈 때 강물에 빠진 백인 소녀 에바의 생명을 구해 준다. 이 인연으로 에바의 아버지 오거스틴은 톰을 사게 되고, 톰은 뉴올리언스 오거스틴 집에서 한동안 행복하게 지낸다. 세월이 흘러 에바가 죽고, 오거스틴도 동네 주막에서 칼에 찔려 죽고 만다. 톰은 다시 레글리의 목화밭으로 팔려간다. 톰은 목화밭에서 극심한 노역과 학대를 받으면서도 동료 노예 캐시와 에믈린의 탈출을 도와준다. 그로 인해 결국 죽임을 당한다. 죽어가면서도 톰은 잔인한 레글리를 용서한다.

    한편, 톰의 처음 주인이었던 셸비의 아들, 조지는 성인이 되자 톰 아저씨를 다시 사들여 해방시켜 주려고 찾아왔지만, 톰의 비참한 죽음을 보게 된다. 셸비의 아들은 켄터키로 돌아와 톰의 죽음과 그가 실천한 사랑을 전하면서 모든 노예를 풀어준다.

1) 자료 읽기

① 짝과 교대로 소리 내어 읽는다.

② 교사와 학생이 한 문장씩 교대로 소리 내어 읽는다.

③ 여러 가지 방법으로 실감 나게 읽는다.

2) 내용 알기

① 톰은 어떤 사람인가요?

　예) 신앙심이 깊고, 아주 정직하고 성실하다.

② 셸비 부부는 톰을 왜 팔려고 했나요?

　예) 농장 주인 셸비는 빚을 갚으려고 톰을 헤일리에게 팔았다.

③ 백인들은 흑인을 어떻게 대하고 있었나요?

　예) 옛날 미국인들은 흑인들을 동물처럼 마구 학대하고, 돈으로 사고팔았다.

④ 에바의 마지막 소원은 무엇인가요?

　예) 톰에게 자유를 주는 것이다.

⑤ 노예 상인 헤일리가 수갑을 늘려 맞추려고 대장장이에게 가자 왜 톰에게 수갑은 필요 없다고 하였을까요?

　예) 톰은 정직하고 착하기 때문이다.

3) 앞 글에서 핵심 단어 5개 이상을 넣어서 다섯 문장 정도로 간추려보세요.

핵심 단어 : 톰, 희생한, 노예, 학대, 용서

예) 톰은 인종에 상관없이 모든 사람을 사랑하고 동료 노예를 위해 희생한 훌륭한 사람이다. 톰은 미시시피 강을 따라 내려갈 때 강물에 빠진 백인 소녀 에바의 생명을 구해 준다. 톰은 목화밭에서 극심한 노역과 학대를 받으면서도 동료 노예 캐시와 에믈린의 탈출을 도와준다. 그로 인해 결국 죽임을 당한다. 죽어가면서도 톰은 잔인한 레글리를 용서한다.

4) 모든 사람은 인종에 관계없이 평등합니다. 인권을 지키기 위한 방안에 대해 글로 써 보세요.

예) 인권을 지키는 길은 모든 차별을 없애는 것이다. 인종 차별, 민족 차별, 지역 차별, 성 차별 등 모든 차별을 없애는 사회제도를 꾸준히 만들어야 한다. 그리고 인권교육을 강화하고 보편화해서 인권의식을 키워야 한다. 그러기 위해서는 학급에서도 서로 다름을 인정하여 왕따가 없도록 토의 토론을 하여 친구를 이해해야 한다.

5) 《톰 아저씨의 오두막집》을 읽고 논제를 만들어 토론해봅시다.

경쟁적 토론 논제	비경쟁적 토론 논제
• 톰이 백인들의 학대를 묵묵히 참은 것은 잘한 것일까요? • 톰이 자신을 괴롭히고 학대해서 죽음에 이르게 한 레글리를 용서한 것은 바람직한가요?	• 톰이 목화밭에서 극심한 노역과 학대를 받으면서도 동료 노예 캐시와 에믈린의 탈출을 도왔는데 여러분이라면 어떻게 했을까요? • 인종 차별을 막으려면 어떻게 해야 하나요?

6) 톰은 목화밭에서 극심한 노역과 학대를 받으면서도 동료 노예 캐시와 에믈린의 탈출을 도와줍니다. 결국, 그로 인해 죽임을 당합니다. 죽어가면서도 톰은 잔인한 레글리를 용서합니다. 여러분이 톰이라면 어떻게 할 것인지 글로 써서 모둠 토론을 해보세요.

예) 톰은 노예로 살았지만 정말 예수님 같았다. 원수를 용서하고 사랑을 실천한 사람이다. 나는 그러지 못할 것 같다. 머리로는 용서할 수 있지만 마음으로는 진심으로 용서가 되지 않는다. 죄를 지은 사람은 응당하게 벌을 받아야 한다.

7) 이 글을 읽은 후에 느낀점이나 생각한 것을 쓰고 모둠별로 돌려 읽기를 한 후 가장 잘 쓴 글을 발표해봅시다.

서울 반포초 6학년 송지윤

나는 오늘 《톰 아저씨의 오두막집》이라는 책을 읽었다. 이 책의 주인공은 톰 아저씨이다. 이 이야기는 옛날 흑인들에 관한 이야기이다. 이 책이 미국의 남북전쟁을 불러일으킨 화제의 책이라는 것도 의미가 있다. 내가 이 책을 읽게 된 동기도 그 때문이다.

옛날 미국에는 흑인 노예들이 많이 있었다. 흑인들은 똑같은 인간이지만, 인간 취급을 받지 못하였다. 흑인들은 백인들의 집에 끌려가서 힘든 일들을 하면서 살게 된다. 톰 아저씨도 그런 흑인들 중 한 명이다. 나는 톰 아저씨가 다른 흑인들과 함께 행복했던 시간들인 첫 번째 농장에 머물러 있기를 바랐다. 그곳에서는 모든 흑인들이 함께 성경을 읽고, 노래도 부르며 아주 즐거운 시간을 보냈기 때문이다. 내가 만약 톰 아저씨의 첫 번째 주인이었다면 톰 아저씨를 절대로 팔지 않았을 것이다.

옛날 미국인들은 흑인들을 동물인 것처럼 마구 학대하고, 돈으로 사고팔았다. 나는 그 점이 너무 싫었다. 똑같은 인간임에도 불구하고, 꼭 흑인만 차별했기 때문이다. 지금도 그런 약간의 인종차별이 있다. 백인들만 대접받는 것이다. 만일 자신들이 흑인이었더라면 그때 어떤 기분일까? 아마도 너무 힘들어서 주저앉아 펑펑 울어버렸을지도 모른다. 흑인은 자신들이 흑인으로 태어나고 싶어서 태어난 것도 아닌데 왜 차별받아야 하는지 잘 이해가 가지 않는다.

두 번째 주인에게서도 톰은 행복했다. 친절한 소녀 에바와 좋은 주인아저씨가 계셨기 때문이다. 에바는 몸이 약해서 결국 죽고 말지만, 주인아저씨는 에바의 마지막 소원이었던 톰에게 자유를 주는 것을 실천하려고 했다. 그러나 주인아저씨는 갑작스런 사고로 죽게 된다. 나는 그때 너무나도 안타까웠다. 그때 톰의 기분은 무척 슬펐을 것이다. 만일, 그때 톰에게 자유가 왔다면 톰은 아마도 첫 번째 주인에게 갔을 것 같다. 그곳에는 사랑하는 사람들이 있기 때문이다.

톰의 두 번째 주인아저씨가 죽지만 않았더라면 아주 행복했을 것이다. 하지만 원래 인생은 뜻대로 되지 않는 법이다. 세 번째 주인에게서 톰은 아주 불행했다. 신앙심이 깊고, 또 아주 정직한 톰을 주인은 매우 싫어했기 때문이다. 악마같은 성격의 레글리는 톰을 너무 심하게 학대했다. 캐시는 그런 레글리에게서 도망치지만 정직한 톰은 그런 캐시를 레글리에게 이르지도 않았고 따라가지도 않았다. 하지만 결국 탈출은 실패했다. 그래도 만약 내가 톰이었다면 캐시를 따라 도망쳤을 것이다. 어차피 레글리에게 죽는 것보다는 탈출을 한 번쯤은 시도해 보는 것이 더 좋은 방법이기 때문이다. 레글리는 톰을 계속 학대했다. 결국 톰은 죽었고, 이야기가 너무 슬퍼져서 나는 조금 실망했다. 나는 인종 차별이 없어지는 그날까지, 하늘나라에서 편안히 쉬고 계신 톰 아저씨를 응원할 것이다.

7. 《몽실 언니》를 읽고 토론하기

권정생 저 | 이철수 그림 | 창비

서울 반포초 5학년 안수민

　몽실이네는 식구가 4명이었다. 아주 잠깐 종호라는 동생이 있었는데 그 동생은 이름 모를 병으로 죽게

되었다. 몽실이 아빠 정씨는 돈을 번다고 나간 뒤 몇 달째 소식이 끊겼기 때문에 엄마 밀양댁이 몽실이를

데리고 부잣집 김씨와 재혼을 하게 된다. 그 집에서 몽실이는 남동생이 태어나자 천덕꾸러기 신세가 되어,

구박을 받으며 힘들게 집안일만 한다.

　어느 날, 몽실이의 친아버지 정씨가 찾아오고 그날 밤 엄마와 김씨는 심하게 말다툼을 한다. 새아버지

김씨가 엄마를 밀어 젖히자 엄마의 몸이 몽실이 위로 떨어져 몽실이의 다리가 부러지고, 그때부터 몽실이는

절름발이가 되어 버린다. 그 사고로 몽실은 고모와 자신의 친아버지 정씨의 집으로 오게 된다.

　새어머니 북촌댁은 정말 아리따운 여자이고 몽실이를 진실로 사랑해줬는데 난남이라는 딸을 낳고 폐

병으로 죽게 된다. 6·25 전쟁이 터지자 아버지는 군인으로 가고 몽실이는 장골할머니 추천으로 식모살이

를 한다. 아버지는 심한 부상을 입고 집으로 돌아왔으나 무료 진료소에서 치료를 받기 위해 차례를 기다

리다가 죽게 된다. 30년의 세월이 흘러, 난남이는 결혼을 했으나 결핵으로 죽게 된다. 두 아이의 어머니

가 된 몽실은 여전히 동생들과 아이들, 꼽추인 남편의 든든한 지지와 함께 가난하지만 굳세게 세상을 살

아가고 있다.

1) 자료 읽기

① 짝과 교대로 소리 내어 읽는다.

② 교사와 학생이 한 문장씩 교대로 소리 내어 읽는다.

③ 여러 가지 방법으로 실감 나게 읽는다.

2) 내용 알기

① 몽실이 엄마인 밀양댁은 왜 개가를 했나요?

예) 친아버지가 돈을 벌려고 집을 나간 후 돌아오지 않고 집에는 먹을 것도 없어서이다.

② 몽실의 왼쪽 다리가 부러진 이유는 무엇인가요?

예) 친아버지가 난동을 부리고 가자 새아버지가 엄마와 싸우다가 밀어서 엄마가 몽실이 위로 넘어졌기 때문이다.

③ 몽실이가 난남이를 정성으로 키운 까닭은 무엇인가요?

예) 북촌댁이 몽실이를 진실로 사랑해주었기 때문이다.

④ 전쟁에서 돌아온 친아버지가 온몸에 상처와 병을 얻어 돌아오자 몽실은 어떻게 먹여 살렸나요?

예) 난남이와 아버지를 먹여 살리기 위해 깡통을 들고 밥을 동냥했다.

⑤ 몽실이 친아버지는 왜 죽게 되었나요?

예) 아버지는 전쟁 때 다친 다리가 낫지 않아 몽실이와 함께 자선병원을 찾아가지만, 워낙 긴 줄을 서다 보름 만에 길에서 죽고 만다.

3) 앞 글에서 핵심 단어 5개 이상을 넣어서 다섯 문장 정도로 간추려보세요.

핵심 단어 : 몽실이, 밀양댁, 절름발이, 북촌댁, 난남이, 정씨 아버지

예) 밀양댁은 정씨 아버지가 돌아오지 않아서 몽실이를 데리고 김씨 아버지에게로 재가를 한다. 김씨 아버지에 의해 몽실이가 다리를 다쳐서 절름발이가 되었다. 새어머니인 북촌댁이 난남이를 낳고 폐병으로 죽게 된다. 6·25 전쟁에서 부상을 입고 돌아온 아버지가 죽게 된다. 두 아이의 어머니가 된 몽실이는 꼽추인 남편의 든든한 지지로 꿋꿋하게 살아간다.

4) 현대에는 가족 사랑이 점점 메말라 간다고 합니다. 몽실이의 가족 사랑에 대해 논술해 보세요.

예) 몽실이는 가족을 위해 처음부터 끝까지 너무나 헌신적이었다. 그런데 자신이 절름발이인 데도 모든 힘든 일을 다 감당하고 원망도 안하는 것은 너무 불공평한 것 같다. 아무 말을 안 하니까 모두가 몽실이만 믿는 것 같다. 나라면 가족을 위해 헌신을 하겠지만, 어느 정도만 하고 자신의 삶도 생각할 것이다.

5) 《몽실 언니》를 읽고 논제를 만들어 토론해봅시다.

경쟁적 토론 논제	비경쟁적 토론 논제
• 밀양댁이 재가한 것에 대해 어떻게 생각하나요? • 몽실이의 가족을 위한 헌신을 어떻게 생각하나요?	• 여러분이 너무 가난하여 먹을 것이 없다면 어떻게 하겠습니까? • 여러분이 몽실이라면 난남이를 어떻게 할 것입니까?

6) 새아버지 김씨가 엄마를 심하게 밀어젖히자 엄마의 몸이 몽실이 위로 떨어져 몽실이의 다리는 부러지고, 그때부터 몽실이는 절름발이가 되어 버립니다. 어느 날 고모가 찾아와 몽실이를 친아버지에게 데려가려고 합니다. 여러분이 몽실이라면 어떻게 할지 글로 써서 모둠 토론을 해보세요.

예) 나라면 몽실이 친아버지에게로 올 것이다. 왜냐하면 새아버지 김씨와 할머니가 너무 미워하기 때문에 더 이상 구박받고 살기는 힘들 것이다. 친아버지에게 먹을 것이 없다면 친엄마께 약간의 식량을 도움받았으면 좋겠다. 물론 그 당시 밀양댁이 식량을 몰래 가져올 수 있으면 말이다. 아니면 고모에게 식량을 도와달라고 한다.

7) 이 글을 읽은 후에 느낀점이나 생각한 것을 쓰고 모둠별로 돌려 읽기를 한 후 가장 잘 쓴 글을 발표해봅시다.

서울 반포초 5학년 정선우

몽실이는 아픈 시련들을 계속 겪어 왔던 사람이다. 아버지를 버리고 어머니 밀양댁과 함께 새아버지에게 간다. 얼마 후, 어머니가 동생 영득이를 낳고 몽실이는 일년 후 고모와 함께 아버지 정씨에게로 돌아와서 새어머니 북촌댁을 만나게 된다. 북촌댁은 난남이를 낳고 죽고, 몽실이는 고모네 갔는데, 고모가 돌아가셨다는 이야기를 듣고 밀양댁으로 가서 몇 년 지내다가 읍내 최씨 집으로 와서 식모살이를 한다. 몇 년 뒤 몽실이의 아버지가 전쟁터에서 돌아오셔서 몽실이는 난남이와 함께 노루실로 돌아온다. 그러나 곧 어머니가 위독하다는 전보를 받고 댓골로 갔지만, 어머니는 이미 돌아가셨다. 그후로도 몽실이는 영득이와 영순이를 만나러 댓골로 가끔씩 갔다. 그 뒤, 몽실이는 부상당한 아버지를 자선병원에 모시고 가지만, 아버지는 아픔을 못 이기고 기다리다 죽었다. 삼십 년 후, 몽실이는 구두 수선장과 결혼을 하고 기덕이와 기복이의 어머니가 되었다.

몽실이의 삶은 어떻게 보면 행복하기도 하고, 어떻게 보면 슬프고 비참한 것 같다. 아버지가 몽실이를 버리고 어머니도 몽실이를 버리고 이웃들뿐만 아니라 이 세상에 있는 모든 칼과 창이 가엾은 몽실이를 끊임없이 괴롭혔다. 불쌍한 동생들을 등에 업고 가파르고 메마른 고갯길을 넘고 또 넘어온 몽실이였다. 몽실이는 우리가 알고 있는 착한 것과 나쁜 것을 좀 다르게 이야기한다. 아버지를 버리고 다른 곳으로 시집을 간 어머니도 나쁘다고 하지 않는다. 검둥이 아기를 버린 어머니를 사람들이 욕할 때도 몽실은 그 욕하는 사람들을 오히려 나무란다. 몽실은 아주 조그만 불행도, 그 뒤에 아주 큰 원인이 있다고 생각한다. 그녀는 슬프고 무섭고 비참한 삶과 시련을 잘 버티는 것 같다. 내가 몽실의 입장이었다면, 새어머니와 새아버지가 오고 아버지에게 버림을 받는 등 수많은 시련 때문에 금방이라도 포기하고 난남이와 영득이, 영순이를 무시하고 외면해 버리고는 혼자 살았을 것 같다. '몽실이는 다리까지 다쳤는데, 감당하기 힘든 시련들을 어떻게 극복했을까?' 정말 궁금하다. 몽실이를 보면 본받을 점이 많다. 나도 몽실이처럼 시련이 닥쳐도 포기하지 않고 꿋꿋이 이겨내도록 노력할 것이다.

8. 《12살에 부자가 된 키라》를 읽고 토론하기

보도 섀퍼 글 | 원유미 그림 | 을파소(21세기북스)

서울 반포초 6학년 강민규

'키라'라는 아이는 오래 전부터 개를 키우고 싶어 했다. 하지만 키라의 주인집 아저씨는 개를 무척 싫어해서 개를 키우지 못한다. 키라는 다친 개를 동물병원으로 데리고 가서 완쾌가 되었는데 주인이 누구인지 모르고, 어디서 왔는지도 모르는 것이 문제였다. 그래서 개의 이름을 '머니'라고 짓고 한식구가 되었다. 머니는 돈에 대해 아주 많이 알고 있는 개였는데 전 주인이 돈을 아주 효율적으로 사용한 사람이었다. 키라는 강아지를 돌봐주고, 교육시키는 알바를 시작한다. 그 와중에 머니의 진짜 주인인 골트슈테른 아저씨를 만나게 된다. 골트슈테른 아저씨는 사람들의 재정 문제를 조언해 주는 회사를 운영했다.

트룸프 할머니 댁에 비앙카의 먹이를 가지러 갔다가 도둑이 들은 것을 보고 놀라서 경찰에 신고하기도 했다. 할머니의 금고 속 돈을 세어서 지키기도 하고 정말 재미있는 일을 많이 했다. 또 은행 아줌마가 초등학교에서 돈에 대해 강의할 수 있는 기회를 주어서 초등학교에서 돈에 대해 강의하기도 했다. 돈 마술사라는 투자클럽을 만들어 마르셀, 모니카(친구), 머니, 트룸프 할머니가 함께했다. 할머니는 각자에게 1,000만 원이라는 엄청난 거금을 준다. 그래서 어린이들은 좋아하는 여러 회사의 주식을 조금씩 소유할 수 있는 재미있는 경제 생활을 하게 된다.

1) 자료 읽기

① 짝과 교대로 소리 내어 읽는다.

② 교사와 학생이 한 문장씩 교대로 소리 내어 읽는다.

③ 여러 가지 방법으로 실감 나게 읽는다.

2) 내용 알기

① 머니가 알려준 부자가 되는 물건은 무엇인가요?

　예) 소원 앨범, 소원 상자, 성공 일기

② 키라가 처음으로 돈을 벌려고 한 일은 무엇인가요?

　예) 하넨 캄프 노부부의 나폴레옹 훈련시키기

③ 키라는 트룸프 할머니를 어떻게 생각하나요?

　예) 돈 많고 인정이 많은 사람

④ 머니가 말하는 부자 습관은 무엇인가요?

　예) 올바른 저축 습관과 소비 습관

⑤ 키라가 머니에게 배운 것은 무엇인가요?

　예) 돈을 관리하는 법

3) 앞 글에서 핵심 단어 5개 이상을 넣어서 다섯 문장 정도로 간추려보세요.

핵심 단어 : 키라, 머니, 돈, 강의, 투자클럽

예)'키라'라는 아이는 오래 전부터 개를 키우고 싶어 했다. '머니'는 돈에 대해 아주 많이 알고 있는 개였는데 키라에게 돈의 소중함을 알려준다. 그후에도 키라는 머니의 옛 주인인 골트슈테른 씨와 트룸프 할머니에게 돈에 대해서 더 많이 배우게 된다.

키라는 초등학교에서 돈에 대해 강의하기도 하며, 투자 클럽을 만들어 보기도 한다. 결국, 키라는 부자가 되어 자신의 꿈을 이룬다.

4) 여기서 키라는 수입의 50%는 미래를 위해, 40%는 소원을 위해, 10%는 소비를 위해 쓰는 저축 습관을 길렀습니다. 자신이라면 돈을 어떻게 쓸 것인지 글로 써보세요.

예) 나는 돈이 있다면 미래를 위해 40%, 특별한 소원을 위해 40%, 지금 쓸 일에 소비하는 것에 20%를 사용할 것이다. 키라는 지금 쓰는 돈이 너무 적다. 미래도 중요하지만 지금도 잘 쓰기만 하면 괜찮다. 부모님 생신 선물이나 친구들 생일 선물을 살 때 쓸 수 있기 때문이다.

5) 《12살에 부자가 된 키라》를 읽고 논제를 만들어 토론해봅시다.

경쟁적 토론 논제	비경쟁적 토론 논제
• 어릴 때부터 돈을 버는 것에 대해 어떻게 생각하나요? • 초등학생이 주식하는 법을 배우는 것에 대해 어떻게 생각하나요?	• 키라는 강아지를 돌봐주고, 교육시키는 알바를 하며 돈을 벌었는데 여러분은 어떤 방법으로 돈을 벌 수 있나요? • 여러분은 돈을 어떻게 쓰는 것이 가장 좋은 소비 습관이라고 생각하나요?

6) 키라는 초등학교에서 돈에 대해 강의하기도 하고, 친구들과 트룸프 할머니가 준 돈으로 재미있는 경제생활을 하게 됩니다. 키라가 돈을 벌고 있는 까닭은 무엇일까요? 모둠 토론을 해보세요.

예) 키라가 부자가 될 수 있었던 이유는 주변의 훌륭한 사람들의 도움도 있었지만, 스스로 돈을 벌기 위해 노력하고 돈을 체계적으로 관리하는 능력을 가졌기 때문이라고 생각한다. 또한, 키라는 그 어느 누구보다도 열정적으로 투자 클럽에서 활동하였다. 키라는 처음부터 끝까지 힘든 시련이 닥쳐도 포기하지 않았기에 자신의 꿈을 이룰 수 있었다.

7) 이 글을 읽은 후에 느낀점이나 생각한 것을 쓰고 모둠별로 돌려 읽기를 한 후 가장 잘 쓴 글을 발표해봅시다.

서울 반포초 6학년 강민규

수많은 사람이 부자가 되기를 원한다. 하지만 부자가 되기 위해서는 많은 시간과 노력이 필요하다. 사람들이 부자가 되기 위해서 돈을 버는 방법은 정말 다양하다. 열심히 일해서 월급을 받거나, 사업을 하거나, 주식투자를 하거나, 도박을 하거나, 복권을 사는 등 정말 다양한 방법이 있다. 그렇다면 사람들은 왜 돈을 버는 것일까? 돈은 우리가 살면서 꼭 필요한 것이다. 돈은 우리가 먹고, 입고, 잘 수 있게 해주는 수단이기 때문이다. 하지만 부자가 된다고 해도 대부분은 돈을 생각 없이 써버린다. 나는 그 점이 정말 안타까웠다.

키라의 부모님께서는 빚을 많이 지고 계셨다. 키라 스스로가 부모님을 위해서 돈을 벌 수도 없었고, 곤란한 상황에 처해 있었다. 그러나 1년 전부터 자신이 키우던 개 머니가 말을 하기 시작하면서 키라에게 돈을 관리하는 법을 가르쳐주게 된다. 예를 들면, 매일 성공 일기를 쓰게 하고 소원 상자 만들기 등이었다. 그리고 키라는 이웃들의 개를 돌봐주면서 돈을 벌기 시작하고 머니는 키라에게 부자가 되는 법을 본격적으로 가르쳐주게 된다.

나는 머니가 부자가 되는 법을 키라에게 가르쳐 주는 것이 키라에게는 좋은 기회가 되었다고 생각한다. 왜냐하면 그 당시 키라의 부모님은 빚 문제 때문에 경제적으로 많이 곤란했던 상황이었기 때문이다. 만약 키라가 머니로부터 도움을 받지 못하였다면 키라는 부모님을 더 많이 걱정할 수밖에 없었고, 자신의 어려운 경제사정으로 힘들었을 것이다. 그 후에도 키라는 머니의 옛 주인인 골트슈테른 씨와 트룸프 할머니에게서 돈에 대해서 더 많이 배우게 된다. 특히 트룸프 할머니, 친구들과 투자 클럽을 만들어보기도 한다. 결국, 키라는 부자가 되어 자신의 꿈을 이루게 된다. 나는 키라가 부자가 될 수 있었던 이유는 주변의 훌륭한 사람들의 도움도 있었지만, 스스로 돈을 벌기 위해 노력하고 돈을 체계적으로 관리하는 능력을 가졌기 때문이라고 생각한다. 또한, 키라는 그 어느 누구보다도 열정적으로 투자 클럽에서 활동하였다. 키라는 처음부터 끝까지 힘든 시련이 닥쳐도 포기하지 않았기에 자신의 꿈을 이룰 수 있었다. 그러나 현재 많은 사람은 목표를 가지고 있어도 조그마한 어려움이 닥치면 쉽게 포기하고 그 원인을 사회 탓으로만 돌린다. 누구나 자신이 원하는 목표를 가지고 노력하고자 하지만, 원하는 목표를 이뤄내는 사람은 많지 않다. 돈을 버는 일 외에도 언제 어디서든 아무리 어려움이 닥쳐도 포기하지 않고 끝까지 노력해야 자신이 원하는 목표를 이루어낼 수 있을 것이다.

7장

토론과 함께하는
교과 수업

독서는 충실한 인간을 만들고
토론은 유연한 인간을 만들며,
글쓰기는 정확한 인간을 만든다.

- 프랜시스 베이컨

1. 국어 수업과 토론

독서토론수업은 독서로 시작해서 독해하고 토론 주제를 가지고 토론하여 생각을 나누는 과정이다. 국어 시간에 사용하는 교과서의 예문은 독서의 중요한 자료가 된다. 모든 학생이 다 같은 교과서를 가지고 있기 때문에 적절하게 쓰면 아주 유용하게 사용할 수 있다. 또한 시, 소설, 독후감, 생활문, 설명문, 논설문 등 다양한 글이 수록되어 있어서 다양한 장르의 독서를 맛볼 수 있다. 교과서만으로도 다양하게 읽기와 내용 파악하는 방법, 의견 쓰기, 다양한 토론 방법을 가르칠 수 있다.

모든 장르의 텍스트를 다양한 방법으로 독해하고 깊이 감상하면 그와 같은 맥락으로 글쓰기를 할 수 있다. 그래서 글 종류와 특성에 맞는 체계적이고 깊이 있는 독해 과정은 꼭 필요하다. 또한, 혼자 감상하기보다 친구들과 토론을 통해 다양한 생각을 공유하면 더욱 깊이 있는 국어 공부가 가능하다. 국어 과목에서의 토론수업은 모든 교수 학습 과정에서 의견을 산출하고 나누게 하는 것이다. 토의 토론이 함께 어우러져 모두가 함께하는 수업이 되면 서로에게 영향을 미쳐서 자신의 부족함을 채워가면서 발전한다.

1) 시 수업을 토론으로

시를 감상하려면 마음으로 느끼고 감각적으로 다가가며 대상과 서로 소통하여 내면의 생각이 차올라야 한다. 그러므로 대상에 대해 다양한 경험을 하도록 유도하면 저절로 대화가 시작되고 서로 소통하게 되어 글, 그림, 무용, 노래 등으로 감상을 표현할 수 있다. 그러나 자신만의 소통에는 한계가 있으므로 다른 사람의 생각을 들으며 다양하게 감상을 하면 글쓰기의 통로가 만들어진다. 교과서의 시를 토론으로 감상하는 방법을 알아보자.

- 시와 함께 그려져 있는 그림을 보고 느낌을 발표한다.
- 한 행씩, 한 연씩 교사와 학생이 교대로 낭송한다.
- 낭송 후에 재미있는 표현을 이유를 들어 발표한다.

- 모둠에서 돌아가며 느낌과 생각을 발표하고 질문하고 답변한다.

- 시에서 느껴지는 감흥을 그림으로 표현하고, 그림의 설명을 도화지 뒷면에 쓴다.

- 그림 뒷면에 쓴 글을 발표하고 다른 친구들은 그림을 보며 질문 답변한다.

- 시의 한 연씩 자신의 시로 써 본다.

- 한 연씩 쓴 친구들의 시를 듣고 질문 답변하며, 가장 잘 된 시를 선정한다.

- 모둠에서 잘 된 시를 뽑아 앞에 나와 발표하고, 들은 시 중 좋은 표현을 발표하게 한다.

- 각 모둠에서 뽑은 시를 작품란에 붙이고 마음에 드는 글에 스티커를 붙이게 한다.

- 시화를 작품란에 붙여두고 감상한다.

2) 산문 수업을 토론으로

교과서에서 시를 제외한 글은 거의 산문에 속한다. 산문은 글의 종류에 따라 독해 과정이 조금씩 다르다. 올바른 독해를 위해 간추리기, 문단 나누기, 감상 쓰기는 필수로 가르치는데, 우선 간추리기와 문단 나누기부터 알아보자.

① 간추리기와 문단 나누기를 토론으로

산문에서 글을 읽고 내용을 간략하게 표현하는 '간추리기'는 모든 텍스트에서 꼭 필요한 부분이다. 하나의 글을 읽고 중요 내용을 파악하여 간략하게 나타내기를 통해 핵심 내용을 알게 되기 때문이다. 모든 글은 크게 세 부분, 네 부분, 다섯 부분으로 나눌 수 있다. 전체 글에서 의미를 보면 처음, 가운데, 끝부분으로 나뉘고 가운데 부분에서 다시 작은 주제로 나누어진다. 문단을 나눌 때나 내용 간추리기를 할 때도 모둠 토론을 거쳐서 한다. 그러면 잘하는 학생에게는 발표할 기회를 주고, 부족한 학생에게는 스스로 깨우치며 배울 수 있는 기회를 주게 된다.

- 교사와 학생이 교대로 낭독한 후에 글의 장르에 따라 몇 문단으로 나눌 수 있을지 질문한다.
- 문단을 나눌 때 가장 쉽게 할 수 있는 방법은 전체 글을 몇 개의 장면으로 그려서 나누는 것이다.
- 나름대로 기준을 가지고 전체 글을 정독하며 주요 문장과 뒷받침 문장을 생각해서 책에 표시하여 나눈다.
- 개인이 나눈 문단의 주요 내용을 책이나 공책에 쓴다.
- 자신이 나눈 문단과 문단의 주요 내용을 발표하고 근거와 이유를 댄다.
- 발표한 내용을 듣고 모둠의 다른 친구들이 질문하고 답변하며 토론한다.
- 모둠에서 문단 나누기와 주요 내용을 제일 잘 쓴 친구를 뽑는다.
- 문단 나누기를 한 후에 각 문단의 주요 내용을 자연스럽게 이어서 쓰면 간추리기가 된다.
- 간추리기도 모둠 토론을 거쳐서 잘 쓴 작품을 뽑아서 발표하게 하고 교실 작품란에 게시한다.

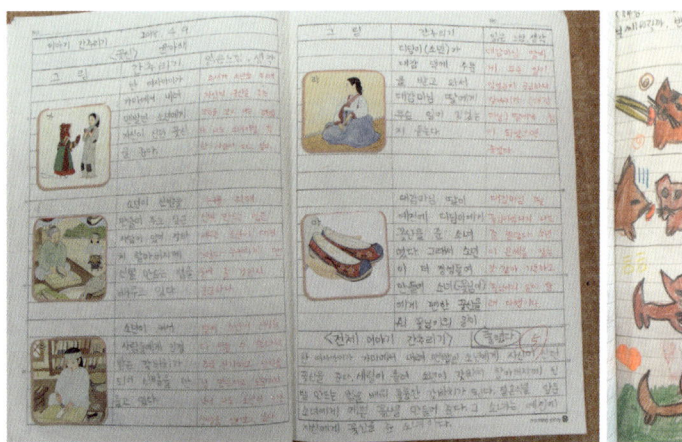 

다섯 장면이나 네 장면으로 나누어 문단 중심 내용과 생각쓰기

② 감상 활동을 토론으로

어떤 글이건 수업을 하고 나면 감상이 있다. 감상을 글, 그림, 무용, 음악, 연극 등 여러 가지 방법으로 표현해보자. 이러한 감상을 글의 특성에 맞게 연결하면 감상이 내면화되어 학생들에게 큰 영향을 준다. 감상 활동을 모둠별 토론을 거쳐서 구상을 하거나 표현을 만들어나가면 다양하고 수준 높은 작품이 만들어진다. 무엇보다도 부족하거나 산만한 학생들도 함께하고 배워나갈 수 있어서 좋다. 다음은 '동물의 겨울나기'를 역할놀이 수업으로 진행한 예이다.

- 동물의 겨울나기 상황을 모둠별로 정한다.

- 모둠 토론을 거쳐서 하나의 상황을 정한다. (예 : 펭귄의 겨울나기, 곰의 겨울나기 등)

- 한 모둠의 인원이 4명이면, 네 명의 주인공을 만들어 2~3쪽의 극본을 쓴다.

- 각자가 써 온 극본을 모둠별로 돌려 읽으며 평가하여 잘된 작품을 선정한다.

- 선정된 극본을 인물별로 실감 나게 읽어보며, 가장 적절한 사람을 정한다.

- 인물이 정해지면 어떻게 말하고 연기할지와 의상, 음향 등에 대한 준비 계획을 스스로 연구하여 써 온다.

- 자신이 연구하여 써 온 것을 발표하고, 서로 토론하여 조정하고 더 좋은 방법을 알아본다.

- 모둠 대표를 뽑아서 연습하고, 연극 준비를 하여 역할극을 발표한다.

- 다른 모둠 역할극 발표를 보고 감상을 글로 쓴다.

- 모둠원들이 쓴 감상글을 돌려 읽으며 다양한 감상을 공유한다.

2. 수학 수업과 토론

4차 산업혁명의 시대에는 창의적 사고를 바탕으로 토론과 협업을 잘하는 인재가 필요하다. 수학을 도구 삼아 지능정보화 사회에 발생할 각종 문제를 여러 사람과 함께 해결하는 협업이 미래 인재의 자질인 것이다. 그러므로 미래 사회에 수학은 더욱 중요한 자리를 차지할 것이다. 문제를 인식하고 파고드는 '수학적 사고'야말로 수학의 본질이고 핵심이다.

요즘 사회에 수많은 유형의 문제들이 발생하는데 수학으로 해결할 수 있는 문제들도 많다. 결국 수학적 사고는 문제를 인식하고 탐색하고 문제를 해결하는 능력이다. 아이들이 스스로 해보고 싶어 하는 것, 호기심을 자극하는 수업이어야만 뇌를 자극하여 수학적 능력이 좋아진다. 문제를 파악하는 것에서부터 수학이 시작되는 것이라면, 그 능력은 결국 독해력이라고 할 수 있다.

무엇보다 학생 스스로 해결을 하고 성취감을 얻는 것이 중요하다. 그러면 어떻게 해야 수학적 사고력을 키울 수 있을까? 먼저 수학 개념을 스스로 깨우치게 한다. 개념을 스스로 이해하려면 모둠원들과 의견을 나누며 토론해보는 것이 가장 효과적이다. 토론 후에 생각을 모아 개념을 만들고, 토론하면서 오류를 지적하여 개념을 탄탄하게 만들어간다. 다음은 수학 수업에서 정사각형에 대한 학습을 토론수업에 적용해본 예시이다.

- '정사각형의 특징은 무엇일까요?' 하고 질문을 던진다.
- 학생들 모두 자신이 생각하는 특징을 각자 표현한다.
- 모둠별로 정사각형의 특징에 대한 자신의 생각을 말하고, 서로 질문 답변한다.
- 모둠 토론을 거치고 나면 가장 알맞게 표현한 정사각형의 특징을 선택한다.
- 모둠 대표가 칠판에 정사각형의 특징을 쓰고 근거와 이유를 설명한다.
- 다른 모둠에서 칠판에 적힌 특징에 대한 설명을 듣고 질문하고 답변한다.
- 가장 알맞은 정사각형의 특징을 거수하여 정한다.
- 이러한 과정을 거쳐 충분히 개념이 파악되면 알게 된 내용을 글로 쓰게 한다.
- 글로 쓴 것은 도형이나 수직선, 식으로 증명해내고 설명하게 한다.

개념을 이해한 다음에는 정사각형의 특징에 대해 공부한다.

"개인별로 정사각형의 특징을 생각해서 3가지 이상 써 봅시다."라고 하면 3~4명의 아이들이 머리를 맞대고 정사각형의 특징을 생각하느라 몰두한다. 그러니 우선 "각자 정사각형의 특징을 만들어 봅시다."라고 하여야 개인별로 생각한다. 그래야 부족한 아이도 스스로 생각을 꺼내려고 노력한다. 그냥 "모둠별로 생각하자."라고 하면 몇몇 아이는 생각을 포기하고 잘하는 아이에게 양도해 버리고는 딴짓을 한다.

모둠별로 하되 조금 전에 이미 '발표된 정사각형의 정의를 넣어도 되고, 발표하지 않은 것을 하나 이상 표현해도 된다'라고 한다. 그러면 모둠원들은 여러 생각을 모아 다양한 표현을 만든다. 그다음에는 모둠에서 만든 '정사각형의 특징' 중에서 모든 학생이 알만한 것 한 개와 모르는 것 한 개를 골라 칠판에 써 보라고 한다. 그러면 아이들은 교과서에 나올 듯한 것 한 개, 자신들이 발견한 것 한두 개를 칠판에 모둠별로 쓴다.

그다음 6개 모둠이 쓴 정사각형의 특징에 대해 왜 그렇게 표현했는지를 질문한다. 그러면 각 모둠에서 한 사람씩 그 이유를 발표한다. 6개 모둠이 쓴 특징에는 중복되거나 비슷한 표현이 많다. 교사는 아이들과 함께 그것들을 몇 개의 굵직한 특징으로 만들어나간다. 이러한 과정을 거치면서 아이들이 '네 변의 길이가 같고, 네 각의 크기가 같다, 네 각이 직각이다, 대각선이 서로 수직이다, 대각선의 길이가 같다, 마주 보는 변의 길이가 같다' 등 정사각형이 되려면 꼭 필요한 개념을 함께 찾아간다.

혹시 이런 과정에서도 덜 나온 표현이 있다면 교사는 또 발문한다. "또 다른 표현은 없을까요?" 여기까지 오면 아이들의 생각은 정사각형의 깊은 개념까지 파고들게 된다. 부족한 아이도 이러한 과정을 거치면서 정사각형의 개념을 여러 가지로 생각하게 된다. 어쩌면 시간이 다소 걸릴 수 있다. 그러나 이러한 과정을 거치면서 아이들은 정사각형 변의 길이, 각의 크기나 넓이를 구할 수 있고, 그리는 방법도 동시에 알게 된다. 개념을 확실히 안 뒤에는 거기에서 파생되는 둘레 구하기, 넓이를 여러 가지로 구하는 방법, 그리는 방법 등을 교과서를 보지 않고도 조금씩 이해하고 깨닫는다.

이러한 과정을 거친 후에 몇 개의 문제를 제시하고 문제를 해결하는 과정을 논술을 쓰듯이 공책에 쓴다. 아이들은 서로 자신이 문제를 해결한 방법을 설명하고 질문, 답변하며 모둠별로 문제를 해결한다. 만약 이해가 덜 된 아이가 있어도 설명하는 과정에서 대부분 이해하게 된다. 그래도 부족하면 모둠에서 먼저 이해한 아이가 이해가 안 되는 부분만 설명해주면 된다.

정사각형의 개념부터 생각하며 수업했으므로 설명하기가 어렵지 않다. 여기서 한발 더 나아가 응용 문제를 제시하고, 그 문제를 각자 풀고 모둠에서 질문 답변하며 해결한다. 문제는 개념과 그림, 수직선 등의 방법으로 나타내고 다양한 방법으로 문제를 풀게 한다. 이렇게 수업하다 보면 다소 시간이 많이 걸린다는 문제가 있다. 하지만 그 단원에서 배울 대표적인 개념에 대해서만 토론식 수학 수업을 하면, 그 외의 파생된 문제들은 훨씬 수월하게 이해되기 때문에 어느 정도 진도를 맞추어 갈 수 있다.

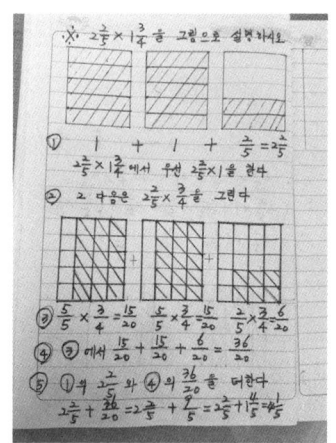

(대분수×대분수)를 그림으로 나타내고
순서대로 설명 쓰기

이로써 아이들은 수학을 대하는 태도가 달라진다. 수학이 부족한 아이들도 이런 토론수업을 통해서 수학에 관심을 가지게 되고 창의적인 생각을 하게 된다. 그리고 대부분 경우에 수학 최저 점수가 향상되었다. 수학적으로 우수한 아이들도 이러한 수업을 통하여 수학적 사고력과 문제 해결력이 향상되었다. 무엇보다도 학생들이 호기심을 가지고 적극적으로 참여하여 수학을 즐기게 되니 성적이 좋아진다.

3. 과학 수업과 토론

'과학에도 탐구 토론을 적용하면 어떨까?' 하는 생각을 했다. 대부분 과학 수업은 학습 문제가 주어지면 예상하고, 실험 준비하고, 실험하고, 실험 결과를 비교하는 식으로 진행된다. 여기에 토론을 접목하여 모둠을 만들고 과학 수업 과정을 함께하면 어떨까 하는 생각이 들었다. 학생들의 과학적 탐구력을 키우기 위해서는 스스로 호기심을 가지게 하는 것이 중요하다. 바르게 결과를 얻기보다 준비하고 예측하고 실험 방법의 체계를 잡아보는 것이다. 그런데 과학 교과서나 실험 관찰에 실험하는 과정이 다 나와 있다. 교과서 방법 그대로 실험 관찰을 하는 것보다 학생들의 호기심과 탐구력을 더욱 끌어낼 수 있게 토론으로 과학 탐구 수업을 진행해보자.

- 3~4명으로 모둠을 구성하고 모둠 대표를 뽑는다.

- 교사는 학습 문제를 제시하고 사용 가능한 준비물을 알려준다. 때에 따라서는 모둠별로 적절한 자료를 준비할 수도 있다.

- 학생들은 각자 학습 문제를 해결할 실험 방법을 차례대로 써 본다.

- 모둠원들이 토론하여 가장 적절한 실험 방법을 정한다.

- 실험 방법과 차례에 맞는 역할을 분담하여 자료를 선택하고 실험 순서에 따라 실험한다.

- 모둠별로 실험한 과정과 결과를 발표한다.
- 모둠별 토론을 거쳐서 이번 실험을 통하여 알게 된 사실이나 원리를 쓴다.
- 만약 실험 결과가 틀렸을 경우에는 다시 교과서를 참고하여 실험하게 한다.
- 모둠 대표가 학급 전체 앞에서 발표를 한다.
- 다른 모둠에서 질문하면 모둠원이 모두 답변할 수 있다.

이처럼 과학 수업에서 탐구 토론을 할 때, 학습 문제는 같지만 실험의 방법과 순서 그리고 준비물은 모둠별로 조금씩 다를 수 있다. 교과서를 참고하여 실험 설계에 도움을 받을 수도 있다. 다만 교과서를 그대로 따라 하는 것이 아니라 참고만 하는 것이다. 실험을 모두 마치고 나면 모둠별로 어떻게 실험을 했는지, 무엇을 배웠는지와 실험상 유의점을 발표한다. 그리고 다른 모둠에서 실험 과정이나 결과에 대해 알고 싶은 것을 질문하고 답변한다. 이처럼 한 주제에 대하여 여러 가지 실험 과정을 맛보게 한다. 교과서대로 실험하는 것과 결과를 비교해 볼 수도 있다. 만약 실험이 잘못되었다면, 그 원인이 무엇인지를 토론하여 알아내면 된다. 실험에 성공한 토론을 들으며 다시 실험해볼 수도 있다. 비교적 간단한 실험들이므로 다시 수정하여 실험해 보도록 배려하면 된다. 교사는 실험상 유의점이나 각 모둠에서 잘 진행하고 있는지 세심한 주의를 기울여 안전한 실험이 되도록 지도해야 한다.

가장 중요한 것은 학생 스스로 수업을 설계하고 본인들이 정한 방법에 따라 실험을 진행하며 성찰하는 것이다. 또한, 모든 과정을 혼자 진행하는 것이 아니기 때문에 개인이 생각한 내용은 모둠별 토론을 거친다. 여기서는 '교과서를 가르치는 것'이 아니라 '교과서로 가르친다는 것'이 핵심이다. 하지만 과학 수업의 모든 과정을 이렇게 수업하기에는 여러 제약이 따른다. 한 달에 한 번이라도 적절한 실험 주제를 정하여 토론 형식으로 과학 수업을 해 보면 재미있고 효과적인 과학 탐구 수업이 될 것이다.

과학 탐구 토론을 과학 조사에도 적용할 수 있다. 예를 들어, 지진에 대해 공부를 한다고 해 보자. 먼저, 지진에 대해 실험하고 싶은 내용과 좀 더 알고 싶은 내용을 조사한다. 그리고 함께 토론해보고 싶은 주제를 정하고, 실험을 통해 알게 된 사실과 조사하여 알게 된 사실을 공책에 쓴다. 그런 후 각자가 질문을 만들어온다. 질문 만들기를 하는 이유는 각자가 알게 된 사실에 대한 핵심 내용을 파악하기 위해서이다. 그런 후에 토론 주제에 대해 조사해온 글을 발표한다. 다른 친구들은 발표를 듣고 의문이 생기는 부분에 대해 질문하면, 답을 아는 친구가 답변을 한다. 이렇게 순서대로 발표하며 질의응답 한다. 답을 모를 경우에는 함께 찾아보며 해결한다.

모둠 토론이 끝나면 지금까지 실험해서 알게 된 사실과 토론하여 알게 된 사실을 합쳐서 지진에 대해 제목을 붙이고 글로 쓰거나 마인드맵 등으로 표현한다. 이렇게 탐구 토론으로 살아있는 수업을 하면 확실한 실험 결과와 원리를 저절로 알게 된다. 또한, 학생들은 과학에 호기심을 가지게 되어 수업을 즐기고 탐구 능력과 창의성을 키울 수 있다.

4. 통합 학습과 토론

'독일의 세계적으로 독보적인 장인과 우수한 직업 교육은 어디에서 올까?' 이는 바로 자신의 생각을 표현하고 탐구하며 깊이 생각하는 데서 올 것이다. 박성희 교수의 저서 《독일 교육, 왜 강한가?》에서 보면 독일은 예술 분야인 미술과 음악에도 논술을 적용하여 가르친다. 특히, 음악과 미술 감상을 중요시하는데 대부분 중학생이 한 작품에 대한 감상을 공책 한두 장 정도를 쓸 만큼의 능력을 갖추고 있다. 그것은 초등학교 때부터 꾸준히 지도해온 덕분일 것이다.

이처럼 미술, 음악에서도 자신의 생각을 쓰고, 발표하고, 토론을 통해 구체화시킨다. 감상을 통해서 좀 더 나은 표현을 하고, 다른 사람의 표현을 듣고, 또 다른 표현을 생각하고, 새로움을 발견하게 된다. 그러므로 더 나은 음악과 미술을 표현하는 데 감상은 필수이다.

악기로 표현할 때도 그렇고 가창으로 표현할 때도 그렇다. 가창이라면 박자 감각이나 음정, 리듬감 등을 문제 삼아 감상평을 썼다면, 다음부터는 그것을 고려하여 표현할 것이다. 음악 창작 분야에서는 표현하고 나타내고 모둠별로 토론하여 서로의 생각을 들어보는 것이 꼭 필요하다. 여기서는 작품을 듣고 감상을 쓰는 자체가 논술이 된다. 작품 자체가 논제가 되기도 하고, 작품을 보고 논제를 만들어 토론할 수도 있다.

창작 분야에서도 토론을 거치면서 작품을 만들면 훨씬 좋은 작품이 나온다. 특히, 이 분야는 개인차가 크기 때문에 함께 토론하여 만들면, 부족한 친구들도 감상이나 창작에 참여할 수 있고 호기심을 가질 수 있다.

국어와 무용, 미술, 음악의 통합 교과로 저학년 창작 수업을 예로 들어보자. 우선 악기로 표현하기 좋은 동화를 하나 선택한다. 여기서는 <백설 공주>를 예로 들었다. 고학년에서는 모둠별로 동화를 따로 정해도 된다. 그러나 저학년에서는 하나의 동화로 정해야 여러 가지 표현을 익힐 수가 있다.

- 전체 글을 3~4개 부분으로 나누어 가장 인상 깊은 장면을 그리게 한다.
- 그림을 구체적으로 설명하고 느낌도 쓴다.
- 개인별로 자신의 그림을 보고 설명과 느낌을 발표한다.
- 질문 답변을 통해 모둠에서 역할놀이에 가장 적절하게 쓴 것을 선택한다.
- 선택된 장면의 대본을 만든다.
- 모둠원들이 대본을 보고 가장 좋은 대본을 정한 다음 역할을 정하고 연습한다.
- 역할놀이를 발표한 후, 악기로 어떻게 나타낼지 생각한다.
- 역할놀이에 대한 모둠원의 생각을 토의하여 가장 적절한 스토리를 정한다.
- 연출자를 정하고 역할에 맞는 악기를 정한다.
- 연주를 듣고 토의하여 음악을 다듬어 간다.

- 모둠에서 결정된 연주를 연습해서 발표한다.
- 모둠별 발표를 보고 느낀점과 잘된 점, 보충할 점 등을 글로 쓴다.
- 쓴 글을 모둠별로 발표하고 질문 답변하며 서로의 생각을 공유하며 감상한다.

어떤 부분을 강조하고 어떤 부분을 누가 어떤 악기로 어떻게 나타낼지 이야기를 나누는 과정에서 자연스럽게 토의 토론이 일어난다. 탬버린, 트라이앵글, 멜로디언, 리코더 등 다양한 악기들 가운데 각 장면에 어울리는 악기를 선택하고, 어떻게 연주할 것인지 개인별로 설명한 후, 악기로 나타내본다. 각 장면마다 개인의 연주를 듣고 모둠별로 서로 질문하고 답변하여 가장 효과적인 연주를 선택한다.

예를 들어, 백설 공주가 산에서 헤매는 장면, 난쟁이들이 백설 공주를 도와주는 장면, 백설 공주가 사과를 먹고 쓰러진 장면 등 대표적인 세 개의 장면을 선정하고 이를 역할놀이로 정해서 간단한 연극으로 나타내본다. 그리고 나서 악기로 표현하는 법을 연구한다. 먼저 개인이 악기(가락악기나 타악기)로 각 장면을 나타내본다. 각자의 연주를 들어보고 서로 토론하며 가장 적절한 장면의 연주를 선택한다. 연출가 겸 지휘자를 선발해서 모둠에서 만든 음악을 지휘하고 해설하는 역할을 하도록 한다. 또한, 악기뿐만 아니라 다양한 도구를 이용해 소리를 낼 수도 있다.

저학년에서는 각 장면을 그림으로 그리고 설명과 생각을 쓴다. 그리고 서로 토론하여 한 작품을 선택한다. 선정된 장면을 각자 악기로 나타내라고 하면 나름대로 표현을 한다. 이때 모둠별 토론을 거쳐 선택한다. 또 모둠별로 선택된 연주를 연습하여 발표한다. 하나의 동화를 여러 모둠이 다르게 연주하는 것이다. 고학년들은 인상적인 장면을 대본으로도 쓰고, 역할놀이도 하고, 악기로 연주하고, 노랫말을 붙이고, 노래를 불러보게 할 수도 있다. 더 나아가 역할놀이를 하면 연극이 되고, 노래를 부르면 작은 뮤지컬이 만들어지기도 한다.

무엇을 할까를 정하고, 어떻게 할까를 고민한다면 아이들은 나름대로 작품을 만들어낸다. 그리고 스스로 자랑스러워하고 수업의 재미에 푹 빠진다. 이런 과정을 통해 호기심이 발동되고 창의성이 계발되며 더 나은 수준의 표현으로 발전된다.

쉼표 3

내일신문에 실린 독서토론논술 수업

강남서초 내일신문 730호
(2015년 11월 27일 게재)

"독서토론으로 변화된 아이들, 교사로서 보람 느껴"

매주 토요일. 반포초등학교(교장 최영주) 3학년 5반 교실에서는 5, 6학년 방과후학교 독서토론논술반 수업이 한창이다.

이 반에 들어가고 싶어 하는 학생이 줄을 잇는, 초등 방과후 1타 교사의 주인공은 서울시교육청에서 '서울형토론' 유형을 개발한 반포초 권정희 교사다.

문학소녀, 독서토론논술 전문 초등 교사 되다

권정희 교사와의 만남은 그의 제자였던 한 학생의 제보로 성사됐다. 방과후학교 독서토론논술 반(5, 6학년 총 3개 반) 수업을 맡아, 매주 토요일마다 학생들을 위해 독서토론의 장을 만들어주시는 열정적인 선생님을 취재해 달라는 것이었다. 초등 방과후학교 1타 교사의 사연이 궁금해 찾아가 봤다.

학창시절 내내 문예부에서 활동했다는 권정희 교사는 교육대학에 진학한 뒤 자신의 재능을 살려 학보사 기자가 됐다. 대학원에서 문예창작교육학을 전공, 교편을 잡은 뒤 계속 문예부 교사로 활동하다가 10

여 년 전부터 독서토론논술 방과후학교 교사로 담임교사와 겸해서 가르치고 있다. 동인지 <백미문학>에 시를 발표하며 문인으로도 활동하고 있는 그는 어떤 계기로 독서토론논술 반을 이끌게 된 것일까.

"다른 학교에 재직할 당시 독서토론논술을 가르치던 학생들과 함께 강남지역 토론대회에 출전해 대상을 받았고, 이듬해 같은 대회에서 또다시 최우수상을 수상했습니다."

이때부터 독서토론 지도 문의가 쏟아졌다. 그때를 계기로 지금까지 독서·토론·논술을 지도해오고 있으며, 서울시 초등교사 직무연수 강사와 초등1정 연수 강사로도 활동하고 있다.

미래 리더 양성하는 '서울형토론'을 만들다

"1번 발표자, 질문하세요."

권정희 교사의 한 마디에 각각 조를 대표하는 4인의 발표자들이 열띤 토론을 시작했다. 졸업을 앞둔 6학년 독서토론반 학생들은 중학교 진학 후에도 이어갈 수 있는 '효과적인 독서생활'을 주제로 각자의 생각을 쏟아냈다.

미리 써온 입론을 한 명이 발표하면 나머지 세 명이 그 내용을 요약한 뒤 각자 발표자에게 질문을 던

지는 방식이다. 모든 학생이 자신의 입론을 발표하고 상대방에게 질문하는 전원 참여 수업 방식이다. 각 조의 대표가 아니더라도 반 모든 학생이 질문을 던질 수 있어 '참관'이 아닌 '참여형' 토론이라는 점도 주목할 만하다. 서울시교육청에서 개발한 '서울형토론' 모형이 독서토론반 수업에 그대로 적용되고 있었다.

이호원 학생은 "선생님께서는 저희끼리 자유롭게 발표할 수 있도록 지켜봐 주신다. 토론에 더 적극적으로 참여할 수 있어서 수업을 듣는 것만으로도 자부심이 생긴다"고 밝혔다.

2년간의 독서토론수업, 아이들은 성장한다

6학년 독서토론논술 반 학생 대부분이 5학년 때부터 시작해 2년째 수업을 듣고 있는 만큼 '자기주도학습' 습관이 몸에 배어 있다. 손동현 학생은 "독서토론반을 시작하면서 지금까지 9권의 노트를 썼다. 그러면서 이제는 어느 정도의 글짓기는 자신이 생기고 토론도 잘하게 되어 뿌듯하다"고 활동 소감을 밝혔다. 송민서 학생도 "다양한 분야의 책을 읽고 토론에 참여하다보니 생각의 폭도 넓어지고 발표에 자신감도 생겼다"고 덧붙였다.

읽고 쓰고 말하고 경청하는 과정이 처음에는 '어려운 숙제'로 느껴질 수도 있지만 이를 극복한 학생들은 "숙제가 많아도 꼬박꼬박 하게 된다. 숙제를 해야 수업에 참여할 수 있고 그래야 수업이 재밌다"고 말한다. 6학년 김하준, 김정원, 김태현 학생의 얘기다.

학생들을 향한 권정희 교사의 쉼 없는 열정은 좋은 성과로 되돌아왔다. 독서토론논술 반의 많은 학생들이 전국 글짓기 대회와 토론 대회에 출전해 상을 받았고, 지난 10월 '제13회 서울초등독서토론대회'에서 이준혁 학생(6학년)이 금상(서울시교육감상)을 수상하기도 했다.

"독서토론논술은 학생들의 생각이 깊어지고 효과적인 말하기와 논리적인 글쓰기에 많은 도움이 됩니다. 이런 능력은 다른 사람을 설득하고 이해시켜 더불어 살아가는 삶의 가치를 깨닫게 합니다. 제 수업 역시 이것을 목적으로 합니다. 자기주도적이며 모둠별 협동수업으로 즐겁게 공부하면서도 서로가 서로에게 좋은 영향을 끼쳐 함께 발전해나가는 것이죠. 제 수업을 들었던 학생들이 자연스럽게 공부하는 방법과 이유를 알게 되고 삶의 가치관과 방향을 찾아나가며 장차 이 나라에 기여할 수 있는 큰 인물로 성장하길 바랍니다."

권정희 교사의 말처럼 아이들은 알게 모르게 무럭무럭 자라나간다. 그 곁을 지키며 삶의 방향을 이끌어주는 '훌륭한 선생님'이 있다는 건 반포초 학생들에겐 크나큰 행운이다.

(강남서초 내일신문 피옥희 리포터)

8장

학급 경영과 함께하는 글쓰기와 독서

마음 속의 아름다움이란
그대의 지갑에서 황금을 끄집어내는 것보다
그대의 서재에 책을 채우는 것이다.

- 존 릴리

1. 글쓰기의 생활화

1) 글쓰기 교육의 필요성

학생들이 학습에서 가장 힘들어하는 것이 글쓰기이다. 글쓰기는 생각의 덩어리를 만들지 않고는 쓸 수가 없기 때문이다. 생각하기를 싫어하고 생각할 여유가 없는 요즘 학생들은 더욱 쓰기가 어렵게 느껴진다. '세계 문제가 곧 나의 문제'라고 생각하는 세계은행 김용 총재는 '21세기 대한민국 청소년에게 한 가지 꼭 당부하고 싶은 것이 무엇인가?'라는 질문에 '글쓰기를 훈련하라.'라고 했다. 글쓰기는 미래의 청소년에게 가장 필요하고 자신이 알게 된 지식과 생각을 재생산하는 창조적인 작업이다. 그래서 선진국가에서는 초등학교 때부터 대학교육까지 글쓰기 교육이 체계적으로 이루어지고 있다.

현재 우리나라 쓰기 교육은 국가 수준의 교육 과정에 의거하여 초등학교 1학년부터 고등학교까지 단계별로 이루어지고 있다. 그러나 정작 학생들은 입시에서나 학교를 졸업하고 나서 한결같이 글쓰기를 어려워하며 '한 번도 제대로 된 쓰기 교육을 받아본 적이 없다'라고 말하는 사람도 있다. 아마도 이러한 현실은 학교의 쓰기 교육이 대개 글쓰기에 대한 이론이나 지식에만 치우쳐 효율적인 글쓰기 방법들을 제대로 가르치지 못했고, 꾸준히 글쓰기 훈련을 하지 못했기 때문일 것이다. 일반적으로 쓰는 행위는 논리적이고 창의적인 사고력, 합리적인 의사결정과 문제해결 능력을 필요로 하는 고등능력이다. 이러한 쓰기 능력은 오랜 기간 동안 체계적인 교육과 훈련이 필요한 평생 과업이기도 하다.

글쓰기는 단순히 글자를 배열하는 것이 아니며, 지식이나 경험, 생각을 가지고 있다고 하여 그것이 글이 되는 것도 아니다. 마라톤 선수가 마라톤을 잘하는 방법을 안다고 잘하는 것이 아니라, 마라톤 연습을 꾸준히 해야 잘하는 것처럼 글쓰기도 그와 같은 것이다. 그러므로 교육 현장에서 '무엇을, 어떻게' 쓰는 방법을 학생들에게 체계적으로 훈련시키고 글쓰기를 어떻게 꾸준히 연습시킬 것인가가 중요하다. 효과적인 방법으로 꾸준히 글쓰기를 한다면 누구나 일정 수준 이상의 쓰기 능력을 갖출 수 있게 된다. 교사는 아이들과 호흡하며 글을 잘 쓰도록 분위기를 만들어주고 동기를 부여하고 글쓰기를 생활화한다면, 학생들의 글쓰기 능력이 향상될 것이다.

글쓰기는 긍정적이고 바람직한 정서를 강화하는 데도 매우 유용한 수단이다. 정서 불안, 학교 부적응 학생들이 글쓰기를 통하여 치유가 되고, 정서적인 안정감과 자신감을 얻게 된다. 하고 싶은 말을 글로 씀으로 마음의 아픔을 치유하고 반성도 하게 되어 인성 교육에도 큰 도움을 준다.

2) 글쓰기 지도 방법

학기 초가 되면 글을 쓰기 위한 준비가 필요하다. 글을 쓰기 위해서는 학교 안에서 아이들의 감각을 깨워주고, 체험하고 관찰하고 대화할 수 있는 환경을 만들어주는 것이 중요하다. 그리고 다양한 교수 학습 방법으로 수업을 하면 수업을 통해 다양한 글감을 찾을 수 있다.

학교 현장에서 자연의 소리를 듣고 사계절을 느낄 수 있으면 거기서 글감이 나오고 글이 나온다. 자신이 쓴 글을 자유롭게 발표하고 친구들의 글을 서로 읽을 수 있으면 글쓰기 실력이 좋아질 것이다.

① 식물 기르기

매년 4월이 되면 꽃 모종이나 채소 모종을 화분에 심고, 한쪽에는 씨앗을 심어서 모종과 씨앗이 자라는 모습을 함께 관찰하게 한다.

씨앗에서 싹이 나고 줄기가 뻗어가고 꽃이 피고 꼬투리가 생기고 열매를 맺기까지 아이들은 다양한 모습들을 관찰한다. 사진을 찍고 잎의 크기를 자로 재어가며 매일 자라는 모습과 생명의

신비를 느낀다. 그리고 식물과 대화도 하고 감상을 글로 표현한다.

식물을 통해 동시, 관찰일기, 식물과의 대화글, 생활문 등의 다양한 글을 쓸 수가 있다. 아이들은 아침에 등교하면 맨 먼저 자신의 식물에게로 다가가서 서로 대화하고 날마다 자라는 식물을 신기하게 바라본다. 관찰한 것을 글로 쓰고 그림으로도 그려본다. 모둠별로 화분을 정하고 꽃이 피면 자신의 꽃을 정하여 각자의 취향에 맞게 이름도 붙인다. 이렇게 꽃에 이름을 붙이면 더욱 애착이 가고 관심을 가지고 살피게 된다. 꽃에 물도 주고 보살피며 따스한 마음으로 관찰하다 보면 실감 나는 글을 쓰게 된다. 교사의 식물도 따로 정하면 학생들과 공통의 화제가 되어 늘 대화가 끊이지 않는다.

② 반 나무 정하기

우리 반 나무는 3월에 가장 먼저 꽃이 피는 목련 나무로 정했다. 이 목련 꽃은 3월 초에 이미 꽃봉오리가 생겨서 3월 하순에 지는 꽃이다. 국어 시간에 배우게 되는 '동시 감상과 동시 쓰기' 수업과 함께 감상하고 체험하기에 아주 적절한 꽃이다. 아이들은 각자의 꽃을 정하여 이름을 붙이고 관찰하고 대화하며 시를 쓰고 그림도 그린다. 그래서 직접적으로 봄을 느낄 수 있고, 꽃의 일생을 보며 사람과도 비교해볼 수 있다. 삶의 철학도 겸하여 가르칠 수 있어서 아주 효과적이다.

꽃이 진 후에 여린 잎이 나고, 잎이 무성해지다가 가을이 되면 단풍이 지고, 낙엽이 되어 떨어지며, 겨울에는 앙상한 가지에 눈이 소복소복 쌓여 있는 나무를 관찰한다. 거기에 따라 시도 쓰고, 그림도 그리고, 일기도 쓸 수 있어서 무궁무진한 글의 소재가 된다. 우리 반 나무라는 같은 소재로 다양한 글을 써서 서로 돌려 읽기를 하며, 다양한 표현의 글을 감상할 수 있다. 이렇게 식물을 정하면 학교 교정과 친해지고 자연의 소리도 듣는다.

③ 동물 기르기

기르기 쉽고 관찰하기 쉬운 동물을 학급에서 담당을 정해서 기른다. 모든 아이들이 호기심을 가지고 관찰하고 먹이를 주며 신기해 한다. 날마다 일기의 주제로 쓸 수도 있다. 배추흰나비의 먹이인 배추를 키우며, 알에서 배추흰나비가 되기까지 관찰하게 한다. 학생들은 호기심도 많아지고 먹이도 주고 싶어 하고, 그림도 그리고 싶어한다. 달팽이를 사육장에서 기르면 아이들은 쉬는 시간마다 대화하며 옹기종기 모여 머리를 조아린다. 동물의 먹이인 채소를 날라다 주며 조그만 움직임에 궁금해 하고 시도 쓰고 관찰일기, 관찰기록문도 쓴다. 아이들은 달

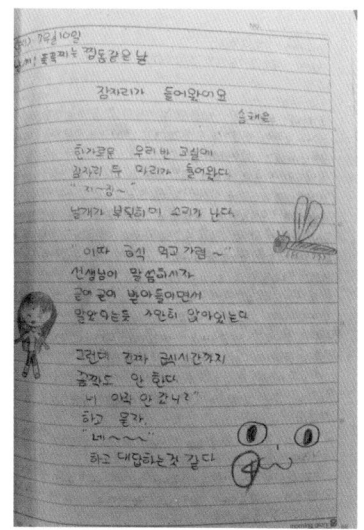

팽이가 보고 싶어 학교에 날마다 빨리 오고 싶어 한다. 그리고 학생들과 교사 모두의 공통 화제가 된다.

여름철에 비가 오면 길에 나온 지렁이를 잡아서 교실로 가져가 채집통에 넣어 관찰하면서 연구하며 기르게 한다. 수업시간에 나비나 새, 잠자리가 창문으로 들어오면 아이들에게 대화를 시킨다. 이러한 일도 모두 신선한 글감이 된다. 아이들은 서로 시를 쓰고 시화를 그린다. 이렇게 그리고 쓴 작품을 발표하고 질문 답변하며 토론도 한다. 실감 나는 시를 작품란에 게시하고 시에서 재미있고 실감 나는 표현에 스티커를 붙여 칭찬한다.

④ 학교 시설 둘러보기

학생들은 늘 학교에 오지만 의도적으로 학교 교정을 둘러보지 않으면 주위를 살피지 않고 길로만 다닌다. 그러므로 체육 시간을 마치고 나면 운동장 주위를 둘러보고 자신의 나무에게 인사도 하고 화단의 꽃들과 대화하게 한다. 계절마다 피는 꽃과 열매도 둘러보고 시도 쓰고, 일기도 쓰며, 생활문 쓰기의 다양한 경험을 제공한다. 글쓰기뿐만 아니라 계절 변화와 계절 감각도 생겨서 정서가 풍부해진다. 그래서 아이들 자신의 삶도 돌아보게 되고 마음이 순화된다.

⑤ 학급 문고 활용하기

다양한 종류의 책을 볼수록 다양한 글을 쓸 수 있다. 그래서 학급 문고로 학년 수준에 맞는 좋은 책을 많이 비치한다. 그리고 독서를 습관화하도록 아침 독서 시간으로 20분을 할애하여 교사와 함께 독서를 한다. 독서 후에는 독서 감상 발표하기, 짝과 함께 혹은 모둠별로 감상 나누기 등을 하여 학생들이 독서의 재미를 알게 한다. 글이 다소 부족하더라도 발표하고 친구끼리 서로 돌려보며 평가하고 칭찬해주는 시간을 가지면 수준이 높아진다. 글을 작품란에 게시하여 자랑할 기회를 주고 친구들의 작품을 감상하고 평가할 기회를 준다.

독서나 토론은 동기만 잘 부여하면 재미있게 참여하는 경우가 많지만, 글쓰기는 경험이 많거나 생각이 깊고 쓸거리가 많아도 자신 있게 쓰기가 쉽지 않다. 그러므로 학급에서 교사는 적절한 동기를 주고, 글을 쓰는 분위기로 잘 이끌어야 한다.

⑥ 개인 글쓰기장 만들기

새 학기가 되면 아이들에게 일 년 동안 글쓰기를 할 공책으로 10권 정도를 준비하게 한다. 첫 번째 사용하는 공책은 앞으로 만들 책의 차례를 쓸 자리로 두세 장을 비워 둔다.

우선 줄 공책 첫 줄에 날짜를 쓰고, 다음 줄에 날씨를 쓰는데 날씨의 상황을 구체적으로 표현한다(날씨 : 해가 추워 구름 속에서 떨고 있다.). 그다음 줄에 제목을 쓴다(제목 : 천사들의 합창). 그

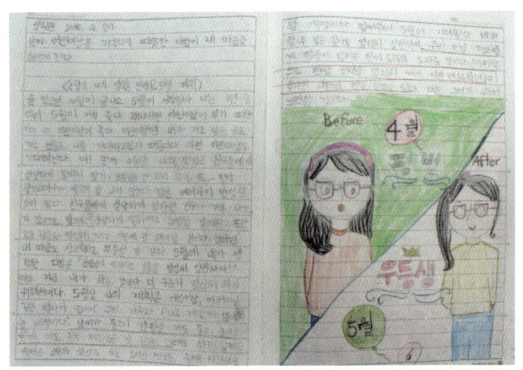

다음에 한 줄을 비우고 본문을 쓰기 시작한다. 그리고 산문을 쓸 때는 글을 쓰고 남은 공간에 그림이나 만화 등을 그려 넣어서 마무리한다.

교수 학습 과정에서 산출되는 여러 장르의 글과 일기 등을 모두 글쓰기장에 쓴다. 5학년 1, 2학기 국어 교과서를 살펴보면 모든 장르의 글이 국어 공부에 활용되는 것을 알 수 있다. 교사가 따로 글쓰기를 가르칠 시간이 부족하므로 국어 수업시간을 통하여 각 장르별 특성과 글의 짜임

을 깊이 있게 감상한다. 예시 글이 교과서에 있으니 처음에는 교과서와 같은 종류의 글을 원리 학습으로 시범을 보이고, 적절한 글감을 정하여 교과서 제시글 형식으로 써보게 한다. 학생들은 부족하나마 흉내를 내어 쓸 수 있게 된다. 그러면 써온 글을 모둠에서 돌려 읽으며 서로의 글에서 좋은 표현을 배운다. 그러면서 좀 더 나은 글로 점점 발전해간다.

날마다 글쓰기를 할 때 가장 중요한 일은 글감을 어떻게 정하느냐이다. 우선 기본으로 쓰는 것은 일기이다. 날마다 반복되는 생활에서 특별하게 인상 깊은 주제를 찾아서 글을 쓰는 것은 쉽지 않은 일이다. 일기 주제만이라도 확실히 주어지면 아이들의 고민은 많이 사라질 것이다.

그러기 위해서는 학교생활에서 다양한 체험과 방법으로 수업을 해야 글감이 풍부해진다. 우선 글감을 발표하고 하나의 글감이 정해지면 글의 뼈대를 만들어본다. 글의 뼈대를 조금이라도 만들어보고 글을 쓴다면 글을 꺼내기가 쉽다. 그리고 여러 명을 발표시켜서 글의 처음, 중간, 끝 부분에 쓸 내용을 듣게 한다. 듣고 있는 아이들이 대강 글의 흐름을 감지하여 글을 쓰는 데 도움이 된다.

과제로 주어지지 않으면 글쓰기는 아이들이 실천하기 힘든 일이다. 어떤 좋은 글감이 있어도 그 즉시 쓰지 않고 내일로 미루다 보면 그때의 감상과 좋은 표현이 사라지고 만다. 그러므로 날마다 쓰는 것이 아주 중요하다. 날마다 글쓰기를 한다는 것은 매일의 부담을 주는 것이므로 아주 효과적인 방법이 아니면 실천하기 어렵다.

아이들의 심리를 잘 이해하고 호흡하여 그들과 함께 가지 않으면 어렵다. 아이들이 쓰고 싶도록 하여 쓰게 하고, 발표하고 싶을 때 발표하게 한다. 글쓰기를 날마다 검사하고 잘 쓴 아이는 칭찬해 주고, 부족한 아이는 보충해주며 해오지 않은 아이는 하도록 유도해야 한다. 잘 이끌어서 아이들 스스로가 발전되어 가고 있다는 것을 알게 해주면 글쓰기에 점점 재미를 붙이게 된다.

날마다 필요한 양의 글을 채웠는지, 글씨를 바르게 썼는지를 참고하여 네 단계(매우 잘함, 잘함, 보통, 노력을 요함)로 평가한다. 잘한 아이는 칭찬해주고 글을 발표하게 하고, 부족한 아이는 잘 쓴 친구 글을 더 읽어보고 써 보게 한다. 날마다 아이들의 글을 읽어볼 시간이 부족하면 한 달에 두 번은 차근차근 검사하면서, 글이 어떻게 변하고 있는지를 확인한다. 개인적인 표현의 특성도 살피고, 잘된 표현과 부족한 부분, 보충해야 할 부분을 스스로 깨달아 발전해가도록 유도한다.

날마다 글을 쓴다는 것은 쉬운 일이 아니다. 교사는 아이들의 형편을 살피면서 마음의 흐름을 읽고 자연스럽게 접근해야 한다. 아이들 마음에 동기를 부여하고 체험하게 하며 쓰고 싶은 마음이 들게 만들어줘야 한다.

교사가 이런 상황을 잘 이해하고 학생들에게 각 장르별로 글 쓰는 방법을 체계적으로 잘 가르치면 그대로 글쓰기가 된다. 여러 예시 작품은 교실에 비치하여 아이들이 많이 읽도록 한다. 교사는 좋은 작품을 복사하여 아이들에게 보여주고 잘된 표현과 감상을 이유를 대어 발표하게 한다. 또 예시 작품을 한 문장씩 돌려 읽기를 하면서 아이들이 낭독하며 깨달아가도록 한다.

아이들은 친구들의 작품에 가장 영향을 많이 받는다. 교사에게는 거부감없이 자신의 작품을 보여주면서 친구들이 본다고 하면 움츠러들고 부끄러워한다. 그러므로 모둠을 정해서 돌려 읽기를 하며 3단계나 4단계 평가를 하고 이유를 써 본다. 그러면 조금 더 정성스레 글씨와 내용을 쓴다. 모둠에서 평가가 잘 나온 작품은 나와서 발표하고 듣는 아이들의 감상을 발표하게 한다. 모둠별로 질문 답변하면 더욱 심도 있는 감상이 되어 좋은 작품을 쓰는 데 도움이 된다.

부모님들도 관심을 가지고 격려하며 구체적으로 칭찬해주면 아이들의 글은 훨씬 좋아진다. 아이들의 수준이나 마음, 생각도 알게 되어 깊이 이해하기에도 좋다. 그리고 부모님의 글을 보고 자긍심도 가지게 되고 부족한 부분을 채우려고 노력도 한다.

이렇게 날마다 쓴 글을 일 년 동안 모아서 한 권의 책으로 엮는다. 이것을 3월 초에 미리 예시하여 날마다 책을 쓰는 저자임을 부각한다. 그리고 작년 제자들이 쓴 개인 문집을 보여 주며 호기심을 자극한다. 그러면 아이들은 글쓰기장을 소중한 책으로 인식하고 정성을 다한다.

⑦ 개인 문집 만들기

학급 어린이들이 일 년 동안 쓴 글쓰기 공책을 앞뒤 표지를 떼어내고 여러 권의 공책을 한 권의 책으로 제본한다. 글 아래쪽에 페이지를 쓴다. 제본한 책 앞에 표지는 아이들에게 공모하여 제일 좋아하는 그림으로 하면 된다. 각자가 개성을 살려 그린 것도 있고, 인터넷으로 그려오는 것도 있다. 속표지는 각 반의 급훈같이 반을 기억할 수 있는 것으로 한다. 각자가 손으로 구성하게 하면 다양한 그림과 내용을 담을 수 있다. 그다음에 선생님이 권두 시나 약간의 서문을 써도 좋다. 아이들이 글쓰기를 하며 느꼈던 것이나 자신의 개인 문집 발간을 축하하며 쓴 글도 좋다. 먼 훗날 기억할 수 있는 스토리가 있으면 더 좋기 때문이다. 그리고 뒤표지에는 학급의 모든 어린이들 사진과 이름을 써넣으면 더욱 기념이 된다. 학년 말에 두툼한 자기만의 책을 보며 신기해하기도 하고 자부심과 자신감을 가진다. 이렇게 글을 쓰면서 아이들은 창의력과 생각이 많이 자란다.

개인 문집 만들기

① 글쓰기장 여러 권을 한 권으로 편집한다.

② 글 아래쪽에 페이지를 쓴다.

③ 앞부분에 차례를 쓴다.

④ 겉표지는 반에서 공모하여 선택한다.

⑤ 속표지는 반의 급훈이나 기억하기 좋은 글로 한다.

⑥ 뒤표지는 반 아이들 단체 사진과 이름을 쓴다.

⑦ 준비된 글쓰기장을 개인 봉투에 넣어서 인쇄소에 맡긴다.

⑧ 학급 문집 만들기

반 아이들이 일 년 동안 쓴 글 중에 대표적인 글을 모아 엮어 놓은 책이다. 아이들이 참여하여 자신의 글을 발표하는 장이기도 하다. 여기에는 일 년 동안의 삶이 고스란히 담겨 있으며, 아이들의 솔직한 생각과 의견, 생활 체험이 담겨 있다. 아이들의 생활과 추억도 알 수 있고, 어떤 주제에 대한 친구들의 지식이나 생각, 표현을 알 수 있다. 교사는 학급 문집을 통해 아이들의 글쓰기를 살피고 무엇을 보충해야 하는지도 알게 된다. 일 년 동안의 글들이라서 학교생활을 되돌아볼 수 있고, 자신의 생각과 이야기를 다른 친구들과 비교해 보며 다양한 표현도 느껴 볼 수 있다.

그리고 글쓰기를 어려워하는 아이들에게는 모방할 수 있는 자료를 제공한다. 무엇보다도 친구의 글을 통해 친구를 더 많이 이해하게 되는 좋은 매개체가 된다. 또 먼 훗날 과거의 학교생활을 회상할 수 있는 추억이 되기도 한다. 이렇듯 학급 문집을 만드는 것은 여러 힘든 과정도 많지만 한 권으로 나오면 개인 문집 이상으로 재미있고 효과가 있다.

일단 편집장은 교사가 한다. 그리고 6모둠 정도를 만들고 각 모둠에 편집위원을 뽑는다. 고학년은 아이들이 어느 정도 스스로 할 수가 있다. 편집위원을 뽑을 때 편집 능력과 책임감과 봉사심이 있는 아이를 뽑는 것이 중요하다. 편집위원은 자기 모둠원의 글 편집을 책임진다. 일단은 스스로 하게 하고 부족한 부분만 도와주면 된다. 저학년일 경우는 학부모의 도움을 받을 수 있다.

학급 문집의 글은 아주 다양하다. 글로 표현할 수 있는 것과 다양한 그림, 만화, 명언, 속담, 조사, 설문지, 광고 글 등 여러 가지이다. 아이들의 특기에 따라 표현하고 싶은 것을 마음껏 펼치게 하는 것이다. 날마다 글을 쓰면 자유롭게 표현하여 형식도 아주 다양하다.

학급 문집 만들기 순서

① 1인당 A4 용지 4장씩 준비한다.

② 글의 종류는 될 수 있는 대로 다양하게 한다.

③ 그동안 쓴 글 중에서 가장 좋은 글을 고른다.
　(부모님이나 친구들이 골라본다.)

④ 뽑은 글을 모둠별 친구들과 돌려보며 다듬는다
　(내용, 문장, 맞춤법, 띄어쓰기).

⑤ 교사가 검사를 해서 좋은 글이 되도록 도와준다.

⑥ 완성이 되면 컴퓨터로 편집을 한다.

⑦ 글 편집이 끝나면 그림이나 사진 등을 수기나 컴퓨터로 작업한다.

학급 문집은 개인 문집과 달리 일 년 동안 학교생활의 추억과 학교 친구들의 글, 친구들에 관한 이야기, 선생님과의 추억을 간직한 책이다. 아이들이 자신의 성장과정도 돌아보고 추억을 더듬으며 학교와 선생님, 친구들을 떠올릴 수 있는 장이 되면 좋다. 그러한 과정을 효과적으로 지면에 나타낼 수 있는 것이면 다 가능하다.

표지와 속지, 뒤표지 : 아이들이 공모하여 정한다.

차례 : 차례는 출석 번호로 하는 것이 가장 무난하다. 글이 완성되면 순서대로 쪽 수를 쓰고 차례를 쓴다.

앞부분 글 : 발간사, 서문, 선생님께 편지, 우리 반 자랑, 우리 학교 자랑 등을 아이들 글 전에 싣는다. 쓰고 싶은 사람이나 쓸 만한 학생에게 부탁한다.

뒷부분 글 : 아이들 설문지, 선생님께 한 말씀, 나의 꿈 이야기, 주소록, 친구들과 함께한 사진 등을 싣는다. 이러한 글과 틀은 편집위원들이 맡아서 한다.

학기 초에 글쓰기 공책을 준비하고 이름을 '천사들의 합창'이라고 정한 후에 매일 가지고 다니게 했다. 여행을 갈 때도, 친구를 만날 때도 가지고 간다. 그래야 어떤 장면에서 시가 쓰고 싶을 때 쓸 수 있고, 일기도 쓸 수 있기 때문이다. 학교에서 공부할 때도 글을 써야 할 때는 다른 공책 대신 글쓰기장에 쓴다. 스승의 날 편지를 쓸 때도 우선 글쓰기장에 쓰게 하고 편지지에 써서 편지를 드린다. 아이들은 지금 쓰고 있는 이 글이 하나의 책으로 나온다는 것을 알고 있어서 여러 종류의 글을 부지런히 모으려고 한다.

한 권, 두 권 쌓이면서 점점 글씨도 예뻐지고 글도 좋아진다. 한 권을 다 쓰면 교사는 칭찬해 주고 적절한 상품도 준다. 친구들끼리 돌려 읽기도 하고 읽은 후에는 잘된 작품에 스티커도 붙여준다. 그리고 추천된 작품을 읽는 시간도 마련한다. 이렇게 해서 학년 말에 개인 문집과 학급 문집을 받아보는 아이들의 눈빛과 그 벅찬 마음은 무엇이라 표현하기가 힘들 정도이다.

보통 아이들이 일 년에 7~8권 정도를 쓰며 적게는 5~6권, 잘 쓰는 아이들은 10~15권을 썼으니 글 쓰는 능력은 말할 것도 없고 무엇보다 생각이 깊은 아이들이 된다. 다시 말하면 상상력과 창의력이 풍부하고 마음이 넓어지며, 인격이 좋은 훌륭한 사람이 되어가는 것이다. 여기에 꾸준한 독서와 토론이 함께 훈련되면 삶의 철학이 생겨서 자신이 어떻게 살아가야 하는지, 왜 공부를 해야 하는지를 알게 된다. 이렇게 자라나는 아이들은 사회와 국가에 큰 도움을 주는 이타적인 사람이 될 것이다.

2. 독서의 생활화

'책 백 권을 읽는 것보다 한 권의 책을 백 번 읽는 것이 낫다'라는 말이 있다. 내년부터 3, 4학년 개정 교육 과정에서 국어 과목에 '한 학기 한 책 읽기'를 필수로 시행한다고 한다. 늦은 감은 있으나 무척 반가운 일이다. 이제 차차 다른 학년으로 확산되어 갈 것이다. 학생들과 선생님들이 머리를 맞대고 학생들에게 유익한 책을 선정해야 할 것이다.

독서를 습관화하고 좋아하며 즐기게 하려면 학급 내에서 주어진 교과시간 내에서 좀 더 고도의 전략이 필요하다. 독서는 학생들이 하는 것이고, 재미를 느껴서 스스로 해야 한다. 교사는 학생들의 상황과 생각을 살펴서 독서를 잘 하도록 분위기를 만들고 효과적인 독서의 생활화를 이루어야 한다. 그러기 위해 6T를 실천해 보자. 6T는 시간(Time), 대화(Talk), 좋은 책(Text), 과제(Tasks), 읽는 방법(Teach), 점검(Test)을 뜻한다.

1) 재미있는 시간Time
학생들이 독서를 멀리하는 이유 중 큰 부분을 차지하는 것은 바로 시간이 없어서이다. 독서를 통해 재미를 느끼려면 최소 20분 이상을 읽어야 한다. 20분이 지나면 아이들이 책 내용 안으로 빠져들기 시작한다. 그런데 조사해 보면 20분 이상 조용히 책 속으로 들어갈 기회를 얻지 못하는 경우가 많다. 학원 공부도 있지만 컴퓨터나 휴대전화, TV 등에 뺏기는 시간도 만만치 않다.

그래서 가장 집중이 잘 되는 아침에 독서 시간을 만들어 보기를 권한다. 아침 9시 10분이 1교시 수업 시작 시간이라고 하면, 9시부터 9시 20분까지 독서 시간을 만든다. 아이들은 9시까지 등교인데 8시 50분부터 오기 시작한다. 등교하기 전에 '가방 안에 책 한 권'씩을 꼭 챙긴다. 책을 선택하고 꺼내는 과정에서 너무 많은 시간이 걸리므로 항상 '가방 안에 책 한 권'을 가지고 다니는 것이 좋다. 그래서 '가방 안에 책 한 권, 가방 안에 내 친구'가 학급 독서 표어이다.

학급문고와 도서관 책, 가정에 있는 책을 매일 이용한다. 학교에서 다 읽으면 학급 문고에서 책한 권을 가방에 넣고, 가정에서 다 읽으면 가정에서 책 한 권을 가방에 넣어서 다닌다. 학교 도서실 책을 이용해도 좋다. 한 권을 다 읽으면 각자의 노트에 느낀점을 한 줄씩 쓰고 가정에서는 부모님께, 학교에서는 선생님께 확인을 받는다. 그렇게 해서 학생들이 책을 충분히 읽으면 일주일에 한 권은 독후감을 발표하고 질문 답변하는 시간을 갖는다. 이처럼 어떤 활동을 하든 남는 시간에는 독서를 한다. 그리고 가정에서는 30분 이상 독서를 하고, 주말에는 1시간 이상씩 독서를 한다. 또 날마다 알림장을 쓸 때 독서 30분 이상(백설 공주: 20~100쪽, 30분)을 읽었다는 표기를 하면 꾸준히 독서 습관을 들이기에 효과가 있다.

2) 마음의 양식이 되는 좋은 책Text

좋은 책이란 학생들의 성장에 도움을 주며 읽기에 좋은 책이다. 교사가 직접 지도하는 학급 문고는 학생들의 발달 과정에 맞는 여러 분야의 책들이 있다.

독서 수준이 많이 차이가 남으로 저학년 아이들은 글자를 아는 수준에서 중학년까지 읽을 수 있는 책으로 준비한다. 중학년은 고학년 수준의 책까지, 고학년은 조금 더 수준이 되는 책까지 구비해 놓으면 좋다. 교육청이나 독서 교육 단체, 출판사 등에서 매년 좋은 책들이 해설과 함께 나오니 참고하고, 독서 전문 교사들이 추천하는 도서 등을 고려하여 필독 도서를 정한다.

책은 학교에서 구매해줄 수도 있고, 사정이 안 되면 학생 개인당 새 책 한 권씩 준비하게 한다. 한 반에 30명이면 책이 30권이다. 책 한 권을 사서 먼저 읽고 간단한 서평을 써서 책에 붙여 놓으면 훌륭한 안내 역할을 한다. 또 한 권을 다 읽고나서 중요한 내용이나 생각을 묻는 질문을 써 놓으면 다음 친구가 답을 하며 내용 파악을 더 쉽게 할 수 있다. 이렇게 하면 한 달에 개인당 30권의 다양한 책을 읽을 수가 있다. 다 읽은 30권의 책을 다음 반으로 보낸다. 한 학년이 다섯 반이라면 150권의 새 책을 돌려 읽게 된다. 그러면 한 권을 사서 150권을 읽게 되는 것이다.

또한, 도서실 책을 잘 이용하면 독서에 많은 도움이 된다. 도서실에 같은 책이 한 반 학생 모두가 함께 볼 만큼의 권 수가 있다면 활용 가치가 높다. 같은 기간에 같은 책을 함께 보고 독후 감을 써서 모둠별로 돌려 읽기를 해보자. 교사가 어떻게 쓰라고 말해주지 않아도 학생들의 글이 달라진다. 그만큼 잘된 글은 학생들에게 큰 영향을 미친다. 만약 도서실에 같은 책이 없으면, 한 반이 같은 책을 다 같이 사자. 다섯 반이라면 복본이 다섯 권이 된다. 일 년에 다섯 권이라도 함께 읽고 독서 퀴즈도 만들고, 독후감상화도 그리고, 극본으로도 만들어보고, 이어쓰기도 하는 등 다양한 독후 활동을 할 수 있다. 같은 책을 읽고 다양한 독후감을 읽어보면 아이들은 생각의 폭이 넓어지고 깊어진다.

3) 생각을 나누는 대화^{Talk}

독서를 해도 그냥 혼자 읽고 마는 것은 며칠만 있으면 없어지고 만다. 그러나 생각과 느낌, 판단을 조금이라도 메모해 놓으면 쓰는 과정에서라도 한 번 더 떠올려서 머리에 남는다. 쓰기만 하는 것이 아니라 대화까지 할 수 있다면 내용을 잘 파악하고 이해하는 데 큰 도움이 된다.

책을 같이 읽고 대화하는 방법에는 두 가지가 있다. 여러 명이 같은 책을 함께 읽고 대화하는 방법이다. 또 다른 하나는 다른 책을 읽고 대화하는 것이다. 학생들은 자신의 생각과 느낌을 쓰고, 다른 친구들의 의견을 들어보는 것을 좋아한다. 그저 같은 책을 읽고 독후감을 쓰고 그것을 앞에 나와 발표만 해도 아이들의 귀는 쫑긋하다. 이상하리만큼 집중을 한다. 아이들은 다른 친구의 생각을 집중해서 듣고, 자신의 생각과 비교도 하며 자신의 부족한 부분은 채운다. 교사가 무엇을 배우고 어떻게 하라고 요구할 필요가 없다. 스스로 듣고 필요한 것은 배워 나간다.

다른 내용의 책을 읽을 때는 자신이 좋아하는 책을 읽고 그 책에 관해 서평 형식의 글을 쓰거나 아니면 생각나는 부분을 이야기한다. 고학년은 서평을 쓰는 것이 좋다. 저학년은 생각나는 장면을 그림으로 그리고 그 장면에 대한 생각, 느낌, 교훈 등을 쓰게 한다. 글로 쓰라고 하면 주 춤하는 아이들도 장면을 그리라고 하면 기억에 남는 장면을 어렵지 않게 잘 그린다. 그리고 글을 쓰지 못하는 아이들도 그림을 설명하라고 하면 쉽게 설명하고, 거기에 대한 자신의 생각도 비교적 쉽게 쓴다. 책을 읽기만 하는 아이, 책을 읽고 독후감을 쓰는 아이, 책을 읽고 느낌을 쓰고 책에 대해 함께 대화를 해본 아이들을 비교해 보면 많은 차이가 난다.

책을 읽고 함께 대화를 하면 미처 알지 못한 것, 깨닫지 못한 것을 알게 된다. 어떤 형식을 취하든 대화를 할 수 있도록 장을 마련해주면 된다. 가정에서 가족과 함께 같은 책을 읽고 대화를 나눈다면 더 효과가 클 것이다.

4) 독서의 생활과 과제 Tasks

독서를 좋아서 하는 사람도 있지만 독서의 재미를 모르고 가까이하지 않는 사람도 많다. 아이들에게 여유를 주지 않고 공부를 강요하면 독서에도 흥미를 잃어버린다. 무엇보다 독서에 재미를 붙이는 것이 중요하다. 책이 재미있다는 것을 알려면 어느 정도까지 읽어야 한다. 즉 책을 중간 이상 읽을 수 있도록 공간과 시간이 주어져야 한다. 독서는 다소 부담을 안고 하더라도 읽다가 보면 재미를 느끼고 좋아하게 된다. 아이들은 과제를 부과하지 않으면 함께 읽고 함께 토론하기가 쉽지가 않다.

교사는 아이들의 독서 수준에 맞게 책을 잘 선택해야 한다. 모든 아이가 재미있게 읽을 수 있는 책을 선정하여 과제로 부과한다. 그래서 교사는 아이들의 독서 수준을 잘 알고 있어야 한다. 또 어느 정도의 과제를 어떤 방법으로 부과할 것인지 잘 결정해야 한다. 독서 후에 무엇을 어떻게 수업에 이용하여 아이들의 호기심을 자극하고 재미를 줄 것인지도 생각해야 한다.

보통 독서 과제로 매일 1시간 이상 책 읽기를 내주는데 학교에서 30분, 집에서 30분 독서하기를 학생들과 약속한다. 학교에서 30분은 아침 자습 시간에 20분, 쉬는 시간에 10분을 한다. 가정에서 30분 이상하는 독서는 시간과 장소를 구체적으로 정한 '나의 독서 계획표'를 예쁘게 만들어서 책상 앞에 두고 실천하도록 한다. 책을 읽고 난 후에 스티커를 붙이거나 간단한 독후감 발표까지 하면 훨씬 유익하다. 독후감으로 모둠별 독서토론을 하면 더욱 깊이 있는 독서가 가능하다. 자신들이 해온 독서 과제가 유용하게 쓰일 때, 다음 독서 과제도 잘 하려고 노력한다. 독서 과제가 부담이 되어서는 안 된다. 독서는 재미있고 책은 우리의 친구라는 것을 느낄 수 있는 활동을 하자. 그런 활동으로는 독서 퀴즈 놀이, 독서 후 이어쓰기와 발표, 책 내용 역할놀이, 만화로 나타내기, 독서 감상화 등이 있다.

5) 책을 효과적으로 읽는 방법Teach

수업 중에 가장 효과적으로 교사와 함께 책을 읽을 수 있는 방법은 낭독이다. 특히, 처음의 내용 파악 부분에서 읽기를 낭독으로 해보자. 낭독을 직접 해보면 글의 내용이 어떻게 내 안으로 들어오는지를 본인이 느낄 수가 있다. 실제로 '가천대학교 뇌과학연구원장'은 '큰 소리로 읽게 되면 언어중추가 있는 측두엽 상부가 많이 움직이게 되어 활성화된다. 고위정신 기능과 사고력과 창의적 기능, 인식 기능을 하는 전두엽 하부도 활성화된다. 맨 위에 있는 운동중추도 많이 움직이게 된다. 그래서 뇌 발달에 아주 유익하여 생각도 깊게 하고 오래 기억하게 된다.'라고 말했다. 한마디로 낭독하는 순간 뇌가 활발하게 반응한다는 것이다.

지난 수십 년 동안 '어떻게 하면 글의 내용이 학생들 마음으로 들어갈까?' 하는 생각으로 매일 학생들과 함께 한 문장씩 교대로 낭독하며 수업하였는데 효과가 정말 좋았다. 아이들이 글 내용에 집중하지 못하고 어수선할 때, 큰 소리로 낭독해보면 자연스레 내용이 스며드는 것을 볼 수 있다. 큰 소리로 실감 나게 읽으면 더욱 효과가 크다. 다 읽은 후에 내용을 질문하면 많은 아이가 내용을 파악하고 있으며 깊이 있는 내용까지 꿰뚫고 있었다.

우리 선조들은 낭독을 권하고 서당에서 스승과 제자가 낭독으로 주고받으며 수업을 했다. 유명한 유대인의 하브루타 교육에서도 두 사람이 서로 대화하는 것을 중요시한다. 즉 서로 주고받으며 낭독을 번갈아 가며 하는 것이다. 이해가 안 되는 문장도 큰 소리로 읽다 보면 자연스럽게 풀리는 것을 경험한다. 이것을 교육 방법론에서는 '메타인지'라고 한다. 쉽게 말해 '말을 하면 내가 알고 있는 것과 모르는 것을 확실히 알게 된다'는 의미이다. 그래서 글을 쓰는 작업에서도 쓴 글을 소리 내어 읽다 보면 어색한 문장, 부족한 표현 등을 찾아낼 수 있다. 특히, 낭독을 하면 글의 뜻을 잘 이해할 뿐만 아니라 글의 재미도 알게 된다.

교사나 학부모가 발음이나 빠르기, 소리의 크기, 띄어 읽기, 실감 나게 읽기 등을 하면서 모범을 보이면 학생들이 그대로 따라 하며 말하기의 기본적인 태도도 배운다. 한 권의 책을 하루에 3~4쪽 정도, 한 문장씩 교사와 교대로 낭독하는 것을 꾸준히 하면 말하기나 독해, 글쓰기 능력까지 긍정적인 효과가 난다. 또한, 책 읽기에서 권장하는 책을 처음 부분의 몇 쪽과 중간 부분 몇 쪽을 교대로 읽고 나머지 부분을 읽어오라고 하면 아이들은 호기심이 많아져서 독서를 더욱 흥미 있게 한다. 또 내용을 파악하며 읽기로는 한 문장씩 읽기보다는 한 문단으로 읽고 문단 중심 내용을 확인해 보는 방법도 전체 글을 파악하는 데 도움이 된다.

6) 독서토론으로 점검Test

교사나 학부모는 늘 우리 아이들이 독서에 깊이 빠져서 내용 파악을 잘하고 독서를 즐기기를 바란다. 물론 그냥 두어도 스스로 독서의 재미에 빠져서 틈만 나면 책을 읽는 아이도 있다. 그러나 게임이나 TV, 스마트폰의 유혹과 학원에 다니다 보면 독서하기가 쉽지 않다. 독서의 습관화에 가장 영향을 많이 주는 것은 교사와 부모님이 교실과 가정에서 늘 책을 가까이하고 독서를 즐기는 모습을 보여주는 것이다. 그리고 서로가 독서에 대해 약속을 하고, 서로 확인하며 나누는 시간을 갖는다. 점검은 읽은 책에 대해 서로 대화하고 토론하는 것이 효과적이다. 그것이 가장 강력한 점검이 된다.

만약 과제를 하지 않은 학생은 독후 활동에 참여하지 못하고 따로 독서를 하게 한다. 필자는 매주 토요일 '독서토론논술 방과후 수업'을 하는데 독서를 하고 독후감을 써 와야 토론에 참여할 수 있다. 독서토론을 하려면 책을 읽어와야 한다. 책의 내용을 모르면 독서 퀴즈나 토론에 참여할 수가 없다. 그러므로 조금이라도 읽은 후에 참여하게 한다. 그러다 보면 퀴즈 놀이와 토론이 재미있어서 독서를 하게 된다. 그렇게 독서의 맛을 알아가는 것이다. 가정에서도 부모와 한 달에 같은 책을 한 권 읽고 내용이나 감상을 발표하고 질문 답변하는 시간을 가지면 점검도 되고 재미있는 토론 시간이 될 것이다.

9장

독서토론의 지도 코칭

하루 동안 읽는 양이 많지 않더라도
매일 분량을 정해놓고 꾸준히 읽어나간다면,
일시적으로 많은 책을 읽고 중단한 사람보다
훨씬 더 좋은 성취를 거둘 수 있다.

- 정조

1. 독서토론 지도에 관한 Q&A

독서토론 방법에 대한 강의를 하다 보면 선생님들이 토론수업을 하면서 궁금했던 점을 많이 묻는다. 그 질문에 대한 답을 모아 이곳에 정리해 보았다. 또한, 나름대로 연구하고 수업에 적용하여 효과를 보았던 지도 방법도 소개한다. 여기서는 독서토론에서도 비경쟁적 토로인 '서울형토론 수업'을 위주로 다루었으며, '모둠 토론'은 모둠원이 둘러앉아서 한 사람이 발표하면 다른 모둠원이 질문하고 답변하는 서울형토론에서의 모둠 토론을 말한다. 이곳에 다룬 내용을 참고하여 현장에서 교사들이 적절히 변형시켜서 연구하여 활용해보자.

❓ 아이들이 질문 만들기를 어려워할 때는 어떻게 해야 하나요?

❗ 토론을 지도하다 보면 적절한 질문, 논리적인 질문, 창의적인 질문 등 좋은 질문을 하기가 쉽지가 않다. 이러한 질문을 훈련시켜서 할 수 있게 하더라도 막상 토론에 들어가면 상황에 맞는 질문을 적시에 하기란 어렵다. 질문을 하는 것은 평상시에 문제 의식을 가지고 생각도 많이 하고, 거기에 대한 배경지식이 많이 쌓여 있을 때 가능하다. 문제를 제기하고 그것을 질문으로 만들어서 상대방의 허를 찌르는 질문이나 적절한 질문을 하는 것은 쉬운 일이 아니다. 이것은 토의 토론을 여러 번 해보면서 때에 맞추어 질문하고 답변하는 경험이 쌓여야 할 수 있다.

아이들이 질문 만들기를 어려워할 때는 모두 동일한 책이나 텍스트를 읽고 질문을 만들어본다. 그리고 모둠에서 독서 퀴즈 놀이를 한다. 적절한 양의 질문을 만들어서 순서대로 문제를 내고 맞히기 놀이를 한다. 모둠원의 학습 수준이 모두 다르므로 문제도 저·중·고 수준으로 분산하여 만든다. 그래야 부족한 학생도 한두 문제 맞힐 수 있고, 관심을 가지고 수업에 참여하게 된다.

우선 여러 질문을 만들어서 칠판에 쓴다. 그리고 왜 이러한 질문을 만들었는지 설명한다. 설명을 듣고 가장 적절한 질문을 선택한다. 이러한 과정을 되풀이하다 보면 가장 토론하기 좋은 질문을 정하는 방법을 스스로 알게 된다. 한 가지 텍스트에 대해 여러 질문을 만들고, 그것으로 토론함으로 다양한 질문과 답변을 경험하게 된다. 실제로 많은 질문과 답변을 하면서 토론 주제에 맞는 질문을 알아간다. 그리고 토론을 잘하는 친구들의 토론을 많이 듣고, 거기서 나오는 질문과 답변을 보고 배운다.

처음에는 내용을 묻는 질문, 과정을 묻는 질문, 이유를 묻는 질문 등을 나누어서 질문 만들기를 가르쳤다. 그러나 토론을 하면서 상대방의 의견을 듣고 질문할 때는 여러 유형을 고집하면 선뜻 질문하기가 어렵다. 왜냐하면 다양한 질문을 듣는 것보다 자신이 묻고 싶은 것이 우선이 되기 때문이다. 그러므로 토론할 때는 무엇이건 생각나는 대로 질문하라고 한다. 처음에는 유치한 것도 많이 하지만, 여러 친구의 질문을 듣다 보면 점차 좋은 질문으로 발전해나간다.

❓ 본문이 길 경우는 수업 시간 내에 다 읽기가 어렵습니다. 그럴 때는 어떻게 해결해야 하나요?

⚠️ 국어 책의 텍스트는 대략 2~8쪽 정도 된다. 대개 낭독하는 데 한 쪽에 평균 1분 정도가 소요된다. 그래서 8쪽이라면 8분 정도 걸린다. 하지만 대개의 교과서 제시글은 3~5쪽 분량이라 40분 수업에서 충분히 할애할 만하다. 본문을 잘 읽으면 내용 파악이 잘 되고, 그것으로 다음 수업을 더욱 쉽게 이끌어갈 수 있기 때문이다.

읽기는 한 문장씩 번갈아 가며 읽는 것 외에도 효과적으로 읽는 다양한 방법이 있다. 동화에서는 등장인물을 정하여 대화 형식으로 읽는 방법도 있다. 그리고 해설을 다 같이 읽으면, 전체적인 내용 파악과 실감 나게 낭독하기를 모두 할 수 있다.

한 권의 책을 읽을 경우에는 처음부터 끝까지 혼자 읽은 후에 책의 중요한 내용이나 핵심 쟁점이 되는 부분 3~4쪽 정도를 낭독하는 방법이 있다. 각자 책을 읽었다 하더라도 핵심 부분을 한 번 더 낭독하면 더욱 생생하게 내용이 피부에 와 닿는 것을 알 수 있다. 중요 부분은 학생들이 추천하는 부분으로 하거나 교사가 정할 수도 있다. 마지막 부분은 미리 알게 되면 호기심이 사라지기 때문에 미리 낭독하지 않는 것이 좋다.

그리고 처음 부분이나 중간 부분을 함께 읽은 후, 다음 부분을 상상하여 발표하는 것도 좋은 방법이다. 그렇게 하면 학생들은 그다음 내용이 궁금하여 책을 더 열심히 읽게 된다.

❓ 학생들이 학급 논제에 대해 자신의 의견을 쓸 때 글을 쓰는 속도가 많이 차이 나는데 어떻게 지도해야 하나요?

❗ 학생들이 학급 토론 주제를 정하고 입론을 쓸 때 어느 정도의 양은 써야 한다. 시간에 따라 10~15개 문장 정도가 적당하다. 토론할 때 상대방이 나의 의견을 듣고 질문을 하는데, 너무 적게 쓰면 내용이 조금이라서 질문할 거리가 부족하기 때문이다. 글을 쓰기 어려워하는 학생에게도 얼마까지는 꼭 써야 한다고 권장하면 토론에 참여하기 위해 조금 더 쓰려고 노력한다.

공개 수업이 아니라면 여유를 가지고 시간을 주어 한 쪽 이상을 쓰게 한다. 어느 정도 글의 분량이 있어야 학생들이 입론을 듣고, 질문할 거리를 찾기 수월하기 때문이다. 대략 한 문장 쓰기에 1분 정도 걸린다고 보면, 최소 10분 정도를 할애해야 한다. 여기서 학생들의 개인차가 많이 나지만, 시간이 10분 정도 지나면 다섯 문장만 썼더라도 그냥 진행을 한다. 정해진 시간에 학급 모두가 함께해야 교사가 지도할 수 있기 때문이다. 또 부족하게 썼더라도 질문은 만들 수 있다. 반면, 토론 주제에 대한 의견을 부족하게 쓰고 사실만 썼다면, 그 사실에 대한 의견을 질문하면 된다.

만약, 《우리들의 일그러진 영웅》을 읽고 '당신이 한병태라면, 서울에서 전학 와서 엄석대와 같은 반장을 만났다면 어떻게 할 것인가?'라는 논제가 있다고 하자. 자신의 의견을 '나는 엄석대를 모른 척하고 피할 것이다.'라고 간단히 썼다면 '피하는 이유가 무엇입니까?', '피하다가 폭력을 가하면 어떻게 할 것입니까?' 등 여러 갈래로 질문을 할 수 있다. 그러므로 짧게 썼더라도 얼마든지 이유와 근거, 경험 등을 질문할 수 있다.

❓ 각 모둠 토론 주제 중 좋은 논제가 많을 때 한 가지로 통일해서 진행하기가 어렵습니다. 그리고 나온 주제들을 여러 번 하기에는 수업 시간이 부족합니다. 어떻게 해결해야 하나요?

❗ 학급 토론 주제를 만들지 않고 모둠 토론 주제로 모둠 토론만 진행해도 된다. 예를 들어, 이순신 장군의 생애를 조사하여 토론한다고 하자. 모둠별로 토론 주제를 이순신 장군의 효심, 이순신 장군의 전법, 이순신 장군의 나라 사랑, 이순신 장군의 리더십 등으로 정하여 토론하고 토론한 내용을 발표하는 수업도 해볼 만하다. 그리고 상황에 따라 1시간 수업(40분)에 적용하면 효

과적이다. 하나의 토론 논제를 선택하여 다 같이 진행해 보면 초등학생으로서 적절한 토론 논제를 만드는 방법과 선택하는 기준을 배울 수 있다. 적절한 내용으로 질문하는 법과 다양한 질문을 배우기 위해서는 한 가지 토론 주제일 때가 훨씬 효과적이기 때문이다.

때로는 그날 배우는 학습 목표가 논제가 될 수도 있다. 그러므로 수업에서 알게 된 사실에 대해 그대로 모둠 토론을 해도 된다. 그러나 학기 초, 서울형토론을 처음 가르칠 때는 하루 정도 시간을 갖고 '독서하기-내용 파악하기-논제 정하기-의견 쓰기-모둠 토론하기-대표 토론하기-토론 정리하고 글쓰기'를 전체적으로 해봐야 어떤 방법으로 흘러가는지 알게 된다. 보통은 이렇게 두세 번 정도 해보고, 다음부터는 수업 시간에 부분적으로 적용하여 수업한다. 그리고 공개 수업을 할 때도 80분을 수업하기도 하고, 40분을 수업하기도 한다. 40분 수업을 할 때는 독서부터 학급 논제 정하기까지만 하거나, 모둠별 논제를 정해서 모둠 토론하고, 주요 내용을 발표하며 토론을 정리하는 수업을 하기도 한다.

❓ 서울형토론의 모둠 토론에서 한 아이가 모둠 의견을 주도해 나갈 때는 어떻게 해야 하나요?

🔸 토론이나 대부분 수업에서 우수한 학생이 주도권을 가지려 하고, 부족한 학생은 아주 소극적으로 임한다. 그래서 서울형토론에서는 수준 차이를 극복하기 위해 문제를 만들 때도, 수준을 저·중·고로 나누어 만든다. 또 모둠에서 퀴즈 맞히기에 골고루 기회를 주도록 하고, 한 문제도 못 맞힌 사람이 있는 모둠은 포인트를 빼기도 한다. 이렇게 해도 주도적으로 질문이나 답변을 길게 하는 학생이 있으면 소극적인 학생이 피해를 볼 수가 있다. 그래서 토론 시 입론이나 질문 답변하는 시간을 정해놓고 해야 한다. 발표나 질문을 꺼리는 학생도 우선 토론과정표에 자신의 이름을 명시하면 되도록 하려고 노력한다. 그래도 두려워할 때는 아주 쉬운 질문을 할 수 있게 배려한다. 예를 들어, 《백설공주》를 읽고 질문을 한다면 '백설공주는 여자입니까?'라는 아주 쉬운 질문부터 해도 된다. 처음에는 그렇게 시작해도 차차 수준 높은 내용으로 질문하게 되는 것을 볼 수 있다. 무엇보다 혼자 발표를 독차지하려는 학생에게는 배려하는 마음을 가지도록 지도하고, 교사는 아이들을 틈틈이 살펴서 모둠 토론이 잘 이루어지도록 돕는다.

❓ 서울형토론에서 모둠 토론 역할이 큰데 모둠원을 골고루 안배해야 할 때는 어떤 방법을 쓰나요?

❗ 서울형토론에서도 그렇고 수업 시간에도 모둠 구성원이 아주 중요하다. 필자의 반에서는 매달 자리를 바꾸고 모둠원이 바뀐다. 모둠원을 구성할 때에는 여러 요인을 생각해서 자리 배치를 잘 해야 한다. 성적 수준, 성격 차이, 호감도, 서로 배려하고 도와주는 관계 등을 생각해서 배치해야 한다. 특히, 그 모둠을 이끌어야 할 학생을 한 명씩 꼭 넣어야 한다. 그리고 리더를 호응해 줄 친구도 필요하다.

처음에는 제비뽑기를 하여 각자 뽑은 자리에 우선 앉게 한다. 그다음에 앞에 앉았던 친구는 뒤로, 뒤에 앉은 친구는 앞으로, 같이 앉았던 친구는 다른 친구와 바꾼다. 그리고 특별히 도와줄 친구는 거수를 하여 포인트를 주고 적절히 앉힌다. 그리고 학생들의 의견을 듣는다. 교사보다 학생들이 친구들의 여러 가지 사정을 더 잘 안다. 적절한 의견을 참고하여 자리를 배치하면 효과가 있다. 그래서 짝이나 모둠원이 성공적으로 만들어진 달은 모든 수업이나 생활지도, 토론이 적절히 이루어지고 실력도 향상된다.

자리 배치를 잘 했다고 하더라도 나중에 문제가 발생하면 다소 변경해야 한다. 각 학급의 사정에 맞게 자리를 편성하면 된다. 모둠원 구성을 잘 하려면 학생들 관계와 역학 관계를 잘 알아야 한다. 교사는 평상시에 학생들의 특성과 친구 관계를 여러 경로로 잘 파악하고 있어야 한다. 학생들의 사정을 알기에 가장 좋은 방법은 토의 토론과 글쓰기를 통하여 알아보는 것이다.

❓ 한 교실에서 여러 모둠이 토론을 할 때 소리 조절은 어떻게 하면 되나요?

❗ 한 반에 다섯 모둠 이상이 되면, 가장 염려스러운 것이 각 모둠원의 소리 크기 조절이다. 특히 공개 수업을 할 때면 더욱 고민이 된다. 말소리가 너무 작아도, 커도 안 된다. 모둠원이 들리는 정도여야 한다. 처음에는 조절하기가 쉽지 않다. 일단은 너무 큰소리로 하면 시끄러워서 모든 친구가 함께하지 못한다는 것을 깨달아야 한다. 그러면 어떻게 해야 모두가 다 들리게 할 것인지를 스스로 생각하게 한다. 그래도 하다 보면 또 시끄러워진다. 처음에는 너무 소리가 큰 모둠에게 살짝 주의를 준다. 어찌하다 보면 흥분할 때가 있기 때문이다. 적절한 소리로 토론하는

모둠에게 포인트를 주는 방법도 있다. 소리를 잘 조절하면 포인트를 주고 너무 시끄러우면 포인트를 빼면서 조절하는 것이 효과적이다. 무엇보다 모둠이 조용할 때 더 잘 들린다는 사실을 깨닫게 하고 처음부터 말을 할 때는 상대가 들릴 만큼의 소리로 한다는 것을 주지시킨다.

두 명이 토론하면 두 명이 들리도록, 네 명이 토론하면 네 명이 들리도록, 전체 앞에서 하면 전체가 들리도록 훈련하고 느끼게 하는 것이 중요하다. 두 명에게 들리면 되는데, 전체가 들리도록 하면 소음이라는 것을 알려준다. 가장 좋은 방법은 여러 번 토론을 해보는 것이다. 학생들이 노련해지고 재미를 느끼면 저절로 소리가 조정된다.

❓ 서울형토론은 어떤 자료도 안 쓰고 칠판과 공책만으로 한다고 하는데 여러 자료를 쓰면 안 되나요?

💬 서울형토론을 만들 때 가장 주안점을 둔 것이 '교사가 손쉽게 언제 어디서도 가능한 토론을 만들자.' 하는 것이었다. 언제든지 교과서만 가지고 공책과 연필만 있으면 모둠이 마주 앉아 짝끼리 마주 보며 할 수 있게 구성했다.

늘 하는 수업이지만 어떨 때는 하려고 보면 메모지나 색종이, 가위 등이 없어 정작 토론수업을 못할 때가 있다. 학생들도 준비물을 찾다 보면 어수선하여 분위기가 흐트러질 때가 많다. 그래서 수업 중에 아무 자료도 없이 텍스트와 칠판과 공책만 있으면 언제든지 할 수 있는 방법을 의도적으로 만들었다. 편리하면서 학생들이 잘 적응하고 재미있어 하는 토론수업 방법을 찾은 것이다. 하지만 여유가 있고 준비가 되었을 때는 언제든지 호기심을 줄 수 있는 자료를 사용해 더욱 실감 나는 서울형토론 수업을 해보자.

❓ 토론을 할 때에 정확한 발음으로 실감 나게 질의응답 하려면 어떤 훈련이 필요할까요?

💬 발표를 할 때나 대화를 할 때 의미가 상대방에게 잘 전달되도록 정확한 발음과 실감 나게 말하는 태도는 아주 중요하다. 어느 정도는 이미 습관이 되어 있어 고치기가 쉽지 않다. 그래서 말하는 태도는 수업 현장이나 학교생활에서 틈틈이 훈련이 되어야 한다. 가정에서까지 한다면 더욱 효과가 있을 것이다. 아이들이 가장 영향을 많이 받는 것이 교사와 부모의 말투이기 때문에

교사는 수업 시간에 정확한 발음으로 가르치고 교과서를 꾸준히 낭독시키는 것이 좋다.

교사와 학생들이 한 문장씩 교대로 주고받으며 낭독하는 것은 매우 효과적이다. 이때 교사는 정확한 발음, 적절한 빠르기와 띄어 읽기, 내용을 실감 나게 표현해야 한다. 교사가 모범을 보이면 학생들도 잘 따라서 한다. 그리고 수업에서 교사와 학생들이 정확한 발음으로 질문을 조리있게 주고받으면 점점 말하는 태도가 좋아진다.

학생들끼리 평가하며 대화와 토론을 자주 하다 보면 발표에 갖는 부담이 적어지고 자연스러워진다. 말하는 데 여유가 생기면 발음도 좋아지고 실감 나게 토론을 하게 된다. 하지만 발표를 두려워하는 학생들은 자신감이 부족하여 자주 할 기회가 없다. 그러므로 교사와 학부모는 자연스레 발표할 기회를 만들어줘야 한다. 되도록 하루에 한 번 이상은 반 학생 모두 발표할 기회를 준다. 수업 시간에 발표하지 못했으면, 쉬는 시간이나 점심시간에 대화할 수 있는 여건을 만든다. 우유를 먹는 시간에 여러 가지 색깔의 사탕을 선택하게 하고 대화를 나누는 등 어떤 것이든 대화할 수 있는 여건을 만들면 학생들과 소통도 되고 말하는 자신감도 높아져서 자연스레 발표를 잘하게 된다.

서울형토론에서 메모와 토론평가표가 왜 필요한가요?

'토론을 할 때 메모하고 상대의 토론을 평가할 필요가 있을까?'라는 의문이 들 때가 많다. 아이들이 귀찮아하고 평가라는 것이 다소 부담을 주기도 하기 때문이다. 토론에서는 상대방의 말에 귀를 기울이는 것이 중요하다. 상대측의 말을 듣고 반박을 하거나 근거를 대야 하기 때문이다. 메모를 하지 않으면 상대방 말에 집중하지도 않고, 무슨 말을 했는지 잊어버리기도 한다. 질문도 하고 반박도 해야 하는데 못하게 된다. 초등학생들이 지금 배우고 있는 국어 교과서에도 한 단원을 배우고 나면 3단계(잘함, 보통, 노력을 요함)로 하는 상호 평가가 있다.

국어에서 평가는 매우 중요하다. 아무 말이나 하고 싶은 대로 하는 것이 아니다. 예를 들어, '근거를 대어 주장을 펼쳐라'라고 하면 근거를 대야 한다. 근거를 대었을 때 좋은 평가를 받으면 논리적으로 말하는 법을 깨우친다. 자신도 더 적절한 질문과 답변을 하는 훈련이 되는 것이다. 평가표를 활용하면서 토론을 하면 집중이 잘 되고 토론의 수준도 높일 수 있다. 그런데 저학년이나 처음 토론을 할 때는 평가표가 다소 부담이 될 수도 있고, 표기의 어려움도 있을 수 있다. 이럴 때는 간단히 발표를 하고, 학급 전체에서 지명하거나 거수하여 질문 답변하는 훈련이 필요하다. 평가를 몇 단계로 할지, 어떤 표기로 할 것인지는 학년 수준과 학급 사정에 맞추어 하면 된다.

❓ 학생들의 수준과 학년 수준에 따라 논제가 어느 정도 구체적이어야 할까요?

❗ 논제는 학생들이 정하기 때문에 그들의 수준에 맞는 논제가 나온다. 범위를 어떻게 하느냐보다는 내용 파악을 함께하여 학생들이 서로 토의하여 합의를 이루고 거기서 거수하여 논제를 정하면 된다. 만약 거수하여 뽑은 논제가 교사가 보기에 다소 어렵거나 너무 거시적이라 토론하기에 적절치 않다고 판단되면, 학생들과 함께 토론하기에 알맞은 방향으로 조금 수정해도 된다. 또한, 하다 보면 자신들의 수준을 벗어나기도 하고, 인신공격적인 논제가 나오기도 하고, 정치적인 색채가 있는 것도 나온다.

여기서 교사는 정해진 논제를 이유와 함께 말하고 토론이 누구의 편향적 성토장이 되지 않도록 조정해주면 된다. 특히, 정치적인 것은 자신들의 의견이 아닌 부모님의 대변인이 되어 토론할 수가 있어서 제한을 두어야 한다. 학생들이 자신들의 의견을 말할 수 있도록 해야 하고, 조사한 자료도 자신의 생각을 뒷받침하는 것으로 사용해야 한다.

❓ 토론 주제에 대한 자신의 의견을 논리적으로 잘 쓰는 방법은 무엇인가요?

❗ 자신의 의견을 잘 쓰는 방법은 주제가 있는 글을 많이 접해 보는 것이다. 우선 어떤 주제에 대해 대화를 많이 나누어본다. 학급에서나 가정에서 그냥 하고 싶은 이야기를 하기보다는, 어떤 관심 있는 주제를 정하고, 주제에 대한 자신의 주장을 말하고, 그 이유를 대어 말하는 것을 생활화해야 한다. 자신의 의견만 말하고 이유를 말하지 않으면 이유를 물어서 논리적으로 말하도록 유도해야 한다. 그래서 일기를 쓸 때도 꼭 주제가 있는 글을 쓰도록 하고, 의견을 쓸 때는 구체적인 이유가 들어가도록 쓴다. 그리고 의견이나 주장을 쓸 때는 꼭 뒷받침하는 근거나 자료를 곁들이게 한다. 한 문장으로 마치는 것이 아니라 근거나 까닭, 설명이나 예시 등으로 한 문단을 이루어 쓰도록 유도해야 한다. 일상에서 이러한 형식의 글을 쓰다 보면 논리성이 좋아지고 자신의

주장에 설득력이 생긴다.

대화도 마찬가지다. 주제를 정하고 대화를 많이 하다 보면 토론도 잘하게 된다. 그냥 말만 하고 쓰지 않으면 습관이 안 되어 정작 쓰려면 잘 안 된다. 더 효과적인 글쓰기는 모둠별로 같은 주제에 대한 글을 써서 돌려 읽으며 평가해보는 것이다. 아이들은 친구들의 글에 가장 영향을 많이 받는다. 그리고 글을 보고 질문과 답변을 해 보면 글쓰기가 더욱 논리적으로 변해가는 것을 볼 수 있다. 이처럼 친구들의 글을 읽고 평가하다 보면 자신의 마음이 움직이는 부분을 보충하게 되고, 좀 더 나은 표현을 자연스레 배우게 된다.

❓ 비경쟁적 토론을 수준 차와 관계없이 자유롭게 하다 보면 다소 생각 없이 장난으로 흐르지 않을까요?

❗ 자유롭게 하는 토론은 주제를 학생들이 정하고 흥미 있는 주제를 토론하는 것이기에 많은 아이들이 집중을 잘하는 편이다. 그러나 모둠별로 하는 토론이라서 어떤 대화가 오가는지 모르고, 어디에서 멈췄는지도 모를 수가 있다. 그러므로 모둠 토론을 할 때 토론 내용에 맞는 토론 과정표나 진행 과정이 나와 있는 학습지가 필요하다. 맨손으로 하게 되면 학생들이 어떤 순서로 해야 할지 몰라 헤매게 된다. 그래서 교사는 모둠 토론이 시작되면 틈틈이 교실을 돌아다니며 토론이 잘 흘러가는지를 살피며 도와준다. 이때 조심해야 할 일은 토론하는 아이들의 기분이 상하지 않도록 해야 한다. 특히, 아이들에게 당사자의 마음을 이해시키고 순서를 조금씩 바꾸어 생각할 시간을 주면서 하도록 배려해야 한다. 무엇보다 부족한 학생이 재미있게 참여하도록 배려하고 어떤 질문이 나와도 부드럽게 답변하는 분위기를 만들어가는 것이 중요하다.

이런 역할을 하는 사람이 사회자이다. 그러므로 교사는 사회자가 하는 일을 잘 교육하고 이해시켜야 한다. 모둠 토론에서 다툼 없이 화기애애하게 토론이 진행되면, 사회자를 칭찬하고 그 모둠에 포인트를 주는 등 독려를 하면 더욱 효과적이다.

❓ 학생들이 찬반 논제로 만든 것을 서울형토론에 적합하게 바꾸려면 어떻게 지도하는 것이 좋을까요?

🅐 학생들은 토론의 주제를 으레 찬반 토론 논제로 만들기를 좋아한다. 서울형토론에서는 토론 주제를 정하는데 제한을 두지 않는다. 왜냐하면 수업 과정 속에서 여러 과목의 다양한 내용을 다 포함시키기 위함이다. 그러므로 찬반 논제도 가능하다. 일단 논제가 정해지면 논제의 방향을 조금만 바꿔주면 된다.

예를 들면, 《나는 선생님이 좋아요》를 읽고 '고다니 선생님이 미나코를 받아들인 것은 잘한 일인가?'라는 논제를 만들었다면 '미나코를 받아들인 것이 잘한 일이면 그 이유는 무엇인가?' 아니면 '받아들이지 않았다면 그 이유는 무엇인가?'라고 해도 된다. 또 '당신이 고다니 선생님이라면 미나코를 받아들이겠는가?'라고 하고 그 이유를 물어봐도 된다. 그 작품의 상황에 따라 여러 답이 나오는 방향으로 조금만 바꿔주면 얼마든지 다양한 답이 나오도록 만들 수가 있다.

❓ 토론을 잘하려면 가정에서는 어떻게 지도하면 좋을까요?

🅐 서울시 초등토론대회 대상을 받은 학생들에게 '토론을 잘하게 된 이유가 무엇인가요?' 하고 질문하면 함께 온 부모님들이 자주 하는 말이 있다. '가정에서 가족과 대화를 많이 한다'라는 것이다. 생활 속에서나 학교에서 일어난 일, 친구 사이에 일어난 일 등에 대해 서로의 의견을 자주 나누고 토론하는 아이들이 토론을 잘한다. 대화를 나눌 때 부모는 어른들의 어휘를 그대로 사용한다. 아이들이 무슨 말이냐고 질문하면 다시 풀어서 말해 준다. 가족이 함께하는 식사시간, 여행이나 일상에서도 서로의 생각을 주고받는 일이 많을수록 토론도 잘하게 된다. 그 일상적인 이야기가 단편적으로 흐르지 않도록 부모님이 이유를 묻고 답하는 대화 형식을 취하는 것이 중요하다. 특히, 어른들과 대화를 많이 하면 어휘양도 많아지고 이해력도 높아져서 논리적인 토론을 잘하게 된다.

가정에서 책을 함께 읽고 서로의 감상을 나누는 시간을 정해서 독서토론을 할 수만 있다면 토론 교육은 저절로 된다. 가족과의 유대감도 생기고 아이들과 애착감도 높아져서 가정교육이 그대로 스며들게 된다. 가족의 상황에 맞는 적절한 책을 골라서 읽는다면 더욱 효과가 있다. 한 달에 한 권 정도 함께 읽고 독후 감상을 말로 하고 질문 답변을 해 보면 된다. 먼저 엄마나 아빠 중에 자신 있는 분이 먼저 감상을 발표하면 엄마가 질문하고 답변하는 모습을 보여준다. 자녀가 먼저 하기를 원한다면 그렇게 해도 되기에 자녀에게 먼저 하기를 강요하지 말자. 자녀가 할 때 좀 부족하더라도 지적하지 말고 좋은 점을 칭찬해주면 자신감을 가지고 차차 좋아진다.

좀 더 자리가 잡히면 의견을 글로 써서 발표하기를 해본다. 논리적인 글을 그냥 쓰려면 근거가 미약한데 토론을 위해 쓰다 보면 자료도 이용하고, 무언가 상대를 설득하려는 마음이 있어서 근거를 잘 활용하게 되어 논리가 탄탄한 글쓰기가 된다. 이때 아주 중요한 것은 책 선택이다. 시사성도 있고 가정의 특성과 맞으며, 자녀의 나이와 필요에 맞게 함께 이해하고 나누기 좋은 목록을 만들어야 한다.

2. 서울형토론수업에 대한 교사 체험담

수업에 적용하기가 쉬웠다

서울 등현초 교사 이근자

서울형토론을 수업에 적용해본 교과는 주로 국어와 도덕 수업이다. 국어는 함께 이야기할 수 있는 단원이 많다. 특히, 문학 작품에 대한 단원을 지도할 때 토론수업은 정말 좋았다. 먼저 교과서 텍스트를 다양하게 해석할 수 있게 한다. 국어 과목 읽기 수업을 하다 보면 주로 내용 파악과 글쓴이의 의도만 파악하게 된다. 그런데 서울형토론을 적용해보니 아이들의 의견을 정말 다양하게 들을 수 있었다. 토론수업을 하고 나서 아이들이 제일 많이 하는 이야기 중 하나는 "저는 주인공 입장을 이렇게 생각했는데, 친구들이 이렇게 다양하게 생각할 줄 몰랐어요."라는 의견이 가장 많았다.

그리고 도덕 수업에 활용해도 매우 좋았다. 도덕은 가치 판단을 해야 하고, 내면화해야 하는데 아이들이 어떻게 변화되는지 척도도 없고, 이미 지식으로 정답을 다 알고 있는 경우가 많아 수업이 단조로울 때가 많다. 도덕 책에 나와 있는 본문을 읽고 학생들이 스스로 '개인 토론 주제 - 모둠 토론 주제 - 학급 토론 주제'를 정해서 서울형토론 모형으로 수업을 하다 보면 아이들 스스로 어떻게 해야 할지 자연스럽게 실천할 행동을 찾게 된다.

지난 2015학년, 학급 안에서 친구 문제도 있고 해서 책임에 관련된 단원을 서울형토론 수업으로 진행했는데 다행히 학급에서 친구 관계의 일을 자연스럽게 풀었다. 아마 그냥 해결하려고 했다면 어려웠을 것 같다. 토론수업을 통해 자연스럽게 자신의 문제점을 찾게 되었고, 아이들이 해결 방법도 스스로 찾을 수 있었다.

또 주제를 정해서 토론하기, 음악 감상, 시 감상, 미술 감상 활동에도 활용도가 좋았고, 과학에서는 환경오염 과정에서 서울형토론을 적용해보니 좋은 점이 많았다.

1) 서울형토론 모형 변형해서 지도하기

토론 논제를 정할 때 아이들은 자신의 의견만을 고집할 때가 많았다. 그래서 나중에는 가위바위보로 결정하기도 했다. 그런데 모둠 토론 논제를 정할 때 시각화 과정이 드러나게 피라미드 토론(점점 의견을 모아 하나의 의견으로 수렴하는 토론)을 적용했더니 토론 논제를 정하는 과정이 좀 더 명확해지고 아이들의 의견 교환도 좀 더 쉬워졌다.

2) 학급 논제로 모둠 토론 후 발표하는 과정 변형하기

모둠별 토론 내용 발표 시 모둠 대표만 발표하는 것이 아니고 모둠원 모두가 한마디씩 할 수 있도록 적용해보았는데 반응이 아주 좋았다.

● 각 10초씩 모둠당 40초 발표 예시

1번 학생 : 모아진 모둠 의견 발표

2번 학생 : 의견에 대한 이유 발표

3번 학생 : 가장 좋았던 부분에 대한 질문

4번 학생 : 모둠 토의를 하면서 좋았던 점이나 어려웠던 점 발표, 그 밖의 질문

3) 서울형토론 후 모인 의견을 바탕으로 대표 토론하기

각 모둠 대표가 모둠원들과 토의 후에 발표를 하니 토의 활동 자료가 풍부해졌다. 그리고 미리 다른 친구들이 질문할 내용에 대해서도 서로 의논했다. 모둠 대표가 나와서 하는 일방적인 발표보다는 자기 모둠의 의견을 발표하고, 다른 모둠 대표들이 질문을 하도록 하니 모둠에 관심을 더 가지게 되었다.

학생들에게 배움의 주도권을 넘기고 역량을 키우다

서울 양전초 교사 문향숙

서울형토론은 미래 사회에서 필요한 역량을 기르는 토론 모형이다. 2015년 개정 교육 과정에서는 자기관리 역량, 지식정보처리 역량, 창의적 사고 역량, 심미적 감성 역량, 의사소통 역량, 공동체 역량을 학생들이 미래 사회에서 갖추어야 할 핵심 역량으로 든다. 이러한 역량은 여러 교과, 여러 수업 활동에서 길러질 수 있다. 일반적으로 토론 활동을 통해 의사소통, 창의적 사고, 지식정보처리 역량을 기를 수 있다. 그런데 서울형토론에서는 한 걸음 더 나아가 자기 주도, 심미적 감성, 공동체 역량까지도 기를 수 있는 토론 모형으로 그 적용 범위가 매우 넓다.

서울형토론에서는 수업의 주도권을 교사가 아닌 학생이 갖는다. 학생들이 글을 읽고 질문하고 답하면서 내용을 스스로 파악한다. 이 과정에서 학생들은 궁금한 것을 질문해야 하므로 스스로 생각하지 않을 수 없다. 그동안은 교사가, 혹은 교과서에 제시된 질문에 수동적으로 대답을 생각했다면, 이제는 학생들 스스로 궁금한 것, 이해가 안 되는 것들을 물으며 배움의 주도권이 학생들에게 이양되는 것이다.

또한, 친구의 질문에 답을 하기 위해 학생들은 그 근거를 책에서, 경험에서, 다른 자료에서 찾아보며 매우 적극적으로 된다. 이렇게 책 내용을 파고들면서 자연스럽게 '이렇게 행동하는 것이 옳은가? 작가가 말하고 싶은 것이 무엇일까? 더 좋은 방법은 없을까?' 등 큰 질문을 생각해낸다. 외부에서 주어진 문제를 수동적으로 해결하는 공부 방법에서 스스로 질문을 던지고 해결하는 과정으로 변하면 능동적이고 적극적으로 되는 것은 당연하다. 즉 자기관리 역량의 기초학습 능력, 자기 주도적 학습 능력을 기르게 되므로 자기 주도 역량을 함양하는 모형이다.

서울형토론을 하며 학생들 간 서로 인정하는 말이 많아지는 것을 느낀다. 서울형토론에서 추구하는 것은 경쟁이 아니라 협력이다. 토론이라고 하면 찬반 대립으로 상대방의 논리를 꺾는 승패를 먼저 떠올리는 학생들이 많다. 서울형토론은 이기기 위한 토론이 아니라 더 좋은 생각을 찾아가기 위한 질문과 답변 활동이 모둠 토론 형태로 이루어진다. 좋은 질문을 하고 좋은 답변을 하였을 때의 즐거움을 같이 공유하는 것이다. 토론의 목적이 좋은 생각을 찾기 위한 것이라지만, 과정에서 경쟁이 도드라진다면 학생들은 상대방의 의견을 수용하기 어렵다. 하지만 상대방이 질문을 해줌으로써 그것이 내 생각을 더욱 가치 있게 만들어준다는 것을 체험한다면 저절로 상대방을 존중하고, 존재에 대해 고마워하게 된다. '좋은 생각입니다.', '그렇게 생각할 수도 있겠군요.'라는 말이 자연스러운 서울형토론은 공동체 역량을 함양하는 토론 모형이다.

3. 독서토론수업에 참여한 학부모 체험담

서울형토론 모형은 초등학생뿐만 아니라 나이와 관계없이 누구나 사용할 수 있는 토론 모형이다. 초중고생, 대학생, 일반인, 교사들에게 여러 번 수업을 했던 경험을 살려 학부모를 상대로 수업을 해보았다. 직업을 가지고 있으나 독서토론은 처음인 학부모들에게 같은 책을 함께 읽고, 서울형토론 모형으로 수업을 시작했다.

수업하기 전에는 무척 긴장하고 어려워하셨는데 막상 시작하니까 모두 열심히 수업에 참여하고 독서의 재미에 푹 빠지기 시작했다. 무엇보다도 다른 사람의 발표에 귀를 기울이고 점차 글쓰기 실력도 좋아졌다. 의견 발표는 자신감을 가지고 자연스럽게 했으며, 점차 심도 있는 토론을 하게 되었다. 먼저 이지성의 《리딩으로 리드하라》를 읽고 고전 읽기에 대해 고민해보았고, 독서의 효과에 대해 심도 있는 토론을 했다. 그다음은 빅토르 위고의 《장발장》을 읽었는데 장발장과 많은 등장인물을 통해 진정한 자유와 평등, 그리고 정의가 무엇인지 깨닫고 진정한 사랑이 어떤 것인지에 대해 서로 의견을 나누었다.

다음은 자녀들의 심리를 알고자 여고 시절에 읽었던 《데미안》으로 수업을 했다. 그러자 방황하는 자녀들의 심리를 서로 이해하였으며 토론하면서 여고 시절을 떠올리기도 하였다. 하다 보니 학부모님들이 독서토론의 재미에 푹 빠졌을 뿐만 아니라 계속 읽고 싶은 책이 많아졌다. 무엇보다 책을 통해 자녀를 더욱 이해하게 되었고, 특별한 준비 없이 누구나 같은 책을 읽기만 하면 할 수 있는 '서울형토론'의 애호가가 되셨다. 학부모들은 가정에서도 독서를 했으며, 책 내용에 대해 질문을 만들고 독후감을 써왔다. 다음은 학부모님들이 서울형토론을 체험하고 나서 쓴 소감문이다.

서울형토론을 접하면서 많은 생각을 하게 되었다

학부모 강신영

독서의 중요성은 이미 잘 알고 있다. 그러나 아무리 독서를 좋아하는 아이라도 독후 활동으로 독후감을 쓰라거나 독서토론을 하라고 하면 매우 귀찮아하고 싫어하는 것이 일반적이다. 그것은 비단 아이들만의 일이 아니다. 어른이며 부모인 나도 누군가 독후 활동을 해오라고 하면 매우 부담스럽고 고민되기 마련이다. 뻔히 알고 있는 독후의 과정들은 왜 이렇게 어렵게 느껴지고 힘든 것일까? 아마도 글을 쓴 기억이 오래되어 모처럼 쓰게 되니 더욱 어색한 것이 아닐까 싶다. 아이에게 책을 많이 읽어야 한다느니, 제대로 읽어야 한다느니, 정확히 읽어야 한다느니, 매번 폭풍 같은 잔소리만 퍼부었을 뿐, 정작 나는 아이에게 독후 활동에 대한 도움을 주지 못하는 무지한 부모였다. 그저 부모로서 좋은 책을 선별해서 권해 주고 책꽂이에 꽂아만 놓으면 내 아이가 술술 읽어가며 흥미를 느끼고 논술 따위 아무 문제 없을 거란 착각을 하며 살았다. 그런데 이번에 아주 좋은 기회가 와서 다소 부담스러웠으나 용기를 내어 참가하게 되었다.

이 수업을 통해 독서에 대한 방법과 토론을 나누는 훌륭한 선생님을 만나게 되었고, 독후 활동이 어렵고 힘든 것이 아니라 재미있고 즐거울 수도 있다는 것을 알게 되었다. 이끄는 이가 얼마나 중요한지도 알게 되었다.

서울형토론을 설명해주시고 독서 방법과 질문하여 내용 파악하는 방법, 토론 주제 정하는 법을 설명하여 주셨다. 직접 해보니 생각보다 어렵지 않았고 호기심이 생겼으며 다른 사람이 의견을 발표하는 것을 듣다 보니 점점 나도 어떻게 써야 하는지 알게 되었다. 흥미 없는 아이들을 어떻게 수업에 참여시키며, 흥미를 유발할 것이고, 모두에게 균등한 기회를 줄 것인지도 점차 알게 되었다. 어떻게 질문할 것인지, 무엇을 질문할 것인지도 알게 되었다. 어떤 관점으로 바라봐야 할 것인지, 관련된 것들은 어떻게 유추해가며 다른 책들과 연관시켜줄 것인지를 알게 되었다. 이번에 배운 서울형토론을 접하면서 너무나 많은 생각을 하게 되었다.

독서토론에 대한 방법만 잘 숙지하고 활용한다면 누구든지, 언제든지, 우리의 아이들이 좀 더 쉽고, 신나고, 깊이 있게 독서 활동을 할 수 있을 것이다. 친구의 의견을 듣고 나의 생각을 주고받으면서, 아이들의 생각은 깊어지고 생각의 폭도 커질 것이다. 그러면서 배려를 배우고 우정도 배울 것이다.

누군가가 시켜서 하는 것이 아닌, 스스로 생각하고 스스로 해결해 나가는 힘이 곧 독서의 힘이라고 할 수 있다. 그것이 곧 독서 후 생각을 나누는 '독서토론의 힘'이 될 것이며 사회의 훌륭한 인재를 키우는 힘이 될 것이다. 전문적이고 체계적이신 권정희 선생님의 서울형토론 수업을 통해 많은 것을 배우고 깨우친 시간이었다. 좋은 사람들과 함께 책을 읽고 이야기를 나눈다는 것이 얼마나 행복한 일인지 깨달을 수 있었던 시간이었다.

서울형토론이 더 많은 사람에게 알려지기를 바라다

학부모 신용임

처음에 독서토론수업을 한다는 말을 들었을 때는 책을 읽고 간단히 감상을 교환하며 강의식 수업을 듣는 모임이라 생각해서 부담이 없었다.

시작하고 보니 숙제도 만만치 않았고, 진행 방식도 부담스럽게 느껴졌다. 더구나 다른 학부모와 쓴 글을 공유하고 의견을 내며 토론하는 것은 편치 않은 상대에게 감추고 있던 민낯을 노출하는 기분마저 들어서 내키지 않았다. 그렇게 부담스럽게 첫 수업이 시작되었다. 그러나 수업이 끝나자 부담스럽던 마음은 어느덧 사라지고 따스한 여운이 남았다. 그리고 '이렇게 좋은 수업을 우리 아이들이 들을 수 있다면 얼마나 좋을까!' 하는 열망으로 변했다. 책 한 권을 말 그대로 씹어서 소화시키는 것은 이 프로그램 효과의 극히 일부분인 듯 보였고, 그야말로 논리력, 사고력, 창의력이 한 번에 해결되는 프로그램인 듯했다.

학생들뿐 아니라 학부모들에게도 유익한 프로그램이다. 더 깊이 사고할 기회가 생기고 온통 아이들 이야기만이 주제였던 대화에서 벗어나서 오랜만에 충만감을 느끼는 시간을 보냈다. 어쩌면 수업이라기보다는 친한 사람끼리 모여 수다를 즐기는 것보다 더 깊은 재미에 빠졌던 것 같다. 모처럼 한 권의 책을 읽고 깊은 사유를 나눈 것 같아 뿌듯하기도 했고, 삶의 지혜가 쌓인 것 같아 보람있는 시간이었다. 이 프로그램이 서울시, 아니 전국적으로 퍼져나가서 보다 많은 학생과 성인까지도 혜택을 볼 수 있었으면 한다.

4. 독서토론수업에 대한 학생 체험담

다음은 저자가 가르치고 있는 서울 반포초 주말 방과후 '독서토론논술반' 수업을 받은 제자들의 수업 후기이다. 12년 전부터 토론을 좀 더 깊이 연구하고 수업에 적용해 보기 위해 방과후 수업을 시작했다. 이 방과후 수업의 배경에는 '영등포구 대림동에 있는 서울대동초'의 교사로 재직할 때에 부족한 제자들을 '독서로 학습 능력과 인성을 좋게 해볼 수는 없을까?' 하는 생각에서 시작되었다. 그동안 많은 연구와 수업을 통해 토론을 접목한 수업이야말로 교실 수업을 통해 교육 혁신을 이룰 수 있다는 확신이 생겼다. 어설프게 하는 토론 수업일지라도 서로 생각을 나누게 하는 수업이야말로 교사가 예측하는 이상으로 학생들이 좋아하고 학습 내용이 깊이 내면화된다. 여기서 쓴 제자들의 글은 생생한 실제 체험을 그대로 실은 것이다.

독서토론수업으로 발음과 자신감이 좋아졌다

서울 반포초 6학년 김혜원

　나의 학습 능력 향상에 도움이 된 가장 큰 원인은 뭐니 뭐니 해도 독서토론논술 수업이었다. 5학년까지 어눌하고 부정확한 발음 때문에 나는 발표를 두려워했고, 내키지도 않는 수업이 되어버렸다. 그러나 토론과 발표를 통해 조금씩 정확한 발음을 익히게 되었다. 아직 많이 부족하지만 나도 확실하게 변화를 느낄 수 있었다. 그렇다면 대표적으로 독서토론논술 수업이 나에게 준 가장 큰 효과는 무엇일까?

　먼저, 서론에서 말하였듯이 발음 교정과 자신감 키우는 것에 큰 도움이 되었다. 특히 수업 중 권정희 선생님께서는 누구든지 정말 공평하게 발표를 시키시기 때문에 어느 한 사람만 집중적으로 더 많이 배우거나 더 적게 배운다는 것은 있을 수 없는 일이었다. 간혹 발표를 자주 하는 친구들이 있어 그 친구들이 평균적으로 발표를 많이 하였지만 누구 하나도, 언제 밀려올지 모르는 발표 때문에 긴장을 늦출 수가 없었다. 정리하자면, 선생님은 정확한 발음으로 수업하시고, 틈틈이 발음을 교정해주며 자신감을 갖도록 격려해주신다. 누구든 공평하게 발표를 하기 때문에 발음 교정에도 큰 도움이 되었고, 자신감도 기를 수 있어 일석이조였다.

　또, 책을 많이 읽을 수 있었다. 하지만 적지 않은 학원 숙제와 학교 숙제 때문에 책을 읽을 시간이 부족해졌다. 이렇게 고민만 하다가 친구들의 권유로 독서토론논술 수업을 듣게 되었는데, 2주일에 한 권의 책을 읽고 독후감과 독서 퀴즈를 만들었다. 이는 책을 읽지 않으면 할 수 없는 숙제라서 시간을 쪼개서라도 책을 읽을 수 있는 좋은 기회였다.

　마지막으로, 논술 실력과 토론 실력을 기를 수 있었다. 독서토론논술에서는 거의 매 주일 서울형토론을 하기 때문에 나도 모르는 사이 자연스레 토론 주제 정하기와 질문하고 답변하는 실력이 늘었다.

　보통 친구들은 '독서토론논술' 하면 제일 먼저 공부가 생각나서 하기 싫어하는 경우가 많다. 나도 처음에는 그러하였다. 다만 독서토론논술 수업을 들으면서 논술, 토론 실력이라든지 발음 교정에 도움이 되었기 때문에 '내가 왜 진작 독서토론논술반 수업을 하지 않았을까?'라는 생각을 하였다. 4기를 한 번 더 신청한 것이 결코 쉬운 선택은 아니었지만, 한 번 더 생각할 수 있는 힘을 길러준 좋은 경험이 되었다.

독서토론논술 수업은 독서와 함께 글쓰기도 잘하게 해줬다

서울 반포초 6학년 강민규

처음 방과후 수업에 참여하였을 때에 나는 독서토론논술에 대해서 아무것도 몰랐다. 그래서 읽어야 할 책들도 너무 길게 느껴졌고, 글쓰기와 토론을 하기도 너무 힘들었다. 그러나 시간이 지나면서 스스로 실력을 쌓고 지금은 내가 직접 쓴 글을 읽어보거나 내가 친구들과 토론하는 모습을 보면 나 자신이 뿌듯하다. 그렇다면 2년 동안 쉼 없이 참여한 독서토론논술 수업이 나에게 주는 도움이 무엇이었는지 생각해보았다.

첫째, 좋은 책을 많이 읽게 되었다. 독서토론논술을 하기 전까지는 어떤 책이 나에게 도움이 되는지 잘 몰라서 아무 책이나 내가 관심이 있는 책들만 골라 읽었다. 하지만 독서토론논술 수업에서는 선생님께서 2주일에 한 번씩 책을 선정해 주셔서 정해진 책을 읽고 독후감을 쓰며 독서 퀴즈 10개를 해나가는 숙제를 하였다. 이런 활동은 내가 책을 대충 읽지 않고 정독할 수 있도록 도와줬다. 또한, 선생님께서 추천해주시는 도서는 인물, 역사, 과학, 종교, 철학, 수학, 고전, 경제 등 다양한 분야에서 우리들의 수준에 맞는 책들이다. 예를 들어, 대부분 사람들이 임진왜란과 이순신 장군의 <난중일기>는 잘 알지만 실제로 임진왜란의 전반적인 상황을 기록한 류성룡의 <징비록>은 잘 모른다. 하지만 나는 <징비록>이라는 책을 통해 이순신 장군의 활약만 알고 있었던 임진왜란의 다른 측면들과 전반적인 임진왜란의 전개 과정을 이해할 수 있었다.

둘째, 글쓰기 실력이 많이 늘었다. 초창기에는 공책 한 쪽을 채우기도 너무 힘들었다. 하지만 지금은 내 글쓰기 실력이 많이 성장하였음을 느낀다. 특이한 점은 우리 독서토론논술 수업에서는 다른 논술학원들과 달리 직접 쓴 글을 친구들과 돌려 읽고 점수도 매기며 토론을 해본다. 그러면 다른 친구들의 생각과 관점을 배울 수 있고, 그것에 자극받아 자신의 글쓰기 능력을 향상시킬 수 있다. 그리고 글의 종류도 기본적인 독서 감상문과 논제를 정해서 글을 쓰는 논술문 이

외에도 생활문, 동시, 소설, 기행문 등 다양한 종류의 글을 쓸 수 있게 되었다.

셋째, 토론을 하는 실력이 무척 늘었다. 내가 만약 독서토론논술 수업에서 가장 나에게 효과적인 활동을 꼽으라면 토론이었다. 매번 다양한 논제를 우리들이 정해서 하는 서울형토론, 찬반을 나누어 하는 찬반 토론, 책을 읽고 주제를 정해서 카페처럼 둘러앉아 토론하고 또 원하는 질문을 찾는 월드카페 등 다양한 토론을 하였다. 그리고 토론을 하기 위해서 같은 책을 여러 번 읽거나 입론을 써야 하므로 토론은 독서와 글쓰기와도 많이 접목되어 있었다. 또한, 찬반 토론을 할 경우에는 한 사람당 적어도 3번 이상 말을 해야 한다는 등의 규칙이 있으므로 모두가 토론에 참여할 수 있었고, 모둠 토론에서 대표를 뽑아서 대표 토론을 함으로써 다른 친구들의 생각을 접할 수 있었다. 그래서 나는 반포초등학교 대표로 서울시 초등학생을 대상으로 하는 '독서토론논술대회'에 참여할 수 있는 영광을 가지게 되었다.

처음 독서토론논술 수업을 할 때는 많이 힘들 수도 있다. 글쓰기 숙제나 서울형토론 활동 등 다른 학원들과는 다른 형태의 수업을 하기 때문이다. 그러나 시간이 지나면서 자신의 토론, 글쓰기 실력이 많이 늘고 있다는 것을 느낄 수 있다.

독서토론수업은 생각을 한층 깊게 해준다

(제13회 독서토론대회 서울시교육감상 수상) *이준혁*

나는 지금 프랑스 국제학교 American School of Paris 9학년(중학교 2학년)에 재학 중이다. 내가 한국에서 프랑스로 떠난 것은 1년 전쯤인데 그 전까지 권정희 선생님의 독서토론논술 수업을 하며 좋은 영향을 많이 받았고 좋은 경험을 했다.

말 그대로 독서토론논술 수업은 독서를 하며 독서한 것으로 논술하고 또 토론하는 것이다. 이 수업의 장점은 무엇보다도 우리 생각의 깊이를 더해 준다는 것이다. 다시 말하자면 자신만의 주장과 생각을 가질 수 있게 된다. 처음에는 선생님이 쓰라고 정해 주신 쪽 수를 채우는데 급급했고 힘들기도 했지만 계속하다 보니 더 체계적이고 풍부한 글쓰기를 할 수 있었다.

독후감의 가장 좋은 점은 책을 읽을 때 했던 생각을 다시 하게 하고, 자기만의 생각을 표현할 수 있게 되는 점이다. 그러다 보면 때로는 교훈을, 때로는 자신의 솔직한 감정을 느낄 수 있게 된다. 이렇게 서로의 글을 읽고 코멘트를 하면 그 과정을 3번 더 경험하는 효과를 낸다.

독서를 하는 만큼이나 이 수업에서는 책이나 사회 주제를 가지고 서울형토론을 했다. 이 토론을 통해서 우리는 자신의 글에 나타난 생각을 주장하는 법을 배우거나 혹시 틀린 부분이 있다면 개선해 나갈 수 있었다. 이 토론 과정은 독서를 더 깊이 있게 해주고 스스로 토론 주제를 찾게 해준다.

또 서로의 생각을 조절하여 하나의 토론 주제를 찾는 능력도 생기고, 주제에 대한 자신의 의견을 쓰는 훈련도 된다. 무엇보다 다른 친구들의 의견을 듣는 것은 아주 재미있다. 일상적인 대화만 했던 친구들과 주제를 정해서 생각을 나누다 보면 친구들이 다르게 보인다. 그래서 더 집중하여 듣게 된다. 자신의 글을 쓸 때보다 더욱 깊게 들어가고 생각도 다르게 하게 된다. 그래서 이 토론을 통해 우리는 생각의 깊이와 다양함을 갖는다.

서울형토론만이 있는 것은 아니다. 찬반 토론도 있다. 어떤 때는 자신이 원하지 않는 편에 서서 토론해야 하지만 이것이 오히려 다방면의 시각에서, 다른 사람의 입장에서 생각하게 해준다. 또한, 한 사람당 2~4번 이상은 말해야 하기 때문에 모든 사람이 토론에 참여할 수 있다. 마지막으로 발표 능력도 기를 수 있다.

사실 나는 여러 사람 앞에서 발표하는 것이 무척 두려웠다. 그런데 자신의 글이나, 토론을 사람들 앞에서 발표하는 것을 반복하다 보니 발표에 대한 자신감이 생겼다. 그래서 지금은 발표하는 것이 아주 자연스러워지고 쉬워졌다.

독서토론논술 수업은 나의 생각과 사고를 한층 깊게 만들어주었다. 독서 태도는 물론이고 토론, 글쓰기, 발표 실력도 향상시켜 주었다. 권정희 선생님은 우리가 가장 좋은 환경과 형식 속에서 자유롭게 생각을 공유하고 받아들일 수 있도록 가르치신다. 그래서 창의적이고 자신감 있는 글을 쓰고, 논리적인 사고를 할 수 있게 해준다.

또 고전이나 문학뿐만 아니라 위인전, 자연과학, 시사까지 아우르는 다방면의 책을 읽게 하기 때문에 세상을 어떻게 살아가야 하는지, 나의 꿈을 어디에 두어야 하는지도 서로 토론하여 배워 나가게 한다. 그래서 나는 그저 단순한 꿈에서 우리나라를 위한 좀 더 큰 꿈을 가지게 되었다.

지난 여름 방학 때 한국에 가서 선생님과 중학교 친구들을 만나서 서울형토론을 하니 다시 한 번 꿈을 다졌던 시간이 생각나고 뿌듯했다. 현재 프랑스의 국제학교에서도 초등학교에서 쌓은 토론 실력으로 토론수업을 듣고 있다. 대부분 에세이 중심인 학교 과제도 큰 어려움 없이 잘 해 나가고 있다. 또한, 많은 생각과 토론을 요구하는 수업 방식도 무리 없이 따라갈 수 있었다. 오히려 상위그룹에서 인정을 받고 있다.

이 독서토론논술 수업을 통해 정말 많은 잠재력이 개발되었고, 생각하는 능력이 훨씬 더 향상되었다. 이 수업을 받을 수 있었던 것이 나에게는 행운이었고, 삶에 큰 꿈을 가지게 하였다. 정말 중요한 것은 여러 사람을 이해하게 되었고 더 많은 대화를 나누고 싶다는 것이다. 대화를 하려면 아는 것도 많아야 하니까 독서도 깊이 있게 하게 되었다. 그래서 많은 학생이 서울형토론수업을 경험하여 4차 혁명의 시대, 인공지능 시대에 세계를 향해 나아가는 친구들이 많아졌으면 좋겠다. 다시 한 번 선생님께 감사드린다.

책에 대해 같이 말할 수 있어야 진정한 독서다

서울 반포중 2학년 권이수

독서토론논술을 시작한 지 4년이 지났다. 선생님께 배운 시간은 2년밖에 안 되는데 나의 인생에 있어서 엄청난 혁신이었다. 권정희 선생님께서 가르치시는 독서토론 방과후 수업은 어떤 방과후 수업보다 특별했다. 수업 방식뿐만 아니라 숙제까지 말이다.

선생님께서 5학년 첫 수업시간에 해 주신 말이 기억난다. 이번 방과후 수업은 숙제를 하면 재미있어질 것이라고 하셨다. 솔직히 말해서 나는 그때 그 말을 반신반의했다. 방과후 수업 독서토론논술의 주요 숙제는 책 읽기였으며, 내가 제일 싫어하는 것이었기 때문이다. 그러나 수업을 한두 차례 듣고, 한두 달이 지나면서 내가 오해했다는 것을 깨달았다. 책에 재미를 못 느꼈기에 그동안 책을 싫어한 것이었다. 독서토론논술 수업에서 나는 책을 읽고 독후감을 쓰고, 가서 친구들과 돌려 읽고, 서울형토론, 모둠 토론도 하고 찬반 토론까지 하니 책을 읽고 말할 상대가 있다는 것에 기뻤다. 책에 대해 같이 말할 수 있어야 진정한 독서라는 것을 비로소 그때 느꼈다.

살면서 가장 잘 선택했다고 자부심을 가지며 말할 수 있는 것은 내가 5학년, 6학년 때 선생님이 가르치시는 이 수업을 들었다는 것이다. 가장 뿌듯했던 순간은 내가 쓴 글이 책으로 엮어질 때였다. 친구들은 5~6권 정도의 공책들을 책으로 묶을 때 나는 압도적으로 많은 수인 9권 정도를 묶었다. 글쓰기에 공들인 시간과 노력이 한 권의 책으로 나오니 뿌듯했다. 그동안 읽고 토론한 책 중에서 가장 기억에 남는 책에 대해서 적어 보았다.

첫째, 《레미제라블》이다. 나는 한 사람의 삶이 따스한 용서로 180도 바뀔 수 있다는 것을 알게 되었다. 그는 19년 동안의 감옥살이로 사회의 부정적인 면만 보고 있었으나 신부님의 행동으로 인해 사회에 도움이 되는 사람으로 바뀌었다. 반면, 자베르 형사는 자신의 의무를 다해야 하는가, 목숨을 구해준 은혜를 갚아야 하는가에 관해 갈등하였다. 고지식해 보이는 면도 있었으나 그런 사람이 있기에 사회가 돌아가는 게 아닐까 싶었다.

둘째, 《몽실 언니》이다. 몽실 언니는 6·25 전쟁을 소설의 배경으로 하여 이야기를 풀어갔다. 보통 책을 읽으면 숙제이기에 빨리 읽고 끝내고 싶은 생각이 강한데, 《몽실 언니》를 읽을 때는 달랐다. 당대 사회적 배경에 살았던 사람으로서의 심정으로 읽었던 게 기억난다. 폭격이 나고, 피난 가고, 여러모로 힘들었던 시절을 겪었던 사람처럼 읽게 되었다. 몽실이처럼 살았던 우리 조상들이 아프게 느껴졌다.

세 번째, 《리딩으로 리드하라》이다. 작가인 이지성은 독자에게 인문학 고전소설을 읽으면 바보도 천재가 될 수 있다고 말한다. 이 책은 작가가 자신을 과시하기 위해 쓴 책이라는 생각이 들었다. 그런데도 인상 깊은 책으로 꼽은 이유는 현재 내가 인문 고전 책을 읽고 있기 때문이다. 웬지 머리가 좋아질 것 같고, 책을 해설하며 읽는 게 재미가 있다.

나는 대표적인 고전인 소학 필사도 시작하였다. 지금은 아직 앞부분이기에 그 효과를 잘 모르겠지만 한편으로는 재미있을 것 같다.

독서토론논술 수업에서 꿈을 찾았다

서울 세화중 3학년 박지윤

독서토론논술 수업은 나를 다양한 면에서 성장시켜주고, 지탱해주었다. 독서토론논술 수업은 논술, 독서도 중요했지만 무엇보다 생각의 교류를 중시했다. 양질의 독서를 한 후 논설문, 토론 입론, 독후감, 창작 소설, 시 등 다양한 장르의 글을 썼고, 어떤 글이든 다른 친구들과 그 글을 공유했다. 그래서 열심히 참여하기만 한다면 필연적으로 수업의 '일부'가 될 수밖에 없다. 나를 지탱해준 것이 바로 그 수업의 일부라는 '소속감'이었다. 이 소속감은 독서토론논술 수업을 버틸 수 있게 해주는 원동력이자 내가 성장할 수 있었던 이유이기도 하다.

토론을 하려면 다른 친구들의 생각을 이해하고, 반론을 제기하기 위해서는 생각보다 오랜 시간 동안 다양하게 생각해보며 '나'의 생각을 만들어야만 한다. 혼자 골라 읽었다면 읽어볼 생각도, 엄두도 내지 않았을 책들을 꾸준히 읽으며 끊임없이 생각했고, 그 생각을 다른 사람들도 이해할 수 있게 글과 말로 표현하고, 또 친구들의 다양한 생각과 입장을 이해해야 했다.

생각해보면 꽤 간단한 과정이지만, 이것을 2년 동안 꾸준히 한 결과는 상당히 큰 것이었다. 우선 글쓰기 실력이 향상되는 것도 있지만, 익숙하지 않았던 '글쓰기' 자체가 자연스럽게 느껴지게 되었다. 처음에는 내가 유전자 조작이라던가, 님비 현상같이 진지하고 심각한 문제에 대한 의견을 내놓는 것 자체가 낯설게 느껴졌지만, 초등학교를 졸업할 무렵에는 그저 자연스러운 일상이 되어 있었다. 읽는 책의 수준이 올라간 것은 두말할 것도 없다.

책을 많이 읽은 것이 내 자랑 중의 하나이지만, 독서토론논술 수업을 하지 않았다면 《오체불만족》, 《안네의 일기》 같은 책들을 초등학교 때 읽었을까? 어쩌면 중학교에서도 읽지 않았을지도 모른다. 가장 좋아하는 책인 《나의 라임오렌지나무》나 《어린 왕자》도 어릴 때 읽었던 동화책 수준에서 그쳤을지도 모른다. 또, 다양한 사회현상에 대해 생각해보는 것은 자아성찰의 계기가 되어 주었다. 생각하는 힘을 기를 수 있었고, 개인적이기는 하지만 내 경우에는 그 과정에서 내 꿈을 찾을 수 있었다. 어렴풋이 느끼고 있던 것을 말로 표현할 수 있게 된 영향이 큰 것 같다.

마지막으로, 중학교에 다니며 적어도 글쓰기나 토론에 대해서는 걱정하지 않을 수 있었다. 자신만만한 것은 아니지만 적어도 불안하지는 않게 되었다. 가장 큰 선물은 나의 보물 1호인, 독서토론논술 모음 책(그동안 내가 쓴 글을 모은 400페이지 상당의 책)이다.

지금 나는 중학교 졸업을 앞두고 있다. 그동안 사는 방식도 많이 변했지만, 독서토론논술 수업에서 찾은 꿈은 그대로이다. 분명 독서토론논술 수업은 시간도 많이 잡아먹고, 버티기도 힘든 과정이다. 누군가에게는 국어, 수학, 과학같이 '중요한' 과목을 다른 아이들보다 더 빠르고 완벽하게 공부하는 것이 급할지도 모른다. 하지만 중학교에 와서 느낀 것이 있다면, 초등학교 때만큼 다양하게 경험해보고 생각해볼 수 있는 시기가 많지 않다는 것이다. 수업시간도 늘고, 학원도 점점 늘다보면 중학교 3년은 어느새 내신과 학원, 입시 준비에 치여 지나 가버린다. 느긋하게 책을 읽고, 독후감을 쓰고, 친구들과 생각을 나눠볼 시간 같은 것은 없다. 고등학교 때는 더더욱 없을 것이다.

독서토론논술 수업이 없었더라면 나는 사랑스러운 제제와 어린왕자의 아름다운 사막을 만나지 못했을 것이고, 당당히 말할 수 있는 꿈도 빙 돌아서 만나야 했을 것이다. 초등학교 때 할 수 있는 최고의 투자는 경험을 위한 여행과 배경지식을 위한 독서라고 생각한다. 만약, 독서토론논술 수업을 시작한 친구가 있다면, 포기하지 않길 바란다. 수학 선행보다 나으면 낫지, 절대 덜한 가치의 일은 아닐 것이다.

부록

서울형토론
교수·학습 과정안

'서울형토론 수업'의 지도안 예시

서울시 교육청에서 2014년부터 '서울형토론 모형 수업 지원단'을 만들어 지금 11개 교육청에서 특별 지원하여 교사 연수도 하고, 초등학생 독서토론 캠프도 실시하고 있다. 무엇보다 2016년부터 각 교육청수업지원단 선생님들께서 공개시범 수업을 진행하며 효과적인 토론 수업을 직접 보여주시며 많은 교사들의 수업에 도움을 주고 있다. 수업지원단 교사들이 각종 토론 연수와 워크숍, 협의회를 통해 '가르치기 쉽고 재미있게 배우는 서울형토론 수업'을 위해 많은 노력을 기울이며 연구하고 있다.

여기서는 서울형토론 모형을 실제 수업에 적용한 교수 · 학습 과정안을 실었다.

첫 번째 <도덕과 교수 · 학습 과정안>은 실생활에서 법과 규칙을 어기게 되는 상황과 그 이유를 생각해보고 이를 극복할 수 있는 해결책을 알아보는 수업 지도안이다. 도덕적인 판단을 하고 생활 속에서 실천할 수 있는 마음을 가지게 하는 수업으로 서울형토론이 효과적이다.

두 번째 <창의적 체험활동 교수 · 학습 과정안>은 그림동화를 감상하고 생각을 나누는 수업 지도안이다. 그림과 글이 어우러져 그 속에 담긴 내용과 의미가 깊고 일상의 모습과 꿈을 키워갈 수 있는 내용으로 구성되어 있다. 그림책은 나타내고자 하는 주제가 뚜렷하여 논제와 주장과 근거를 쉽게 찾을 수 있어서 모든 학생이 재미있게 토론 수업에 참여할 수 있는 좋은 토론 재료이다.

세 번째 <사회과 교수 · 학습 과정안>은 '국민 총소득 그래프'와 '생산비 구성 비율의 변화'를 나타낸 원그래프를 보고 내용을 파악한 후 토론하는 수업 지도안이다. 학생들 스스로 토론 주제를 만들어 서울형토론으로 다양한 분석을 해보는 수업이다. 여러 가지 자료를 통해 우리 경제의 성장 모습을 알아본 뒤에 좀 더 깊이 토론해보면 우리나라 경제 성장에 대해 깊은 이해를 할 수 있다.

1. 도덕과 교수 · 학습 과정안

일시	2016. 11. 8(수) 5~6교시	학년 반	5학년 6반	교사	권 정 희
단원	7. 모두 함께 지켜요	차시	6~7 (80분)	장소	반포초 5-6
학습 주제	다 같이 규칙을 잘 지키는 학급을 만들기 위한 해결 방법 찾기			교과서 쪽수	도덕 168~171쪽
학습 목표	서울형토론을 통해 다 같이 규칙을 잘 지키는 학급을 만들기 위한 해결 방법을찾을 수 있다.			수업 모형	서울형토론 모형
자료	서울형토론 진행표, 학습 활동지, 타이머			학습 집단 조직	전체-모둠-전체

학습 단계	학습 과정	교수 · 학습 활동		시간 (분)	자료 및 유의점
		교사	학생		
학습 동기 유발 및 학습 문제 안내	동기 유발	◉ 동기 유발 • 두 친구는 어떤 생각을 하고 있나요? • 여러분도 규칙에 어긋나는 행동을 한 적 있나요? • 그때 어떤 이유로 그렇게 행동했나요?	◉ 동기 유발 • 쓰레기를 몰래 버리는 친구에게 벌을 주려고 한다. • 전철을 탈 때 차례를 지키지 않았다. • 분리수거를 하지 않았다.	3'	🟦 법과 규칙을 어겼던 자신의 경험과 관련하여 생각해보도록 한다.
	학습 문제 확인	서울형토론 방법을 통해 다 같이 규칙을 잘 지키는 학급을 만들기 위한 해결 방법을 찾아봅시다.			🟦 학습문제판, 활동 안내판
	학습 활동 안내	[활동1] 문제 인식(자료 읽고 글의 내용 파악하기) • 자료 읽기 : 한 문장씩 돌려 읽기 • 내용 파악하기 : 내용 이해를 위한 질문을 만들어서 질문하고 답하기 [활동2] 토론 주제 정하기 • 개인 토론 주제 – 모둠 토론 주제 – 학급 토론 주제 • 학급 토론 주제에 대한 자신의 의견쓰기 [활동3] 토론하기 • 토론 주제로 모둠별 토론하기(의견 말하기–질문–답변) • 모둠별 토론 내용, 좋은 질문과 답변 정리하여 발표하기 [활동4] 정리하기 • 토론 활동 마무리하기 (토론 후 소감 발표하기)		2'	서울형토론 모형 진행 과정을 전체적으로 간단하게 안내한다.

문제 인식	[활동1] 자료읽기	● 자료 읽고 글의 내용 파악하기 · 규칙을 지키지 못하는 이유에 대해 생각하며 《네 가지 핑계》를 읽어봅시다. 오늘은 한 문장씩 선생님과 교대로 읽기를 하겠습니다.	● 자료 읽고 글의 내용 파악하기 · 규칙을 지키지 못하는 이유에 대해 생각하며 한 문장씩 교대로 읽기	5′	🔲 공책이나 활동 학습지 🔲 다양한 방법으로 책을 읽는다.(돌려읽기, 묵독 등)
	내용 파악하기	· 책을 읽고 떠오르는 낱말과 내용 이해를 위해 궁금한 질문을 한 가지 적어봅시다. · 각자 적은 질문으로 모둠별로 돌아가며 질문을 해봅시다.	· 책을 읽고 떠오르는 낱말이나 제일 궁금한 질문 한 가지씩 쓰기 · 사회자 선정해서 돌아가며 문제 내기 · 1번 학생이 문제를 내고 아는 사람은 손들고 맞추기 ※ 진행 방법 ① 사회자 선정해서 진행하기 ② 1번 친구가 질문하고 다른 친구들이 답변하기 ③ 1번 친구가 끝나면 2번 친구가 문제내기 ④ 반복적으로 진행하기	10′	🔲 질문을 한두 가지 적지만 발표는 한 가지만 하도록 한다.
		· 이번에는 내용 파악을 위해 선생님이 질문을 하도록 하겠습니다.			🔲 학생들이 수업 진행을 위해 꼭 알아야 할 내용이나 학생들의 궁금증이 일어나도록 하는 질문을 한다.
		· 덕이네 교실에서 어떤 일이 벌어졌나요?	· 쓰레기를 분류하여 버리기로 규칙을 정하였지만 지켜지지 않았다.		
		· 지켜지지 않은 이유는 무엇이었나요?	· 정현 : 규칙이 정해진 줄 몰랐다. · 준형 : 규칙을 지키면 손해라고 생각했다. · 태우 : 벌을 받지 않으면 지키지 않아도 된다고 생각한다. · 다양 : 친구들도 지키지 않으니 자신도 지킬 필요가 없다고 생각했다.		
		· 여러분이 규칙을 알고 있으면서도 지키지 않은 이유는 무엇인가요?	· 귀찮아서 · 지키지 않아도 괜찮아서		

				20′	
토론 주제 정하기	[활동2] 개인 토론 주제 만들기	◉ 토론 주제 정하기 **이제 토론 주제를 만들어봅시다.** • 토론을 위한 좋은 질문에는 어떤 점이 있을까요?	◉ 토론 주제 정하기 • 학생들이 발표하기 ※ **토론을 위한 좋은 질문** ① 학생들의 흥미와 관심이 높은 질문 ② 다양한 답이 나올 수 있는 질문 ③ 함께 나눌 이야기(자료)가 풍부한 질문 ④ 토론할 가치가 있는 질문		🇺 토론을 위한 좋은 질문에 대해 학생이 발표하며 칠판에 적어서 모두 볼 수 있도록 한다.
		○개인 토론 주제 만들기 • 이번에는 친구들과 토론해 보고 싶은 토론 주제를 한 가지씩 적고 선택한 이유도 써 봅시다.	○개인 토론 주제 만들기 • 각자 토론하고 싶은 주제를 포스트잇(활동지)에 한 가지씩 적는다.		🇿 포스트잇, 의사결정 피라미드 토론판
	모둠 토론 주제 정하기	○모둠 토론 주제 정하기 • 이번에는 왜 이 토론 주제를 정했는지 친구들에게 설명해봅시다. 설명을 할 때는 배경 설명도 같이 해주시기 바랍니다. • 발표가 다 끝나면 모둠에서 가장 좋은 토론 주제를 정해보세요.	○모둠 토론 주제 정하기 • 모둠별 역할 정하기 • 모둠 사회자가 모둠 토의를 진행한다. (사회자, 발표자 등) ※ **진행 방법** ① 자신이 토론하고 싶은 주제에 대해 이유나 근거를 대며 의견 발표하기 ② 마음에 드는 토론 주제에 대해 이야기 나누기 ③ 모둠 토론 주제 정하기		🇺 토론 주제를 말하고 나서 포스트잇을 피라미드 토론판에 붙이도록 한다. 🇺 교사는 학생들이 모둠 토론 주제를 적을 수 있도록 칠판나누기를 한다.
	학급 토론 주제 정하기	○학급 토론 주제 정하기 • 모둠별 대표가 나와서 결정된 모둠 토론 주제를 칠판에 적고 발표해봅시다.	○학급 토론 주제 정하기 • 모둠 대표자가 나와서 모둠에서 정해진 토론 주제를 칠판에 적는다.		🇺 모둠별 토론 주제 선정판은 칠판 옆에 붙여 놓았다가 나중에 볼 수 있도록 한다.
		• 우리 학급 친구들이 토론하고 싶은 토론 주제를 정하여 봅시다.	• 모둠 토론 주제와 주제를 정한 이유에 대해 발표한다. ※ **진행 방법** ① 모둠 토론 주제 칠판에 적기 ② 모둠별 토론 주제를 정한 이유나 까닭 발표하기 ③ 토론하고 싶은 학급 토론 주제 선정하기		🇺 자신의 의견을 공책에 10문장 10줄 이상은 쓰도록 권장한다. 쓰는 것이 느린 학생들을 위해 쉬는 시간을 주고 다 하지 못한 학생들은 쉬는 시간을 이용해서 추가 보충할 수 있게 한다.
	학급 토론 주제에 대한 자신의 의견쓰기	○학급 토론 주제에 대한 자신의 의견쓰기 • 학급 토론 주제에 대한 자신의 의견을 적어봅시다.	○학급 토론 주제에 대한 자신의 의견쓰기 • 토론 주제에 대한 자신의 생각을 공책에 적는다.		

토론 하기	[활동3] 모둠 토론 하기 (모둠 활동)	◉ 학급 토론 주제로 토론하기 ○정해진 학급 토론 주제로 모둠 토론하기 • 모둠 토론을 진행하여 봅시다. • 먼저 학급 토론 주제로 모둠 토론 진행하는 방법에 대해 알아봅시다.	◉ 학급 토론 주제로 토론하기 ○모둠 토론하기 • 토론 진행표를 보면서 사회자가 모둠 토론을 진행한다. ※ 진행 방법 : 사회자 진행 ①1번 친구가 발표하면 다른 친구들은 의견을 듣고 요약 및 질문을 적는다. ②발표가 끝나면 돌아가며 질문을 한다. ③1번이 끝나면 2번이 같은 방법으로 진행한다.	32′	자 토론 과정표, 모둠 토론 사회자 진행 메뉴얼, 타이머 유 자유로운 분위기에서 서로의 의견을 주고받되, 적절한 목소리로 말을 해서 다른 모둠에 피해가 가지 않도록 한다. 이유나 까닭을 정확하게 이야기하도록 한다.
		◉ 토론 내용 발표하기 • 모둠에서 토론한 내용. 토론할 때 가장 좋았던 질문이나 창의적인 질문이라고 생각하는 것과 그 답변에 대해 발표해 봅시다.	• 모둠원 모두가 나와서 모둠 토론 내용과 모둠에서 가장 좋았던 질문과 의견을 발표하도록 한다. ※ 발표 역할 및 발표 방법 1번 : 모둠 토론 내용 말하기 2번 : 토론 내용에 대한 이유 3번 : 좋은 질문과 답변 말하기 4번 : 그밖의 질문 소개하기 • 1모둠 ~5모둠 발표하기		자 모둠별 발표판 유 모둠원 모두가 골고루 한 가지씩 발표하도록 한다. 유 모둠원 모두가 발표할 수도 있지만 모둠 대표가 나와 모둠 토론 내용과 좋은 질문이나 답변을 발표해도 된다.
평가 및 정리	학습 내용 정리	◉ 토론 활동 정리하기 • 오늘 수업을 통해 자신의 주장이 다져진 점, 변화된 점, 새롭게 알게 된 점, 느낀점 등을 공책에 적어봅시다. • 오늘 수업을 통해 자신의 주장이 다져진 점, 변화된 점, 새롭게 알게 된 점, 느낀점 등을 발표해봅시다.	◉ 토론 활동 정리하기 오늘 수업을 통해 자신이 주장이 다져진 점, 변화된 점, 새롭게 알게 된 점, 느낀점 등을 공책에 적는다. • 토론을 통해 주인공의 마음을 더 파악할 수 있었다. • 처음에 내 의견은 ○○이었는데 ○○로 바뀌었다. • 친구들의 의견을 들으면서 내 의견이 더 보충되었다.	8′	자 토론 발표에 대한 소감이 자기평가, 상호평가로 자연스럽게 연결되도록 한다.
	차시예고	• 다음 시간에는 오늘 토론한 내용을 10문장 이상 써오세요.			

평가 내용	구분	평가 기준	평가방법
다 같이 규칙을 잘 지키는 학급을 만들기 위한 해결 방법에 대하여 토의할 수 있는가?	잘함	• 다 같이 규칙을 잘 지키는 학급을 만들기 위한 해결 방법에 대하여 적절한 이유와 까닭을 들어가며 능숙하게 토론을 한다.	관찰법
	보통	• 다 같이 규칙을 잘 지키는 학급을 만들기 위한 해결 방법에 대하여 적절한 이유와 까닭을 들어가며 토론을 한다.	
	노력 요함	• 다 같이 규칙을 잘 지키는 학급을 만들기 위한 해결 방법에 대한 토론 활동에 참여를 하지 못한다.	

2. 창의적 체험활동 교수 · 학습 과정안

일시	2016. 11. 29.(화) 5~6교시	학년 반	4-7 담임	교사	이소정
단원	그림책 속에 담긴 이야기	교과서	그림책 《터널》	차 시	3~4/8 (80분)
주제	그림책 속에 담긴 생각을 파악하여 함께 정한 주제로 토론하기	지도 대상	4학년 7반 (31명)	장 소	4의7 교실
성취 기준	자신의 의견을 적극적으로 표현하며 토론에 참여할 수 있다.				
학습 목표	그림책을 읽고, 담긴 생각을 파악하여 토론에 적극적으로 참여할 수 있다. (재구성)				

창의 인성 요소	창의성	인 성	학습 모형	서울형토론 모형
	유창성, 확산적 사고	배려, 경청, 존중		

협력 학습 수업 전략	• 학생들이 자유롭게 자신의 생각을 표현할 수 있도록 한다. • 짝 토론과 모둠 토론을 통하여 의사소통 능력, 문제해결 능력, 대화하는 자세를 기를 수 있다. • 같은 작품을 읽은 후라도 토론 주제를 다양하게 정하고 의견을 나눌 수 있다는 점을 이해하고 다른 친구를 존중하는 마음을 지닌다.

학습 단계	학습 요소	교수 · 학습 활동 교사	학생	시간 (분)	자료 및 유의점
학습 동기 유발	동기 유발 [경청]	◉ 학습 분위기 조성 • 우리 반 반가를 다함께 불러봅시다. • 선생님이 들려주는 음성 편지를 들어 봅시다. • 음성 편지를 통해 전하고자 하는 상대 방의 마음을 이야기해봅시다. • 가족 간의 따뜻한 사랑을 느낄 수 있는 그림책을 읽고 함께 생각해보는 시간 을 가져보겠습니다.	• 가사를 생각하며 힘차게 불러본다. • 조용히 음성 편지를 듣는다. • 음성 편지에 대한 자신의 생각을 이야 기한다.	5′	[자] 반가영상 PPT (녹음 자료) [유] 음성 편지를 듣고 자신의 생각을 편안 하게 이야기할 수 있 도록 분위기를 조성 한다.
	학습 문제 제시	◉ 학습 문제 확인 • 이번 시간에 공부할 내용을 알아봅시다.	• 공부할 문제를 확인한다.		
		그림책 속에 담긴 생각을 파악하여 함께 정한 토론 주제로 토론해 봅시다.			
	학습 활동 안내	◉ 학습 활동 안내 [활동1] 이야기 속으로 [활동2] 질문을 만들어요 [활동3] 토론 속으로	• 학습 활동 안내를 주의 깊게 들으며 참여 계획을 세운다.	2′	[자] 서울형토론 모형 순서도
문제 인식	자료 읽기 (전체 활동) [경청]	○이야기 속으로 • 앤서니 브라운의 《터널》을 선생님과 함께 읽어 봅시다. • 그림책을 읽고 느낀점에 대해 이야기 를 나누어 봅시다.	• 주제를 생각하며 이야기를 들어본다. • 그림책 내용을 생각하며 이야기를 나눈다.	3′	[자] 그림책 《터널》, 학습지 타이머 용 음악

문제 인식	(모둠 활동) 확산적 사고	• 내용을 이해하기 위한 질문을 만들어봅시다. • 모둠 친구들에게 질문과 답변을 주고 받아 봅시다.	• 내용 파악을 위한 질문을 3개 이상 만든다. • 각자 만든 질문을 모둠에서 묻고 답변을 듣는다.	5′	유 그림책은 교사와 학생이 번갈아 가며 읽는 등 다양한 방법을 적용할 수 있다.
토론 주제 정하기	개인 토론 주제 만들기 (개인 활동) 유창성	○질문을 만들어요. • 우리 반 친구들과 토론해 보고 싶은 질문을 만들어 봅시다. 근거와 설명도 함께 써봅시다.	• 토론 주제를 만든다.	10′	자 타이머 용 음악 유 개인 토론 주제에 대하여 충분히 이야기 한 후 모둠 대표 주제를 정하도록 한다.
	모둠 토론 주제 정하기 (모둠 활동)	• 개인이 쓴 토론 주제를 근거와 이유를 들어 발표해 보고, 토론하기에 가장 적절한 모둠 토론 주제를 뽑아봅시다.	• 개인별로 모둠원에게 자신이 정한 토론 주제와 이유를 설명한다. • 모둠에서 서로 생각을 나누고 가장 의미 있다고 판단되는 토론 주제를 모둠 토론 주제로 정한다.	10′	자 모둠별 자석칠판(8개), 보드마카 유 토론 주제 발표 시 주제 선정 근거와 이유를 같이 발표하도록 한다.
	학급 토론 주제 정하기 (전체 활동) 존중 배려	• 모둠원들이 정한 학급 토론 주제와 토론 주제로 정한 이유를 들어봅시다. • 학급 토론 주제를 정해 봅시다.	• 우리 모둠의 토론 주제는 ( ) 입니다. 그 이유는 토론 주제에 대한 이야기 거리가 많을 것 같기 때문입니다. • 학급 토론 주제를 정한다.		자 원형 자석(62개)
토론 하기	모둠 토론 하기 (모둠 활동) ↓ (전체 활동) 배려	○토론 속으로 • 정해진 학급 토론 주제에 대한 자신의 생각을 적어 봅시다. • 학급 토론 주제로 사회자를 중심으로 모둠별로 토론을 해봅시다. • 모둠별 토론 내용 중 좋은 질문과 답변이 있으면 발표해 봅시다.	• 토론 주제에 대한 자신의 의견을 적는다. • 토론 주제에 대해 자신의 생각을 이야기하고 궁금한 것에 대해 서로 질문을 한다. • 모둠별 토론 내용을 정리하여 발표한다.	5′ 15′ 15′	자 타이머 유 사회자는 미리 정하도록 하고 활발하고 자유로운 분위기에서 토론할 수 있도록 한다.
정리 하기	적용 확산적 사고	○되돌아보기 • 스펀지 정리로 토론 소감을 나누어 봅시다. 가족은 ( )이다. 왜냐하면 ( ) 때문이다. • 왜 그렇게 생각하나요? • 가족의 의미를 생각하며 영상편지를 감상해보도록 하겠습니다.	• 포토 스탠딩 기법을 활용하여 모둠원이 함께 비유를 통해 학습 내용을 정리한다. • 영상 편지를 감상한다.	8′	자 비유카드, 영상편지 유 모둠원의 생각이 다양하게 공유될 수 있도록 편안한 분위기를 조성한다.
	차시예고	• 다음 시간에는 '우리 가족이 최고야'라는 주제로 그림책을 만들어보도록 하겠습니다.		2′	

평가 계획	평가 관점	• 상대방의 의견을 잘 듣고, 자신의 의견을 적극적으로 표현하며 토론에 참여하는가?		
	평가 방법	• 관찰 평가, 수행 평가	평가도구	체크리스트
	평가 내용	• 이야기 속에 담긴 생각을 파악하여 스스로 토론 주제를 정할 수 있는가? • 독서토론에 참여하며 다른 사람의 생각이나 느낌을 수용할 수 있는 태도를 지녔는가?		
	평가 결과 환류 계획	• 이야기에 대한 생각을 파악하여 스스로 토론 주제를 정하기 어려워하는 학생은 개별적으로 보충 지도하여 학생의 학습 및 행동 변화를 꾀한다.		

3. 사회과 교수 · 학습 과정안

서울 행림초 교사 김희선

일시	2017년 7월 7일(금) 6~7교시	학년 반	5-1	교 사	김 희 선
단원	3. 우리 경제의 성장과 발전	차 시	6~7 (80분)	장 소	행림초 5-1
성취 기준	[사6022] 여러 가지 경제 정보 자료를 통해 우리 경제의 성장 과정과 그 특징을 파악할 수 있다.			교과서 쪽수	사회 121쪽
핵심 역량	의사소통 역량, 지식 정보 처리 역량, 공동체 역량		수업 모형		질문이 있는 서울형토론 모형
학습 목표	경제 정보가 담긴 자료를 통해 우리 경제의 성장 과정과 특징을 알 수 있다.				
자 료	〈검정고무신〉 애니메이션 자료, 토론 절차 안내판, 사회자 이름표, 활동지		학습 집단 조직		전체-모둠-전체

학습 단계	학습 과정	교수 · 학습 활동		시간 (분)	자료 및 유의점
		교사	학생		
학습 동기 유발 및 학습 문제 안내	동기 유발	◉ 애니메이션 보고 질문하기 ○1970년대의 생활 모습이 담긴 애니메이션 제시하기 • 애니메이션을 보고 궁금한 점을 질문으로 만들어 발표해봅시다. • 1970년대와 현재 우리 생활의 변화를 나타내는 자료를 보면서 토론수업을 하겠습니다.	• 주인공은 왜 카스테라를 먹지 않고 집으로 가지고 갔을까요? • 예전에는 먹을 것이 많지 않았기 때문에 카스테라 한 조각도 아껴서 먹었던 것 같습니다.	3′	자 동영상 〈검정고무신〉 유 1970년대의 생활 문화가 담긴 동영상을 통해서 당시 생활 모습을 유추해볼 수 있도록 한다.
	학습 문제 확인	경제 정보가 담긴 자료를 읽고 우리 경제 성장 과정과 특징에 대해 자신의 생각을 말할 수 있다.			자 학습문제판, 활동 안내판
	학습 활동 안내	[활동1] 그래프 자료 읽고 내용 파악하기 • 자료 읽기 : 그래프 읽기 • 그래프의 내용 파악하기 : 짝과 질문 주고받기 [활동2] 토론 주제 정하기 • 개인 토론 주제 – 모둠 토론 주제 – 학급 토론 주제 • 학급 토론 주제에 대한 자신의 의견쓰기 [활동3] 토론하기(의견 말하기-질문-답변) [활동4] 정리하기(우리 모둠의 결론)		2′	유 서울형토론 모형 진행 과정을 전체적으로 설명하도록 한다.

문제 인식	[활동1] 자료 읽기와 내용 파악 하기	자료 읽고 글의 내용 파악하기		20′	자 활동 학습지
		● 그래프를 보고 내용 파악하기	● 그래프 읽고 정보 파악하기, 내용 파악을 위한 질문 만들기		유 교과서 121쪽 그래프만 제시하도록 한다.(교과서 보지 않기)
		• 첫 번째 그래프에서 알게 된 정보는 무엇인지 적어봅시다.	• 그래프 읽고 정보 파악하기 ① 국민총소득이 1970년부터 2014년까지 꾸준히 증가했다는 것 ② 가장 많이 늘어난 때는 2000년~2010년		유 단순한 질문, 쉬운 질문이라도 할 수 있도록 격려한다.
		• 내가 알게 된 정보를 바탕으로 내용을 파악할 수 있는 질문을 만들어봅시다.			
			• 파악한 정보를 바탕으로 질문 만들기 ① 1970년대부터 2014년까지 우리나라 국민총소득은 어떻게 변화하였나요? ② 국민총소득이 가장 많이 늘어난 때는 언제입니까?		유 학생들이 수업 진행을 위해 모두 꼭 알아야 할 내용이나 학생들의 궁금증이 일어날만한 질문을 하도록 한다.
		• 두 번째 그래프에서 알게 된 정보는 무엇인지 적어 봅시다.	• 그래프 읽고 정보 파악하기 ① 식료품비는 1970년대 가장 높은 비율이었지만 2014년에는 비율이 낮아지게 되었다. ② 가장 많은 비율로 늘어나게 된 것은 교통 통신비.		유 돌아가면서 한 문제씩 내고 중복되는 문제는 내지 않도록 한다.
		• 내가 알게 된 정보를 바탕으로 내용을 파악할 수 있는 질문을 만들어봅시다.	• 파악한 정보를 바탕으로 질문 만들기		유 짝 퀴즈 시간에 학생들이 출제한 문제만으로는 충분한 그래프 읽기가 되지 않았다고 생각되었을 때만 교사 질문- 학생 답변 순서를 진행하도록 한다.
		• 각자 적은 질문을 가지고 짝과 함께 질문을 주고받아봅시다.	• 짝과 함께 번갈아가며 퀴즈 문제 내기		
		• 이번에는 내용 파악을 위해 선생님이 질문을 하도록 하겠습니다. – ( ) 안에 들어갈 말은 무엇일까요? 국민총소득이 증가할수록 ( ) 항목의 지출이 늘어나게 된다. 국민총소득이 증가해도 ( ) 항목의 지출은 큰 변화가 없다.	• 선생님의 질문에 그래프를 보면서 답하기 국민총소득이 증가할수록 교통통신비 항목의 지출이 늘어나게 된다. 국민총소득이 증가해도 주거, 수도, 광열비 항목의 지출은 큰 변화가 없다.		

토론 주제 (질문) 정하기	[활동2] 개인 토론 주제 만들기	토론 주제(질문) 정하기		20′	자 학습지(포스트잇) 유 두 가지가 생각나면 두 가지를 써도 된다.
		• 우리반 친구들과 토론해보고 싶은 토론 주제를 만들어봅시다. 근거와 설 명도 함께 써봅시다.	• 각자 토론하고 싶은 토론 주제를 포스트잇(활동지)에 한 가지씩 적는다. 학생1) 우리나라 국민총소득은 줄어들 지 않고 늘어나기만 했는데 그 이유는 무엇일까? 학생2) 2050년에 국민총소득은 현재처 럼 계속 늘어나기만 할까? 학생3) 생활비 구성비의 변화로 알 수 있는 우리 사회 변화의 모습은 무엇 일까?		
	모둠 토론 주제 정하기	• 모둠별로 서로 역할을 나누고 사회자 역할을 맡은 친구가 모둠 토의를 진행 해봅시다 ※ 모둠 역할 정하기 ① 이끔이(사회자) ② 기록이 ③ 지킴이(타임키퍼) ④ 칭찬이	• 모둠별 역할 정하기 (사회자, 타임키퍼, 기록이 등) • 모둠 사회자가 모둠 토의를 진행한다. ※ 진행 방법 : 사회자 정하기 ① 자신이 토론하고 싶은 질문에 대해 이유나 근거를 대며 의견 발표하기 ② 의견에 대한 질문과 의견나누기 ③ 모둠 토론 주제 정하기		
		• 모둠별로 개인이 쓴 토론 주제를 근거 와 이유를 들어 발표해 보고 토론하기 에 가장 적당한 토론 주제 하나를 뽑아 봅시다.	• 모둠원에게 자신의 토론 주제를 설명한다. 학생1) 우리나라 경제에 위기 상황이 있 었지만 꾸준히 국민총소득이 늘어갔습 니다. 어떤 이유 때문에 이런 일이 일어 나게 되었을지 궁금해졌기 때문입니다. 학생2) 우리나라가 2050년에도 국민총 소득이 높은 나라로 경제 선진국이 될 수 있을지 궁금했습니다. 현재 우리가 어떤 노력을 하면 미래 국민소득도 계 속 높아질지 궁금합니다.		
	학급 토론 주제 정하기	• 모둠별 대표가 나와서 결정된 모둠 주제를 칠판에 적고 발표해봅시다. • 우리 학급 친구들이 토론하고 싶은 토론 주제를 정하여 봅시다.	• 모둠 토론 주제를 정한다. • 모둠 대표자가 나와서 모둠에서 정해진 주제를 칠판에 적는다. • 모둠 주제를 정한 이유에 대해 발표한다. ※ 진행 방법 및 팁 ① 모둠 토론 주제 칠판에 적기 ② 모둠별 토론 주제를 정한 이유나 까닭 발표하기 ③ 토론하고 싶은 학급 토론 주제 선정하기		
	학급 토론 주제에 대 한 자신의 의견쓰기	• 학급 토론 주제에 대한 자신의 의견을 적어봅시다.	• 학급 토론 주제에 대한 자신의 생각과 근거를 적는다.		
		정리하기			

토론 하기	[활동3] 토론 주제로 모둠별 토론하기 (모둠 활동)	● 정해진 학급 토론 주제로 　모둠 토론하기 ・학급 토론 주제로 모둠 토론을 진행 　하는 방법에 대해 알아봅시다. ・정해진 학급 토론 주제로 모둠 토론을 　진행하여 봅시다.	● 모둠 토론하기 ※ 진행 방법 : 사회자가 진행 ① 1번 친구가 발표하면 다른 친구들은 　의견을 요약하고 질문을 적는다. ② 발표가 끝나면 돌아가며 질문을 　한다. ③ 1번이 끝나면 2번이 같은 방법으로 　반복해서 진행한다. ・토론 진행표를 보면서 사회자가 모둠 　토론을 진행한다.	30'	🚗 모둠 토론 진행 매 뉴얼, 타이머 🙂 자유로운 분위기 에서 서로의 의견을 주고받되, 적절한 목 소리로 말을 해서 다 른 모둠에 피해가 가 지 않도록 한다. 🙂 이유나 까닭을 정 확하게 이야기하도록 한다.
	토론 내용 발표하기 (전체 활동)	● 토론 내용 발표하기 ・모둠 토론을 통해서 나누었던 생각을 　정리해서 모둠의 의견으로 발표해 　봅시다. ・가장 좋았던 질문이나 창의적인 질문 　이라고 생각하는 것과 그 답변에 대한 　것을 발표해봅시다.	・모둠 대표가 우리 모둠의 생각을 　몇문장으로 정리해서 발표한다. ・모둠별 발표에 대해 궁금한 것을 　질문한다.		교사는 학생들 사이를 다니며 토론하는 이야 기를 듣고, 오개념이 생 기지 않도록 지도한다.
		토론하기			
평가 및 정리	학습 내용 정리	● 토론 활동 되돌아보기 ・오늘 수업을 통해 알게 된 점, 느낀점, 　생각이 변화된 점 등을 발표해 봅시다.	・토론을 통해서 새롭게 배우게 된 점이 　나 토론 전과 생각이 달라지게 된 부분 　등을 발표한다.		🙂 토론 발표에 대한 소감이 자기 평가, 상 호 평가로 자연스럽게 연결되도록 한다.
	차시 예고	● 다음 시간 안내하기 우리나라 경제 성장을 위해 노력한 사람 들에 대해 알아보도록 하겠습니다.			

아이들의 웃음 속에서 생각이 자라나길 바랍니다

오늘도 설레는 마음으로 교실 문을 엽니다.

"안녕하세요?"

반갑게 맞이하며 뛰어와서 품에 안기는 아이들을 보면 늘 이런 생각을 합니다.

'이 아이들이 재미있게 학습에 참여하고 학교에 오는 것이 행복해지려면 어떻게 수업해야 할까?, 아이들의 마음을 움직여서 생각한 것을 자연스럽게 표현하게 하려면 어떻게 해야 할까?, 친구들과도 사이좋게 지내고, 서로 배려하는 아이들로 만들려면 어떤 수업을 해야 할까?, 다가오는 미래에 이웃과 사회, 국가에 도움을 주는 귀한 인재로 교육하려면 어떻게 해야 할까?'

그래서 날마다 아이들과 함께 아침독서를 하며 하루를 시작합니다. 독서한 것은 서로 나누고 매일 쓴 글은 짝끼리, 모둠끼리 돌려 읽습니다. 그중 잘된 글은 발표하고 작품란에 게시하여 서로 감상하고 칭찬합니다.

40여 년을 한결같이 반 아이들에게 학급 문집과 개인 문집을 만들어 한 학년을 마칠 때 선물로 안겨 주고 있습니다. 이렇게 하려면 많은 준비가 필요하고 아이들과도 교감을 해야 합니다. 또한, 온통 아이들의 행동과 생각에 머물러 저들을 살피어야 합니다. 무엇보다 교육 과정을 보완하고 수정한 뒤 알맞은 자료를 준비해서 아이들을 재미있고 효과적으로 가르치려 노력해야 합니다.

10여 년 전부터는 토요 방과후 수업 '독서토론논술반'을 가르치기 시작했습니다. 처음 시작할 때는 저희 반을 포함해 학습이 조금 부족한 아이들을 가르치는 것이 목표였습니다. 하지만 점차 여러 학생들이 수업에 참여하게 되면서 학생들의 수준은 제각각이고 수업 집중도가 많이 떨어지기 시작했습니다. 그래서 학습 수준에 관계없이 모두 만족시킬 수 있는 특별한 수업을 연구해야 했습니다. 아이들이 재미있게 수업하려면 여러 유형의 다양한 수업을 전개하여 함께 공부하는 방법이 필요했습니다.

처음에는 독서한 느낌을 짝끼리 이야기하고 모둠끼리 대화하는 대립토론 형식으로 진행해보았습니다. 그러자 대립토론은 승패가 있는 것이라 게임처럼 인식이 되어 아이들이 수업에 재미있게 참여하기 시작했습니다. 팀으로 하는 토론이라서 서로 역할을 분담하여 자료를 찾고 같은 팀끼리는 계획과 전략을 세우며 학습의 깊이를 더해 갔습니다.

그러다가 학급 전체 학생들이 다 함께 참여하고 질의응답 할 수 있는 토론 방법을 고안했습니다. 토론을 위해 같은 팀 안에서 서너 명씩 소모둠을 만들고, 모둠 대표를 도와가며 발표하게 했습니다. 또 토론을 하는 동안 개인이 두세 번 이상 발표하지 않으면 무조건 그 팀은 지는 것을 기본으로 하여 토론을 진행했습니다. 그렇게 수업을 진행하다 보니 모든 아이가 차차 발표를 잘하게 되었고, 다 함께 참여하여 훨씬 재미있고 학습 효과도 컸습니다. 이처럼 방과후 수업에서 익힌 수업 방법을 정규 수업에 적용해서 교과서를 텍스트로 하여 토의토론수업을 해보았습니다. 교과서는 모든 학생이 똑같이 가지고 있기 때문에 같은 책을 읽고 참여하는 독서토론의 훌륭한 자료가 되었습니다. 그러다가 차차 한 달에 한 권은 같은 책을 읽고 대립토론을 하게 되면서 아이들의 생각은 더욱 깊어지고 책 내용을 훨씬 잘 이해하게 되었습니다.

하지만 대립토론은 수업시간에 수시로 적용하기에 여러 가지 힘든 점이 있었습니다. 그래서 수업 적용이 쉬운 비경쟁적 토론을 수업에 적용하기 시작했습니다. 특별히 어떤 팀을 인위적으로 짤 필요도 없고, 형식도 없이 질문하고 답변하는 수업을 하는 것입니다. 수업 과정에서 짝끼리, 모둠끼리 대화할 수 있는 기회를 주니까 학생들은 호기심을 가지고 수업에 참여하기 시작했고 개인 수준에 관계없이 다 함께 토론에 참여하게 되었습니다.

이렇게 수업을 진행하다 보니 교사도 가르치는 부담에서 조금은 자유로울 수 있고, 학생들의 수업에도 도움이 되는 '질문이 있는 서울형토론 모형 개발'에 참여하게 되었습니다. 그리고 이 프로그램을 다른 선생님들에게 알리기 위해 20여 년 동안 교사연수 강의를 했습니다. 이제 '한 학기 한 권' 깊이 읽기를 통해 여러 선생님과 학생들이 토론 수업으로 함께 생각을 나눌 수 있어서 다행입니다.

이 책에는 직접 수업에 적용해본 것 중에 학생들이 좋아하며 실력이 좋아지는 몇몇 토론 형식을 소개했습니다. 최대한 수업 현장의 소리를 생생하게 들려주고 싶은 마음인데, 막상 책으로 엮다 보니 본의 아니게 형식적으로 설명된 부분도 있습니다. 하지만 이 책을 참고한다면 아이들이 즐겁게 배울 수 있는 토론 수업을 만들어가는 데 조금이라도 도움이 될 것으로 생각합니다.

수업은 생물과 같아서 살아서 움직이는 것이라 글로는 표현하기 힘든 흐름이 있습니다. 사실은 교사와 학생 사이에 소통하는 가르치고 배우는 이 흐름이 가장 중요한 교수 학습이라는 것을 선생님들은 잘 압니다. 그래서 가장 훌륭한 교재는 교사라고 합니다.

아이들이 마음을 열고 싶을 때 열게 하고, 호기심이 생겨 알고 싶도록 동기를 부여합니다. 그리고 말하고 싶을 때 자연스럽게 말할 수 있는 분위기를 만들어줍니다. 다른 친구들과 생각을 나누고 싶을 때 자유롭게 토의 토론을 할 수 있는 장을 만들어주면 됩니다. 교사는 이러한 적절한 때를 잘 포착하는 것이 중요합니다. 그러기 위해서는 아이들의 마음을 읽을 수 있어야 합니다. 항상 학생들에게 관심을 두고 마음의 교류를 해야 이런 일들이 가능합니다. 그래서 딱히 '무엇을 어떻게 가르쳐라' 하고 말할 것이 없습니다. 교사와 학부모는 아이들이 이러한 과정을 밟아가도록 동기를 부여하고 길을 터주면 됩니다. 또 가다가 막히면 원인을 알아보고 함께 대화하며 치유해나가면 됩니다.

이 책이 '어떻게 하면 좋은 수업을 할까? 어떻게 하면 효과적인 수업이 될까?' 하고 고민하는 선생님들과 '어떻게 하면 내 자녀를 잘 가르칠까?' 하고 고민하는 학부모님들에게 작게나마 도움이 되는 책이 되었으면 좋겠습니다. 또한, 학생들의 교육에 관심이 있는 사람이라면 누구나 볼 수 있는 교재가 되기를 바랍니다. 이 책의 부족한 부분은 여러 선생님과 학부모님들이 채워나가리라 기대합니다.

강승임, 『독서활동 보고서 쓰기 포트폴리오 만들기』, 아주 큰 선물, 2011.

권일한, 『책벌레 선생님의 행복한 글쓰기』, 우리교육, 2015.

권일한, 『책벌레 선생님의 행복한 독서토론』, 행복한아침독서, 2016.

권일한, 『책벌레 선생님의 행복한 책 이야기』, 우리교육, 2011.

권정희 외, 「초등 협동 학습 및 토의토론학습」, 서울시교육연수원, 2013.

권정희 외, 「초등 수업 혁신을 위한 협력 학습 방법」, 서울시교육연수원, 2015.

기원서 외, 「논술 지도 프로그램 과정」, 한국교원연수원, 2006.

김상현, 이승현, 『10대를 위한 친절한 토론 교과서』, 글담출판사, 2011.

김성현, 『책 읽는 아이 토론하는 우리 집』, 미래지식, 2013.

김완기 외, 「자기주도적 학습력을 키우는 독서교육」, 서울시교육과학연구원, 2000.

김용한 외, 「읽기에서 논술까지」, 서울시교육청, 2006.

김용한 외, 「수업과 함께하는 초등 독서」, 서울시교육청, 2006.

김주환, 『교실 토론의 방법』, 우리학교, 2009.

김태완, 「시.도교육청별 독서교육 우수사례집」, 한국교육개발원, 2011.

김택신 외, 「교과서와 함께하는 독서토론논술지도」, 서울시교육청, 2009.

니시카와 준, 『함께 배움』, 살림터, 2016.

박기환, 『어린이 사랑방 글짓기 교실』, 아동문예사, 1997.

박민근, 『아이를 바꾸는 책읽기』, 중앙북스, 2013.

박보영, 『대립토론』, 행간출판사, 1997.

박성숙, 『독일 교육 이야기』, 21세기북스, 2010.

박성희, 『독일교육 왜 강한가?』, 살림터, 2014.

박정순 외, 『한 학기 한 권 깊이 읽기에 빠지다』, 북랩, 2017.

사토 마나부 외,『교사의 배움』, 에듀니티, 2014.

서상훈,『진북 독서토론』, 지상사, 2015.

소진권,『선생님도 엄마도 쉽게 가르치는 초등논술』, 노벨과 개미, 2006.

손우정,『배움의 공동체』, 해냄, 2012.

송정기,「수업에서 만나요 초등 독서 토론 논술」, 서울시교육청, 2008.

신운선, 강애띠,『아이의 독서력』, 바다출판사, 2013.

오시형,「창의 톡톡 독서토론논술 생각 나누기」, 서울시교육청, 2010.

이명자,『초등논술 영재되기』, 연두세상, 2013.

이지성,『리딩으로 리드하라』, 문학동네, 2010.

이지성,『청소년을 위한 리딩으로 리드하라』, 생각학교, 2016.

임광택 외,「생각 2001 토론교육의 이론과 실제」, 서울토론교육연구회, 2001.

임영규 외,『독서논술지도의 방법과 실제』, 정인 출판사, 2008.

임영규 외,「이야기로 풀어보는 독서교육과정」, 한국교원연수원, 2007.

전성수,『자녀교육 혁명 하브루타』, 두란노, 2012.

정문성,『토의·토론 수업방법』, 교육과학사, 2013.

정선심,『신나는 토론 즐거운 논술』, 미래아이, 2002.

조미아,『독서몰입법』, 랜덤하우스코리아, 2008.

조정숙 외,「생각을 나눠봐요 초등 독서토론」, 서울시교육청, 2007.

지은희 외,『열두 달 독서 프로그램』, 시서례, 2005.

하시모토 다케시,『슬로 리딩』, 조선북스, 2012.

한국독서학회,『21세기 사회와 독서지도』, 박이정출판사, 2005.

공부가 즐거워지는 독서토론

초판 1쇄 발행 2018년 6월 29일
초판 2쇄 발행 2018년 12월 5일

지은이 권정희
펴낸이 박수길
펴낸곳 미래지식
책임 편집 김아롬
디자인 이상량

주소 경기도 고양시 덕양구 통일로 140 삼송테크노밸리 A동 3층 333호
전화 02)389-0152
팩스 02)389-0156
홈페이지 www. miraejisig.co.kr
전자우편 miraejisig@naver.com
등록번호 제 313-2004-00067호

ISBN 978-89-6584-399-3 13370

[이 도서의 국립중앙도서관 출판시도서목록(CIP)은 e-CIP 홈페이지(www.nl.go.kr/ecip)와
국가자료공동목록시스템(www.nl.go.kr/kolisnet)에서 이용하실 수 있습니다.]
CIP제어번호 : CIP2018017202

*미래지식은 좋은 원고와 책에 관한 빛나는 아이디어를 기다립니다.
이메일(miraejisig@naver.com)로 간단한 개요와 연락처 등을 보내주시면
정성으로 고견을 참고하겠습니다. 많은 응모바랍니다.